儿童哲学与教育哲学丛书

说 明

本书的部分内容为全国教育科学"十二五"规划2014年度教育部重点课题"学前教育改革取向的理论研究"（DHA140276）研究成果。感谢资助！

Education Led by Nature

● 刘晓东 主编

天性引领教育

苗曼 著

图书在版编目(CIP)数据

天性引领教育 / 苗曼著. — 南京:南京师范大学出版社,2019.3

(儿童哲学与教育哲学丛书)

ISBN 978-7-5651-3987-1

Ⅰ.①天… Ⅱ.①苗… Ⅲ.①儿童教育—教育研究—中国 Ⅳ.①G61

中国版本图书馆 CIP 数据核字(2018)第 299635 号

丛 书 名	儿童哲学与教育哲学丛书
书 名	天性引领教育
丛书主编	刘晓东
作 者	苗 曼
丛书策划	官军燕
责任编辑	官军燕
出版发行	南京师范大学出版社
地 址	江苏省南京市玄武区后宰门西村 9 号(邮编:210016)
电 话	(025)83598919(总编办) 83598412(营销部)
	83598297(邮购部)
网 址	http://press.njnu.edu.cn
电子信箱	nspzbb@163.com
印 刷	扬州市文丰印刷制品有限公司
开 本	787 mm×960 mm 1/16
印 张	16.5
字 数	256 千
版 次	2019 年 3 月第 1 版 2019 年 3 月第 1 次印刷
书 号	ISBN 978-7-5651-3987-1
定 价	40.00 元

出 版 人 彭志斌

南京师大版图书若有印装问题请与销售商调换

版权所有 侵犯必究

总　序

这套《儿童哲学与教育哲学》丛书是由儿童教育哲学和学前教育学基础理论这两个方向的博士学位论文构成的。《儿童的生活与教育》《童年与儿童教育》《新文化运动中儿童的发现》《儿童德性论》《儿童精神成长论》等学位论文已先期出版，故不再收入此套丛书。这些学位论文具有共同的学术立场或"深层语法"，具体如下。

将儿童视为教育学的逻辑起点，高度重视儿童研究；或将儿童哲学（或童年哲学）作为独立学科而做专门研究；或将儿童研究作为教育学研究的逻辑前提而进行教育学研究。

以儿童本位作为教育学的基本原则，同时亦将儿童本位作为教育学的基本方法论，并辅以"逻辑的方法"与"历史的方法"。

从教育学出发，又能走出教育学，投入到广阔的人文社会科学以及自然哲学、自然科学中去，尤其重视研读哲学史、自然辩证法、自然科学总论、儿童心理学史、心理学哲学、童年哲学、生物学哲学、生物进化论、社会生物学、科学哲学等等，充分占有和借鉴相关学科的研究视角、方法、智慧，再回归教育学学科，解决教育学自身的理论建设问题。

以夸美纽斯、卢梭、裴斯泰洛齐、福禄培尔、杜威、蒙台梭利等人的著作为现代教育学的参照体系，在中国思想史料中寻求教育学根基，寻求可与西方现代教育学相互会通、相互支持的思想资源，以儿童为教育学的起点、支点，让儿童真正成为教育学理论体系的核心，以此建设现代中国的儿童教育学，从而在理论上确立并保障儿童在整个教育体系中的中心位置与本体地位，回应中国教育现代变革所面临的种种挑战。

希望这些学位论文所共同拥有的"深层语法"或学术立场能为中国新时代的教育学建设探出一条新路。这条路发端于古代中国人对儿童的发现、对教育的洞见,而又能占有和消化西方现代教育学。这是扎根于中国优秀思想传统的教育学,又是具有现代观念与现代立场的现代教育学。

希望教育学能够不断走出自己的学科,努力占有使教育学得以进一步发展壮大的一切可能的资源,又能在本学科"强筋健骨"之际反哺哲学、人文学科,让教育学配享李泽厚等人所预言的"成为中心学科"的那份荣光。古人云:"虽不能至,然心向往之。"我与这套丛书的作者们亦当如是。

究天人之际,会中西之学,通古今之变,成一家之言,这是人文学者的使命,也应当成为教育学学者的情怀与抱负。

在此谨代表各位作者并以我个人的名义对南京师范大学出版社热情支持这套丛书出版的相关领导和编辑敬致谢忱!

是为序。

刘晓东

2017 年 9 月

沪上丽娃河畔

目 录

总　序 /1

绪　言　幼儿教育，路向何方？ /1

第一章　天性与教育：一个悠久的论题 /5

第一节　天性—教育：互为依托的概念范畴 /6
第二节　天性在教育坐标中的位置：历史回顾 /22
第三节　教育服务于天性的成长：一种未来可能？ /28

第二章　人类天性的两种形式：哲学史的考察 /36

第一节　先天理性："观审"态的天性 /38
第二节　生命意志："践履"态的天性 /44
第三节　中国传统哲学的"心""性"分疏 /48
第四节　"心""性"辩证关系及启示 /54

第三章　教育之重心：心智？ 性智？ /68

第一节　"性体"承载人性之重 /69
第二节　"性智"承载教育之重 /72

第三节　彰显天性：性智培养之前提/76
第四节　天性引领教育：一个幼教命题的试提出/79

第四章　天性引领教育——何以可能与必要/82

第一节　"天性引领教育"之内涵/82
第二节　天性引领教育——何以可能/85
第三节　天性引领教育——何以必要/98
第四节　对一个专门问题的回答/113

第五章　天性视阈中传统教育路向之省思/118

第一节　塑造人—成全人：两种教育路向之对比/118
第二节　传统教育路向人性假设之窄化/123
第三节　传统教育路向教育重心之偏置/127

第六章　幼儿教育变革：路向之辨明/133

第一节　天性为本——幼儿教育须秉持"自然法"/134
第二节　幼儿教育应坚守其学科形态的独立性/145
第三节　幼儿教育应重在"养性"之道/156
第四节　幼儿教育应遵循"具身认知"的根本原则/168

结　语/178

参考文献/181

附　录/198

附录一/198
附录二/221
附录三/241

致　谢/259

绪　言

幼儿教育，路向何方？

百年大计，教育为本。教育大计，幼教为本。

幼儿教育是人生的奠基性教育。"幼儿园也能改变中国。"①

幼儿教育的立教方向，既关涉到幼儿，也关涉到民族的未来。

这一问题举足轻重，它不是"自明"而是需要深切"辨明"的。

幼儿教育一方面无奈地受制于社会利益的冲击，另一方面则不自觉地依附于学校教育的成规。作为一个年轻的学科，它至今仍缺乏足够的学科独立性。

家庭形态的幼儿教育在我国有漫长的历史，社会机构形态的幼儿教育在我国却仅有百余年的历史。这短短的百余年之中，中国社会经历了天翻地覆的变革——改朝换代、战乱交困、国体转变、政治运动、经济浪潮……社会运演的主要剧情几乎全在这个百余年舞台上逐一上演。在这一系列社会风浪的冲击之中，年轻的中国幼儿教育，就像大海中的一条孤零零的小船，根本无法奢谈坚持自己的"明确航向"，它更多地是在波峰浪谷之间，随风飘荡，不知所往——幼儿园初创时期"教育救国"路线下它尽力仿效移植国外经验而办学；国运多舛的民国时

---

① 刘晓东. 论儿童教育的出路[J]. 幼儿教育（教育科学版），2008(11).

期零星出现的"教育家办学"为中国幼教写下了短暂却重彩的一笔;新中国成立后以社会主义改造为背景的幼儿园教育完全开进"教师中心"的苏联幼教航道;"文化大革命"期间幼儿教育不可避免地沦为政治工具而自身学科方向全无;改革开放以后经济大潮中"教育产业化"对幼儿教育产生强大震荡……面向未来,左右我国幼儿教育前行方向的诸多不确定因素依然存在。我们必须清醒地认识到,在社会体系的宏大视野之下审视幼儿教育,它的办教方向并不取决于理论辨明,而是取决于成人社会力量间的利益需要、利益博弈乃至利益垄断。社会情势下的幼儿教育,其方向多少有些身不由己。

但是,作为教育场域之活动"主角"的弱小的儿童,他们的利益该如何被表达?又如何通过值得信赖的"代言人"而得以表达?作为教育从业大军的一个特殊群体,教育研究者们或许责不容脱。

在教育体系内部,长期以来,幼儿教育多是以"学校教育的准备阶段"来定位自己,因而常被人们视为教育体系中的"小儿科"。从它的命名上即可见一斑:在我国基础教育体系中,幼儿教育与所有其他学段——"小学—中学—大学"迥然有异,它被单独命名为学前教育。这一命名意蕴深长。在学前教育办学史上,有一个事实赫然耸立:正规的学校教育之门,对五六岁之前的幼儿一直是紧紧关闭的,因为他们的生活自理能力和学习能力,尤其是书本学习能力太有限。这本无可指责,学校教育的入学年龄在全世界范围都有基本规定(5—6岁),虽然不同的国家略有差异。这一事实中蕴含着的一个社会见解却颇值得深究:对于五六岁之前的幼儿,因为其不具备足够的学习能力,纵使成人付出极大的代价,所带来的学习收益仍然微乎其微。因而,国家有限的教育资源在很长时间内其实是不愿,或难以顾及这一年龄群体的。基于这一点,在小学—中学—大学这种"以学为纲"的教育队列中,幼儿教育的立足其实一直颇为艰难。如果不辨明自身相对独立的学科追求方向,幼儿教育的处境将不仅是勉为其难的,更会是无足轻重的。但是,幼儿教育却无法回避地要承载"大重"——幼儿教育乃人生的奠基教育,幼儿教育乃整个教育队列中的"排头兵"。万丈高楼最终的高度从一开始即严格受限于它的地下奠基状况,"排头兵"对整个队列的行进方向则具有基本的引领作用。

幼儿教育的对象本是最幼小的儿童,被称为"小儿科"其实无伤大雅。但是"小儿科"更需要"大学问"!因为"小儿科"真正牵动着每个家庭的"大神经"。每一位教育从业者都担当不起对人生起始阶段教育的方向性偏失。从这一层面上说,探察幼儿教育的应然前行方向,理应成为幼教研究者的分内之责。

综上,幼儿教育在具有根本意义的"立教方向"问题上,所受到的困扰至少来自两个层面:一是宏观的社会影响层面;一是强大的学校教育层面。如果说前者是一个不得已而为之的无奈行为,属于宏大的社会议题范畴;后者则涉及幼儿教育在整个教育体系内的学科定位问题,属于幼儿教育学的一个基本理论问题。鉴于学力之限,本书的重心主要定位在第二层面,同时兼顾第一层面。这里想要指出的是,以上两种幼儿教育的方向迷途,表现形式虽各自有别,存在的问题却是同一的:这两种情形下"幼儿教育的方向"均严密受控于"成人的意志",不管这意志体现为"国家意志""社会意志""机构意志",还是"教师意志"。在这里,唯独"幼儿的意志"是不见踪影的,至少是被严重边缘化的。

这种状况近年来已引起教育学者们的高度关注,童年危机、教育异化、知识捆绑、儿童"被"教育"被"发展等,已成为我国儿童教育研究领域频出的热词。在一定程度上可以说,如今的儿童教育越来越公然排挤了孩子的自然天性而成为了他们生活的绝对主宰。教育,似乎完全"接管"了亿万年种族进化形成的天性,而成了儿童成长的"无限"责任公司。人类的教育活动发展至今,已经形成了一个足够庞大的"家族",这家族里已经衍生出了太多的"直系"和"旁系",而它们只要与教育沾边,不管是与教育"元祖"隔了多远的远亲,都被人们毫不迟疑地冠上"教育"之名——教育已经成了一棵枝叶过于繁茂的大树,以至于,它的主干几乎被彻底地隐匿了。但是,没有对"人类共同天性"的确认,我们何以确立我们之所以为"人"类?没有对"个体的天性差异"的确认,我们何以确立我们之所以为"自己"?人类的自然天性,难道只要我们无视它,它就可以变小变弱变得不存在吗?而按照各自的天性去生活,这又难道不是一个儿童最基本最低限的生活要求吗?自古以来,"天性与教育"就是一对难解难分的概念范畴。当天性"缺位"的时候,教育真的还"在场"吗?当幼儿的"内在自然天性"严重缺位的时候,所谓"一切为幼儿"的教育果真还"在场"吗?

不管社会功利的浪潮有多猛烈，一个幼小的儿童，他（她）都不该被卷入这潮流之中。退一步说，即便整个教育体系都无法抵挡地在社会功利的欲壑中沦陷，人类至少也应该，为自己的"幼体"，而保留住教育的最后一片真纯生机：我们必须给自己的后代开辟出一块人间净土，教育必须为风雨飘摇中的儿童"天性之舟"辟出一个安全的港湾。天性为本，这是每一个"弱小"的儿童向"崇高"的教育所发出的最低限的生命诉求。

重寻教育最本真的使命和最元初的路向，并给予一个充分的理论证明，为转型期的中国幼儿教育实践提供理论上的依据，是本书最主要的价值追求。

第一章　天性与教育：一个悠久的论题

牟宗三先生在他那本《生命的学问》一书中反复说：不是自己生命所在的地方，就没有"真"学问出现。要做一个学问上的"真"人，就必须要把自己生命核心的地方寻找到，并展露出来。当"天性与教育"这个论题一步步由模糊到清晰，从我的脑海中浮升而出的那一刻，我自己知道，我终于到达了一个地方，一个多年来我一直踟蹰摸索却不知所至的地方。我其实一直就在那片朦胧的学术之地的边缘，久久流连却不自知，因而从未能直入其中。那一刻我亦知道，自己多年来的困惑、思考、阅读、犹疑，再也没有拖延的时间与退后的空间，它们将必须从此走出个人玄思的"象牙塔"而接受一场严格的"学术"洗礼。我自知，不可阻挡地驻足于这样一个研究论题，并非基于价值中立的为研究而研究，而是多少有一些我个人的学术宿命成分在内——四年的理工科本科教育，八年的工厂技术工作，十二年间我一直未能找到自己的学业感觉与职业感觉，一直在混沌乃至浑噩中虚度。2001年，我踏入教育学同时也是初涉哲学之门，生活从此开始变得充盈、自足而辽阔——我深知，当一个人终于找到并实现了自己内在的天性渴望，其生命可以与以往有多大的不同。我同时亦知道，以我的愚钝之资和贫弱学养，面向这样一个历史悠久的教育论题，甚至试图提出并论证一个并不在"学术保险箱"之内的命题——天性引领教育，纵使倾尽自己的浑身解数，胆怯、惶然与力不从心，也一定是这个研究之旅中难以回避的历程。但反过来，它的高难度系数，却也愈发激起我一种攀登的热情——教育究竟是什么？教育的灵魂究竟在哪里？在宇宙星辰的尺度上，人类的教育活动，还能找到自己的位置吗？在人类的教育坐标中，漫长的自然史所赋予人的"自然天性"，到底应该占据一个怎样的位置？天性仅仅是教育的基础吗？亿万年的种族进化史，与个人简短的生活史，以及更为简短的个人接受教育的历史之间的时间对比,难道真的足以让人类毫不迟疑地,把教育断然地定位为人之自然天性的"上层建筑"?这些问题,一经开始,便从未终结,它们形成了本书中一根从不退场的主线。

第一节　天性—教育:互为依托的概念范畴

　　人类天性是天生的,因而是天然具有的,但它又是潜在的。"天然具有"与"潜在具有"并不矛盾。前者使它表现为一种"明显"的性向、偏好与倾向,后者却意味着它"仅仅"表现为一种性向、偏好与倾向,而并不能表现为任何业已完成的静态结果。天性的这种"未完成性"决定了它的茁壮成长必定需要一定的合宜条件方可实现。换言之,"天性"的这一特征决定了它很难单独存在,而必须与"教育"结合为一对共同体,方可现实地存在。正如同没有种子,再富饶的土壤也长不出植物;而没有阳光雨露,再强劲的种子也很难生根发芽、开花结果。没有人内在的天性胚芽,再多的外部灌输也造就不出真正意义上的人;而没有教育的服务与支持,儿童的天性也终将无法实现其丰满的命运。天性与教育互为依托、互为条件,双方紧密缠绕、彼此依存,它们共同构成了现实的人性发展的两条彼此交织的路径,从认识论的层面看,"天性与教育"这一古老的概念范畴,其存在是必然的。

　　在这个古老的概念范畴中,"天性"比"教育"具有更为古老的意义与地位。不仅如此,它也比教育得到了更为广阔的学科关注。如果说"教育"主要隶属于教育学科的话,那"天性"之概念则分布于多个重要学科的视域之内。"天性"实属一个历史悠久、根深叶茂的多学科概念——它几乎贯穿了哲学研究的总历史;二十世纪后随着精神分析心理学对人类行为的深度洞察,它又与心理学产生了紧密的交集;现代遗传学尤其是基因学的发展,使这个长期以来并不属于生物学范畴的概念,也渐渐引起了生物学家们的关注与探讨。

一、天性：一个哲学概念

《荀子·儒效》中的"居楚而楚,居越而越,居夏而夏,是非天性也,积靡使然也"为"天性"一词的汉语出典。① 此处"天性"概念自身的内涵尚未充分显明,但它无疑是作为一个与"后天积习"有所区别的概念而出现的。"human nature"则为"天性"的英文表达。汉语"天性"中的"天"和英语"human nature"中"nature"都共同蕴含了天性概念的一个基本维度:天性首先是指人"先天"具有的品质或性情。② "先天"在哲学上指先于实践和经验,即离经验而存在着为先天,由经验而出为后天。③ 此外,"先天"这一概念在生物学的意义上则与遗传这一概念密切相关。

鉴于以上两点,本书将天性概念界定为:人先天具有的,独立于人的后天经验而存在的,通过种族遗传而形成的,人类所共有或个体所独有的性质、性情、性向、性好等。

告子云:生之谓性。④ 广义的天性即通于"生之谓性"意义上的"生性":只要是人生而即有的,自然所赋的,我们都称之为人类的天性。但从概念史的角度看,天性却又逐渐演化成了一个更为狭义的概念:它不仅"泛指"大自然所赋予的,"人"性所赖以形成的全部"生性",它更"专指"自然天成、相对固定、不易被改变而经常表现为特定的性向、性好等形式的那部分"生性"。换言之,天性概念之外延可从两个基本的维度予以规定,一个维度在"天":所有"上天"亦即"自然"所赋予人的,不管任何形式,包括"道成肉身"的物性形式,都可被统摄于天性的范畴之中,它们在根本上都具有同样的性质,都是自然史赋予人类物种的先天之性,此即天性之广义。天性概念的另一维度在"性":在所有的天赋形式中,只有

---

①③ 顾明远.教育大辞典(第一卷)[M].上海:上海教育出版社,1992:28.
② 王同亿.新现代汉语大词典(中)[M].海口:海南出版社,1992:1354.
④ 傅斯年.性命古训辨证[M].桂林:广西师范大学出版社,2006:50-52.

某些被积淀而为"性体"①的，即积淀为"自然如此，本然如此之性向、性能、性好、质性或质地"②的，才被界定为天性，此即天性之狭义。本书中把天性之狭义特别命名为"自然天性"③。

　　天性与人性概念密切相关但也有基本分别。天性从属于人性概念的范畴。因为人的天性总是要在后天的生活中继续发展而不可能一直停滞在"生性"的原初层面上，因此人性通常含有"从社会获得的行为模式、态度和思想等"这层意思。如果取天性之广义概念，则人性与天性之间的内在关系可表述为："人性，就总体而言，可以当着一个上层建筑，天性为人性的基础，人性奠基于天性上面。"④在此意义上，人性有比天性更为宽泛的外延，人性涵盖着天性。但如果取天性之狭义概念，则人性与天性之间就不仅有一种包含的关系，天性概念则还表达着人性中与后天因素相对疏离的那部分人性。⑤这样，天性与人性之间，在某种程度上又具有一定的并列关系。当然，严格说来，人性与天性之间既不是单纯"包含"也不是单纯"并列"的关系，而是彼此互为复杂的"交集"——它们实在是一对很难剥离得开的概念，就像深深融合在一起的血与肉，你中有我，我中有你，相互渗透——只是为了研究之需要才不得不作此严格分辨。

　　中国传统哲学几乎是一部人性研究的专门史，因而它也不可避免地蕴含着宝贵而丰富的跟"天性"概念有关的思辨。中国人性思想史中的三个学术高峰——先秦诸子、魏晋玄学、宋明理学，集中体现了我国传统哲学对"人性"以及"人之天性"研究的结晶。先秦时期为中国传统人性论的初创阶段。这里又分为两个时期：由"天命"到"人性"时期。"性是由天所命，但既命之后而成为人之性，

---

①"性体"概念参见：牟宗三. 心体与性体(上)[M]. 上海：上海古籍出版社，1999.
②牟宗三. 心体与性体(上)[M]. 上海：上海古籍出版社，1999：169.
③本书在多处需要对天性概念的广义与狭义进行区分，为表述方便，特以"天性"通指其广义，而以"自然天性"指其狭义，凡无特指处，均指其广义。
④李树青. 天性与人性[J]. 江苏社联通讯，1983(3).
⑤此处"天性"仅仅指"人类天性"，所探讨的也仅仅是人类的"天性"，与综合了后天与先天两方面因素而形成的"人性"之间的关系。动物乃至植物亦都各有其天性，它们的天性与人性之间并不具备这里所描述的关系，因此特作说明。

性是在人身之内的。"①这一阶段实际上也是对人的天性存在的一种确认阶段。同时也朦胧地认识到"天性"虽然存于人之身内，但它的来源问题却是个不宜探明的问题，只能简单地把它归于所有神秘力量的统称——"老天"。心、性初分时期。"孟子所说的性善之性的范围，比一般所说的性的范围要小。孟子所说的性善之性，指的不是生而即有的全部内容，仅指的是在生而即有的内容中的一部分。"②也就是说，心与性的分疏，在孟子时已见端倪。这就说明以"人性论"为核心议题的中国儒家哲学从较早的时期，就认识到了"天性"尤其是作为狭义的"天性"——"自然天性"这一重要概念。到了魏晋时期，著名的"才性之辨"使人性的问题过渡到才性的问题。其实也是就人的天性与其才能发展之间的关系进行了探讨。"才质之性"是在个体禀赋的层面上对人之天性进行的考察，这也进一步使"天性"这一概念具有了个体人格基础之意蕴。宋明时期的心性论则对心与性的区分做出了进一步的界定，达到了"心性论"发展的高潮，形成了关于"心性"问题见解的不同流派。到了二十世纪，现代新儒家虽然接受了现代西方哲学的洗礼，但正如冯友兰先生所说，他们实际上还是接着宋明理学的路子讲。也就是说，现代新儒学实际上是对宋明理学心性论的进一步发扬与光大，只不过这种发扬光大的方式不再局限于中国哲学的旧式路线，而是设法对它与西方哲学的基本架构之间进行了比较与融通。总之，在中国哲学中有着极为深入丰厚的对人的"天命之性"——天性的探讨，而且它关于"心、性"的区分，实际上是为狭义的"天性"概念的呼之欲出，打下了极为明确的基础。另外，中国哲学所独有的"心体—性体"之概念范畴，也将为本书第二章对人的广义"天性"予以"分型"，提供极为重要的思想平台。

在西方哲学中，与"天性"有关的思想则主要通过其"人学研究"的进路所体现。苏格拉底确认了人类最高的智慧是"自知其无知"，人类只是"爱智者"，而不可能成为"有智者"。"臆见"不同于"知识"，"经验知"不同于"真知"。通过外部"经验"之路，研究"真知"是不可能的，研究"人"才是哲学研究的正题。人身上的先天性存在（广义之天性），既作为形成"臆见"之前提，也作为一种通达"真知"的

---

①徐复观. 中国人性论史[M]. 上海：华东师范大学出版社，2005：38.
②徐复观. 中国人性论史[M]. 上海：华东师范大学出版社，2005：104.

限制性条件,实际上以这种方式被提交到了西方哲学的视阈中。柏拉图对"人"对"真知"不能知,但作为"爱智者"又无法停止探索的两难处境进行了尝试解决:"柏拉图通过'回忆说',揭示了在人的'知道'和'不知道'这两种认知状态之间,存在着'忘却'的认知状态,以此克服这一逻辑困境。"①柏拉图并没有为大多数后世研究者所认可,但从现代基因信息学的进展看,"我们基因中的信息非常古老,大多数已有数百万年之久,有的长达数十亿年"②。由此看来,基因这种记载了"生命体"世代生活史的物质载体,使"人在出生前就有可能知道"这一命题并非定然不成立。"回忆说"使"人身上存在着先天赋性"这一观念得到了一定的推进。亚里士多德认为柏拉图以"洞穴状态"来比喻人类生存之困境并不恰当:关于人类处境的理解,需要的不是寻找一条途径,以便走出洞穴,进入与之不同的世界,而是要更清楚地认出已经出现于我们眼前的究竟是什么东西。而这种认识能力,亚里士多德称之为理性。③ 亚里士多德以明确的形式,对人类理性的存在及其重要地位进行了充分的肯定,并认为人的灵魂既包括较低级的灵魂形式——营养灵魂、感觉灵魂,还包括这之外的理性灵魂。这实际上标识着理性——这一人类物种所独具的重要的天性形态从此进入了西方哲学的核心领地。康德则既肯定了人类理性的崇高地位,又对人类理性的"先验性"给予了深刻的洞察,对人类理性能力的有限性进行了严格的分析论证。康德认为,所有的外部世界只是人的"先天理性"的表象形式。④ 因此,不是自然为人立法,而是人为自然立法。"新康德主义者的杰出代表卡西尔则将康德的批判尺度进行放大,努力为整个人类的文化行为(包括自然科学和人文科学)提出一种根据。在卡西尔看来,传统哲学的根本局限在于,它把所谓'非理性',亦即非科学逻辑的人类精神形式如神话、原初语言、宗教等当成不可认知的、荒谬的东西加以怀疑、否

---

① 林美茂.灵肉之境——柏拉图哲学人论思想研究[M].北京:人民出版社,2008:109.
② [美]卡尔·萨根.神秘的宇宙[M].周秋麟,等译.天津:天津社会科学院出版社,2008:197.
③ [美]莱斯列·斯蒂芬森,大卫·哈贝曼.世界十大人性哲学[M].施忠连,译.上海:复旦大学出版社,2007:96.
④ 参见[德]康德.纯粹理性批判[M].蓝公武,译.北京:商务印书馆,2009.

定,最终在人类精神殿堂里只剩下数学、自然科学等纯粹、明晰的'理性'形式。"①卡西尔的人学思想大大拓展了西方以理性为人性之主宰的基本面貌,人类的"先天赋性"开始展现出一种更为广阔的面貌。尤其值得一提的是,在西方哲学对理性大力弘扬的主流声音之外,叔本华所开启的意志哲学,一直作为相对微弱的声音存在于西方哲学人学研究的领域中。在叔本华看来,人不仅是一种理性的存在,更是一种意志的存在。叔本华实际上开启了西方存在主义哲学的逻辑先声,存在主义哲学提出了"我在故我思"以抗衡理性主义"我思故我在"之命题:人不仅是一种理性动物,同时也是一种非理性存在。至此,人的非理性存在——实际上正是"狭义的天性"概念所指,在西方哲学中拥有了它的"合法"地位。

总之,不管在中国哲学还是西方哲学中,"天性"都是一个具有悠久历史和重要地位的概念。

二、天性:一个心理学概念

心理学中有极为丰富的与"人类天性"紧密相关的思想和理论。这一点是毫不奇怪的,因为心理学本就是一门研究人性形成及其规律的学问——在远古时代,"对自然事件的传说是未来的物理学,对人性的传说则是未来的心理学"②。但在心理学中,这些思想和理论并不直接以"天性"这一具体名称出场,因为心理学的关注焦点并不在于"人的先天可能性或先天倾向性",而在于以后天结果样态出现的"现实的人性"。但要探讨尤其是要深入探讨这种结果意义上的"人性",就无可逃避地会追踪到人的"天性"层面,因为它正是人性形成的不同于环境近因的"远因"所在。在此思路下,心理学中的"本能""本我""自性""集体无意

---

①李社教.从康德的"理性批判"到卡西尔的"文化寻根"[J].华中师范大学学报(人文社会科学版),2004(4).

②叶浩生.西方心理学的历史与体系[M].北京:人民教育出版社,1998:17.

识""原型"等概念均属于"天性"概念的姊妹概念。

　　弗洛伊德学说中的"本能""本我""潜意识"概念均在一定程度上涉及人的"天性"的存在样态。弗洛伊德人格学说的基本理论框架建立在三个核心概念——本我、自我与超我之上。其中"本我"是由先天的本能和基本欲望所组成，它就像一口沸腾的大锅，总是在强烈的冲动之下急切地寻找向外的出口。"本我"是最原始、最具本能性的，因而是人格中最难接近的部分，但同时也是人格中最强有力的部分。在儿童的心理发展中，年龄越小，伊底（本我）的作用就越是重要，婴儿的心理活动则几乎全部处于伊底状态。弗洛伊德的另外一个重要贡献，是他还改变了心理学长期把研究对象局限于"意识"的局面，开辟了心灵世界的新大陆——潜意识王国。弗洛伊德认为"潜意识"对人的心理活动具有巨大作用，只不过这种作用非常隐蔽因而不易为人们所发现罢了。"无意识的精神活动远比有意识的精神活动重要得多。意识过程在人的全部精神过程中不过是极小的一部分，就像大海中的冰山，浮在水面上的部分……一小部分。"[①]人的心理生活或精神生活包含意识和无意识两个部分。意识与感知相联系，而无意识则主要包括个体的原始冲动、各种本能和欲望。这里必须指出，"潜意识"这一概念，虽然与人的"天性"（先天倾向性）这一概念还相距甚远，甚至两者并无明显的交集存在，因为人的"天性"并不一定总是表现为"无意识"形态。但"潜意识"这一概念却为后来的精神分析心理学开拓了深远的探索方向，即除了获之于后天的"意识"，人类的心理发展还极大地受制于某种尚不为人们确知来源的"潜意识""无意识"等。可以想见，如若没有弗洛伊德的这一理论铺垫，荣格心理学中的"集体无意识""自性"概念的出现，就会困难或缓慢得多。弗洛伊德的精神分析学说并非无端的偶然产物，它其实与当时的时代精神——进化论思想密切相关。达尔文于1859年发表了《物种起源》一书，使人们最终接受了这样的思想：人类起源于更原始的生物。由此，人类对自身的认识，在"时间轴"上推进到了比以前大得多的数量级。应该看到，整个二十世纪心理学的发展都明显带有进化论思想的伟大印记。而这一印迹，极大地推动了人类对自身"天性"的认识与探

[①] 叶浩生.西方心理学的历史与体系[M].北京：人民教育出版社,1998:297.

索兴趣及探索可能。

与弗洛伊德相比,荣格的"自性"与"集体无意识"概念则更加直接而深入地涉及了人的"天性"的可能来源问题。作为弗洛伊德的学生,荣格对"潜意识""无意识"这一块新大陆"形成与变迁"的历史给予了进一步的阐述。"原型是组成集体无意识的功能单位,他们在一起组成了人性的古老遗传。"①我们每一个人都有一个200万岁的自性居住在精神的黑暗的地下迷宫里。是人类种族的古老的集体智慧的结晶。这个200万岁的自性是位于人的存在核心的一种古老的原动力,是由于我们人类的进化遗传而形成的。可以把它形象地表达为"精神的红外线"②。从这里可以看出,"集体无意识"和"自性"这种幽深的人性来源,在荣格这里得到了极为明确的承认。不仅如此,荣格还一再强调自己的原型概念不属于知识或理性的范畴,而是与非理性有着密切的联系。也就是说,"原型""集体无意识""自性"绝不是来自于后天的意识经验,而是个体先天具有的非理性存在。"原型是类似于本能的精神,是本能的意义,并说明了原型会在一切典型的情境中被唤醒,因此与日常经验是密切相关的。"③这里是说,原型是千百万年来人类典型的经验在肉体和心灵上所留下的烙印。换言之,"原型"虽然对于个体而言是"超验"的,但它其实并不神秘。荣格在回答原型是如何获得的这一问题时认为:"祖先的经验不是直接遗传给后代的,而是通过积淀形成纯粹的形式,从而这种形式能够通过遗传而为个体所直接获得。在这里,他特别强调原型是纯粹的形式。"④在这里,荣格似乎假设了有一根看不见的绳索把我们每个人与人类的祖先联系在一起,祖先并未逝去,我们并不是纯粹的我们自己。总之,在荣格这里,原型作为一种纯粹的形式,实际上只是一种可能性、一种倾向性或潜能,它必须在为后天的意识经验内容所充满时,才能显示出来并具有确定的意义。在一定程度上可以说,人类"天性"的更具体形式,或许在荣格心理学这里已经得到了揭示。

---

①②[美]安东尼·史蒂文斯. 二百万岁的自性[M]. 杨韶刚,译. 北京:中国社会科学出版社,2003:1.
③施春华. 神秘的原型——心灵本体的探索[M]. 哈尔滨:黑龙江人民出版社,2002:41.
④施春华. 神秘的原型——心灵本体的探索[M]. 哈尔滨:黑龙江人民出版社,2002:51.

值得一提的是,作为科学儿童心理学的先驱,德国心理学家普莱尔也曾为儿童的天性进行过辩护。他曾旗帜鲜明地反对当时盛行的"白板说":"新生儿的心并不象一块白板,这块白板先由感觉在上面写下印象,然从这些印象,我们心理生活的全部是由于它们的多样的相互作用而发生的,反之,这块板在出生前已经写上了好多难读出的(甚至认不得的,看不见的)记号,这是远代祖先的无数的感觉印象的刻痕。……在心理的发展上,遗传恰恰同个人活动一样重要。在这方面,没有一个人是纯乎暴发户,必须只从他个人的经验获得他的心理的发展;更应该说,每人必须用他自己的经验将他所继承的天资,他祖先的经验和活动的遗迹从新补满并使它奋发活动。"①在这里,"天资"之含义显然非常接近"天性"之所指。因为人类的祖先显然并没有直接遗传给他的子孙个体任何具体的能力,而只是遗传了一定的禀赋——也就是对某类活动的先天的擅长和热爱,而这种"擅长和热爱"即是人的"自然天性"之所在的基本标识。

另外,曾经引发众议的社会生物学家威尔逊,也对天性概念的心理学化做出了贡献。威尔逊的《论人性》一书问世于1978年,在该书中,他力图按照进化论思想对人类行为做出直接的诠释,并对遗传决定论这一学术史上力避的术语给予了新的理解:"先天遗传和后天获得之间不存在绝对的界限。显然,我们需要新的描述方法来代替先天因素与后天培养这种陈旧的说法。其中一个很有发展前景的描述方法是以伟大的遗传学家沃丁顿所作的一个形象比喻为基础的。沃丁顿说,发育过程有点像从高地向海岸倾斜的地貌。每种特征都穿过一段不同的地貌,每种特征都由不同类型的山脉和山谷引导。有的地貌是一条深深的单一的沟渠,有的地貌可以看作是几条平行而没有分叉的深谷等,人类行为的发育地貌则宽阔得多,复杂得多,但也还是一种地貌……"②这其实是说,我们不应该把"天性"理解为固定的先天存在,并以此来把它与所有后天的经验截然分开。先天与后天之间,并非一种"叠加"关系,而是一种互为包含,你中必有我、我中必有你的关系。也就是说,人的天性其实只具有一种"优势表达"的意义。换言之,它并不具有"必定表达"的力量,而仅仅只是具有"优势表达"的地位。而这种"优

---

① 朱智贤,林崇德.儿童心理学史[M].北京:北京师范大学出版社,1988:47-48.
② [美]爱德华·O.威尔逊.论人性[M].方展画,周丹,译.杭州:浙江教育出版社,2001:54-55.

势"的程度,也并不相等,有的天性的优势表达力量超级强大,任何阻碍也无法使它全然消失;有的天性其优势力量则仅有一般程度;更有一些天性,仅具有较弱的优势。但是,无论如何,既作为"天然之性"而存在,它就会具有一定的优势性,也就是具有一定的趋向性。正如威尔逊所指出:"人类基因决定了人的发育进程与特征……人类的心灵就像一部自主的决策机器或敏感的环境扫描仪,有选择地接近某些类型的环境并按照先天的发育时间表自主地完成从婴儿到老年的成长历程。他特别强调,每个人的决策过程都是不同的,但是,决策过程中有很严格的内在规则,所以每个人的决策都具有内在的共通性,这种共通性所表现出来的趋向性一般被称为'人类天性'。"①至此,天性作为一个心理学概念变得更加明朗。

还有,进化心理学是二十世纪末西方心理学一种崭新的研究范式,它对人性形成及来源的探索,超越了短视的"近因"(当前情境性)层面,而力求为其寻找"终因",也就是在人类天性层面的依据所在,从而对只简单地从外部环境来解释人性形成的行为主义模式给予了有力的冲击。进化心理学有一个重要概念——"心理机制",具有某种确定规则的"心理机制"不仅存在于人身,还在很大程度上决定着人类的许多根本性行为。这就有一个基本的问题横亘于此——"计算机的程序规则显然是设计人员的预先设计和安装。与之相应,如果认为人脑中也存在类似于'程序'的软件加工过程。一个直接的问题即刻就会出现:人脑中这样的软件是如何'安装'上去的?是谁安装上去的?"②对于这一"心理机制"的来源问题,进化心理学的回答独到而鲜明:这些"心理机制"是由进化而来的。这正是进化心理学之所以命名为进化心理学的根本原因所在。"自然选择不仅发生在身体、器官和行为层面,而且也发生在认知层面,信息加工过程是为了解决现实的问题而不断进化而来的。"③

总之,心理学研究的视野愈阔大,它就愈不可避免地会与人类的"天性"——这一个古老概念相纠缠,准确地说,是相伴相生。

---

① [美]爱德华·O.威尔逊.论人性[M].方展画,周丹,译.杭州:浙江教育出版社,2001:4.
② 苗曼,袁一萍.论进化心理学的"心理机制"[J].心理学探新,2009(1).
③ 况志华.心理机制的进化取向评析[J].南京理工大学学报(社会科学版),2007(2).

三、天性：一个生物学概念

如果说"天性"这一概念在哲学和心理学中的存在，还主要处于一种思辨形态的话，那么现代生物学则为这一个概念存在的合理性提供了自然科学层面的依据。

"基因组测试的一个重点发现是表明了全世界人类在遗传水平上的极端相似性……地球上的每个人都共享99.9%相同的遗传编码。"[①]这在一定程度上意味着，人类作为一个物种"类"别，具有其"类属"意义上的大致相同的天性。这也意味着，哲学上对于"人性"的经久不息的探讨终归不是一场思辨假设，而是最终得到了人类在分子遗传水平上的科学验证。正如威尔逊所指出："人类的心灵就像一部自主的决策机器或敏感的环境扫描仪，有选择地接近有些类型的环境并按照先天的发育时间表自主地完成从婴儿到老年的成长历程。"[②]从这里可以看出，人类在从婴儿到老年的总历程中，是按照先天发育的时间表来进行的。这个"先天的发育时间表"启示着人们：人类在不同的年龄阶段，具有年龄意义上的共同的行为倾向性，我们可称其为"年龄天性"。

至于在个体层面，不同的个体同样可以具有各自不同的天性差异。这其中的生物学解释也足够明确。"每个生物有机体，作为一个个体和作为物种的一个成员，都是漫长历史的产物，这历史实际上已达30亿年以上。"[③]这种漫长的历史也就是其遗传史。"遗传一词，是出自拉丁语 hereditas，就是子孙承袭祖先财产的意思。"[④]一般人以为遗传，仅限于父母二人，……其实不然，一人的身体，实由

[①][美]C·丹尼斯，R.加拉格尔.人类基因组:我们的DNA[M].林侠,李彦,张秀清,译.北京:科学出版社,2003:48.
[②][美]爱德华·O.威尔逊.论人性[M].方展画,周丹,译.杭州:浙江教育出版社,2001:4.
[③][美]迈尔.生物学哲学[M].涂长晟,等译.沈阳:辽宁教育出版社,1992:25.
[④]张栗原.教育生物学[M].福州:福建教育出版社,2007:25.

于他的各个世代的祖先之遗传物质所垒积或融合而成。在这种垒积或融合而成的个体中——都有他的各个世代的祖先之遗传物质的本源。不过,祖先的世代,隔得愈远,则其所遗传之量,也就渐次减少罢了。"①换句话说,每一个呱呱坠地的新生命,其实都有一个非常古老的历史渊源。人并不是赤手空拳地来到这个世界上,虽然乍看起来,似乎它的心灵是一块没有任何印痕的白板。每一个个体,都具有基于其家族遗传路径的某些天生的自然性情。这在遗传学层面,也是一个毫不含糊的事实。

　　人只能从其亲代中繁殖而来,而不能自己产生出来。这一个显见的事实中隐藏着一个至深的道理。人的天性,不管是"类属"意义上的"人类天性",还是年龄阶段意义上的"年龄天性",抑或是个体差异意义上的"个体天性",都不是凭空架构的概念,而是有着清晰的遗传学来路。因而,天性的存在并不神秘,更不是不科学的。需要特别指出的是,以往对物质遗传与心理现象遗传之间的巨大鸿沟,在现代生物学中也正被一步步填补。物质和精神之间有绝对的鸿沟吗?"鸡蛋就可以推翻哲学家的一切学派和世界上的一切神庙。鸡蛋是什么?在未孵化成鸡子以前,鸡蛋是一个没有感觉的质体。这种质体怎样变成为另一种组织,变成为有感觉的质体,变成为生命呢?……这个动物能活动,能发声。……它有你们所有的一切感情,一切活动,你们和动物中间只在组织上有差别而已。……在宇宙间,在人类,在动物,只有一种体质……其来源是一样的,其构成也是一样的。同样的起点,同样的终点。"②换言之,人类天性的遗传来路,与生物体的物质遗传来路,从本质上来说,并无太大区别。更进一步说,人类的行为,即使是最高层面的道德行为,其来源也与遗传学不无相关。人拥有文化,"从而具有将道德规范从一代传递给下一代的能力,用不着将这些规范编码于基因。然而遗传学却也并不是完全与之无关。关于遗传学在人类道德问题中的作用还远未解决③"。总之,天性并不是一个基于玄想的不符合科学鉴定的含糊概念,而是有其实实在在的遗传学来路。

---

① 张栗原.教育生物学[M].福州:福建教育出版社,2007:26.
② 张栗原.教育生物学[M].福建:福建教育出版社,2007:79-80.
③ [美]迈尔.生物学哲学[M].涂长晟,等译.沈阳:辽宁教育出版社,1992:7.

综上，遗传学的发展以实证科学的形态证明了"天性"的确存性及其合理来源。其实，古老深厚的哲学和年轻的生物学在某些至理处并不隔膜，而是暗通的。"就个体发育而言，亚里士多德的 eidos 概念在很多方面都和现代的遗传程序概念十分吻合。"①只不过前者是基于思辨而得，后者是基于实证而得。如果说基于思辨的天性概念尚让人感觉来路不清的话，那基于生物学考察的天性的遗传史则可解决这一悬疑。

四、教育思想史中的天性——教育之争

总括中西方教育思想史，天性与教育之争主要围绕以下几个问题而展开：(1) 人的发展主要取决于先天，还是取决于后天？在这一问题主导下，"教育"这一概念在基本的逻辑层面已经完全站在了"天性"的对立面。而这里的"先天"概念则仅具有极为狭隘的时间意指——简单地把人出生以后所拥有的就定义为"先天"的，而没有看到人出生前就内具，但却在出生以后很长时间才有所表现的那部分天性。很显然，在这样的提问方式下，主流答案自然是倾向于后者，亦即人的发展主要取决于后天。在这一逻辑之下，教育——定义为"后天的外部影响"的教育，就成了人的发展的决定因素。应当说，这种提问方式及答案仅仅代表了天性—教育问题的早期发展阶段。我国思想家荀子、英国教育家洛克均是持这种观点的代表人物。(2) 人的发展路径主要依赖于"天性"自内而外地展开，还是依赖于"外部影响"的自外而内的输入？应该说，这种提问方式已经不再局限于"先天—后天"的时间意指，而开始在更宽广的维度上意识到人的发展有内外两条不同的路径交织于其间。同时也意识到了人的发展不仅仅取决于"定义为外部影响的教育"，这样的教育至多只能在人的发展中起到部分的作用。当然，这样的追问虽然与问题(1)有所区别，但争论的焦点其实仍没有根本性的改

---

①[美]迈尔.生物学哲学[M].涂长晟，等译.沈阳：辽宁教育出版社，1992：65.

变。后者不过是前者的更深入讨论形式。因而在争论中总是反复出现实质相同的论点,虽然这些论点是以五花八门改头换面的形式出现的。终于,它们在人类思想史表现为两种对立的倾向——这就是作为众所周知的两种教育标签的"外铄论"与"内发论"。这一相对简单的概括,虽然不足以涵盖这一问题所涉及的深广意蕴,但也集中反映了两种极为典型的对这一问题的不同看法。前者强调后天因素对人的影响,认为人性主要是经后天"塑造"而成,因此以"塑造人"作为对教育活动的基本定位。在这一教育理念中,天性基本上是作为根据一定的社会要求而需要进行"塑造甚至改造的对象"而出现的,在一定程度上也是作为教育的"逆概念"而出现的。与之相反,后者则强调教育是人类天性的自内而外的一种扩充与生成过程,教育的内在根据在于人的天性。"内发论"的教育理念通常更多维也更深入地探讨了天性与教育的关系。教育思想史上许多对后世具有经久影响的思想家几乎都对此做出过或多或少的论述。(3)如何处理"教育"与"天性"的关系,才能使人的发展达到最优化?这一问题的视野已经发生了根本性的变化。人的发展的内外两条路径的交织关系已经被人们所捕捉到。甚至,"天性",作为人的发展进程中的"一种前提存在"已经被人们有所认识。在这种逻辑之下,应该做出改变和调整的,就不是人的"天性",而只能是后天的教育活动。在这种视野之下,调节教育以适应天性的需求,成为一大批思想家的主张。塞涅卡说:"人作为自然的最高存在物,必须按自然的本性生活。"①歌德说:"事物达到了自然发展的顶峰才显得美。教育的过程就是发现人身上的禀赋,并使之能够按照本身的方式得到培养。"②第斯多惠说:"只有在天资存在的地方才能发展能力,才有发展的可能性。天资是人们发展能力和力量的胚胎。天资本身不能得到,也不能丢掉,不能接受,也不能赠送。"③布贝尔说:"人的天性的显露,即使在良好的社会影响下,如果没有教育的力量,也是难以完整地实现的。"④雅斯贝尔

---

① 吴式颖,任钟印.外国教育思想通史(第二卷)[M].长沙:湖南教育出版社,2002:358.
② 吴式颖,任钟印.外国教育思想通史(第六卷)[M].长沙:湖南教育出版社,2002:457.
③ 吴式颖,任钟印.外国教育思想通史(第七卷)(上)[M].长沙:湖南教育出版社,2002:147.
④ 吴式颖,任钟印.外国教育思想通史(第十卷)[M].长沙:湖南教育出版社,2002:178.

斯说:"所谓教育,不过是人对人的主体间灵肉交流活动……使他们自由地生成,并启迪其自由天性,通过教育使具有特定天性的人,自己选择决定成为什么样的人以及自己把握安身立命之根。"①如果说以上教育思想家对这一问题所表达的见解相对来说还处于一种比较零散的状态,那么,卢梭对这一问题的集中而深刻的见解,则为人类的教育思想之进步做出了里程碑式的贡献,他的重要教育名著《爱弥尔》深入论述了人的天性的美好。他极力倡导教育应当彻底依照儿童的天性而为,而不是去束缚、压制,乃至改变儿童的天性,教育应当不遗余力地为儿童的天性提供适当的条件,让天性"自主"地成长。作为划时代的具有启蒙意义的教育思想家,卢梭对后世的影响是深远的,他所开启的这一教育理念在一定程度上构成了人类现代教育的基本转向,标志了人类教育活动前行的大方向和大趋势。此后倡导天性在教育中的重要地位的后继者愈来愈多,他们构成了西方教育思想"现代化"进程中的一个长长的队列:裴斯泰洛齐、福禄倍尔、杜威、蒙台梭利、苏霍姆林斯基、马古拉齐等无不都是这一教育理念的继承和发展者。裴斯泰洛齐说:"我永远委身于大自然的引导。"②福禄倍尔把幼儿的发展比作培植花草树木的过程,把"幼儿园"看作"儿童的花园";杜威提出"儿童中心论";蒙台梭利提出"内部教师""精神胚胎"等概念……这些在一定程度上其实都是对卢梭所倡导的以儿童天性为中心的教育理念的发展与演绎。

综上,在悠久的中西方教育史中,天性与教育的关系始终是一个基本的教育学议题,它就像一盘下了几千年的棋赛,虽未有最终的结果达成,但也有一个比较清晰的轮廓开始显现,那就是:人的发展无法无视人的自然天性,人类的天性必须得到教育的尊重,不管这种尊重是主动为之,还是无奈为之。

---

①[德]雅斯贝尔斯.什么是教育[M].邹进,等译.上海:上海译文出版社,1991:3.
②[瑞士]裴斯泰洛齐.裴思泰洛齐教育论著选[M].夏之莲,等译.北京:人民教育出版社,1992:74.

五、天性与教育关系的当代阐释

在当今教育实践的功利取向愈浓,儿童天性愈被忽视的现实处境下,我国学者对教育与天性的关系问题表现了高度的关切。这里择要论之。刘晓东教授早在2003年就针对教育与天性的关系做出专文探讨:"在人与教育的互动中,应当改变的不是人的天性,而是教育自身。教育应因人的天性而改变自身……教育的目的、教育的蓝图、教育对人的期待,应当符合人的天性。"[①]毕世响教授2009年针对当今儿童教育远离儿童天性的现状进行了尖锐的批判:"在这个时代,儿童是'被发展'起来的,'被教育'起来的,一切都脱离了自然发展。教育不是单一的事情,'自然'与'人的天性'是核心。今天的教育,症结就在于偏离了这两个核心。"[②]肖绍明及扈中平教授2010年发表《教育何以复归人性》一文,明确指出:"人的天性将通过教育而越来越好地得到发展,而且人们可以使教育具有一种合乎人性的形式。教育一方面是把某些东西教给人,另一方面还要使某些东西靠其自身发展出来。"[③]顾明远先生也于2012年专文指出:"教育要顺应孩子成长的天性。"[④]另外还有两篇博士论文也是对该问题的相关研究:东北师范大学李颖博士的《教育的人性追寻——西方社会转型时期的教育转型及其启示》是从教育史和思想史的角度进行的纵向梳理,重点研究了文艺复兴那个特定阶段的教育的人性化追求;华东师范大学庞庆举博士的《教育学的人性假设与理论构建的关系初探》研究的焦点则定位在人性假设与理论建构之间的必然的逻辑关系上,也就是在于厘清教育理论的构建背后必定有与之对应的人性假设。通过对这些论文的阅读发现,当前国内学术界许多学者已经敏锐地察觉到当今教育之缺陷的症结所在:儿童的天性愈来愈被教育边缘化了。但这些研究大多是立足在对"教育要尊重天性"这一理念的阐释上,而相对缺乏一种更深度的学理上的追问,即教

---

① 刘晓东.论教育与天性[J].南京师范大学学报(社会科学版),2003(4).
② 毕世响.教育的根本:"自然"与"人的天性"——教育有没有进化[J].江苏教育研究,2009(28).
③ 肖绍明,扈中平.教育何以复归人性[J].高等教育研究,2010(6).
④ 顾明远.教育要顺应孩子成长的天性[J].中国教育学刊,2012(1).

育为什么必须要尊重儿童的天性？对这一"为什么"进行系统的着力研究的并不多,因为这一"为什么"的问题,必须基于一种深刻的对于"天性"的专门研究才能达成,必须从对天性本身的内涵、结构、发生、认识史等多角度的研究才能达成,而这是一个需要涉及多学科、多学术领域的综合问题。另外,通过对英文文献的搜集大致了解到:国外对"human nature"的研究已经成为一个热点,并且这种热点大多跟基因科学的进展密切联系起来。而在我国这还是一个让大多数研究者谨慎有余而勇气不足的研究领域,因为我国的教育学研究历来有轻视人性的生物学因素的倾向。随着生命科学的进展,人类对自身天性的认识必将展现出它特有的时代进程,在这一新的时代背景下,教育与天性的关系,这一教育学中历史悠久的"老"问题也必将重新成为一个"新"问题。

第二节 天性在教育坐标中的位置:历史回顾

教育是一种人类活动,任何一种人类活动都有一个逐渐演化和不断向纵深发展的历程,教育亦不例外。天性在人类教育坐标中的位置演化,小而言之,是随着人之主体性在教育活动中的不断彰显而发生变化;大而言之,人类天性之地位在教育活动乃至全部生活领域的不断提升,并不仅仅是一个认识深浅的问题,而是有着更深层的社会背景。杜威关于教育与民主关系的论述不可谓不深远。回顾我们以往的教育之路,天性在人类的教育坐标系内,究竟曾经占据,又本该占据怎样的位置呢？

一、天性完全缺位：教育即灌输

在这样一种教育坐标中,天性是完全缺位的。或者说,这时候天性根本就没有进入教育的视野,甚至对人的天性的存在本身也是予以否认的。人的初始自然状态被理解为一块没有任何颜色和纹路的"白板",人无异于一个可以被任意填充的容器。这一教育理念的理论基础源于哲学史上的经验主义人性论,并伴随经验主义的登峰造极而日趋泛化。彻底的经验主义人性论认为经验造就了一切,人性的形成主要遵循自外而内的路径,主要是外部经验和信息输入的结果,这实际是对天性存在的断然否认和无视。应该说,经验主义人性论发端于特定的历史阶段,对于神学高压下的人性解放无疑具有时代的进步意义,然而它毕竟只具有相对的时代真理性。后天的经验无疑在人性的形成中具有不可藐视之地位,但一种绝对的经验主义却将教育带入了"万能"的虚幻之地,人本身的存在不见了,人内在的天赋被一笔勾销了,人成了一种环境和后天经验的偶成之物,人性的形成被简化为"输入"一个单向的维度。这样一种对人、对教育的理解模式的内在局限性是显而易见的。

诚然,在人类教育活动的初级阶段,人对自身的认识还极有限,利用"教育"的方式为人们的现实生活服务是当时教育的朴素追求,这本也是无可指责的。这种纯粹输入式的教育对于简单的生活技能之培养,在原始社会、古代社会,未尝不具有一定的合理性和效果。甚至,这种天性完全缺位的教育观,在一定程度上正是人类教育演进过程前期所必然经历的一种低级阶段。在这样一个阶段,如果说教育毕竟也把人往成为有用的工具之人的方向有所推进的话,那它其实丝毫也不涉及教育之于人本身的意义和价值,至多只具有工具价值,并且也只是极有限的工具价值。可以说,这样的教育只实现了教育之于人本身的很小的意义。

但令人遗憾的是,这一不管是理论根据还是教育目的都是极为有限的"输入式"教育观,在生命科学、心理学都已相当发达的今天,依然还大有市场,甚至仅仅"输入"还不够,更不断地变本加厉为超量而又机械的"灌输"。如今的学校教育,就像煮大锅菜一样,萝卜、白菜、土豆通通放在一起,猛煮它几个小时再捞起来。一天至少七八门课,一会儿灌输一种内容,一会儿灌输另一种内容,学生还没来得及回味,又得去接受新的灌输。"教学的惯常方式就是不停地冲着学生的耳朵大叫大嚷,仿佛是朝漏斗里猛灌一通,而学生的任务则是重复别人说的话。"①灌输式教育的本质特点在于:其目的是外在的——不是服务于人本身的成

---

① 梁克隆.西方哲人论儿童教育[M].北京:中国社会科学出版社,2007:45.

长而是服务于特定的外在目标;其方法是机械的——便捷灌输的最常用方法是教师的"说教"而不是儿童自己的经验生成;其内容是预定的——间接的前人已经体系化的外在"知识"而不是儿童切身现时需要的生活知识。儿童接受这种教育后的结果常常是吃进什么就吐出什么,囫囵吞枣、消化不良,就像肠胃并未改变吃进东西的形式,也无法对它们的状态进行调整,学生自身的思考根本无从谈起,他们顺从于教育之束缚,完全无法按自己的步伐行走。而对教育内容的笃定,则不容学生有任何怀疑,知识完全是另一种权威,只容接纳不容置疑。这种教育诚然可能导致某些外部的结果,但根本称不上真正的教育。虽然这一过程凑巧时也可能会与儿童的天性相符合,但它更多情况下则是与儿童的天性发生严重摩擦的,甚至使儿童的天性成长遭到瓦解或者陷于停顿。灌输的教育弊端已经招致教育理论界万众一心的讨伐,但理论上的讨伐丝毫也不意味着它在实践中的渐趋绝迹,持续不断的讨伐本身就是它在实践中生机依旧的折射。

二、天性为遗传基础,教育乃上层建筑

在这样一种教育定位中,天性总算进入了教育学的视野,而不再是游离于其之外的一个无关的因素。但这一教育坐标中对天性的地位的放置,仍然是相当谨慎的:遗传仅仅是儿童发展的前提条件,并不决定儿童的发展,只有环境与教育才是儿童发展的最终决定力量。应该说,对教育的这一定位模式在我国教育理论界是熟悉而不陌生的,一段时间中它曾遍布了我们教育学教科书的各种版本,成为"公认"的"教育基本定理",在论述教育与遗传的关系时更是不容变更的理论基调,具有相当的权威,几乎成为判断任何外来的教育理论是否合理的一把铁尺,看它是更"左"还是更"右",靠"右"的我们把它称之为遗传决定论,太"左"的我们便把它贬之为不具有科学性,我们秉持着中间的中庸之道,似乎这一理论绝不会犯错。的确,粗看上去,似乎问题真的不大,这的确并不是一个轻易就能被否认的理论。是的,难道天性不是遗传基础吗?没有基本的遗传基础,教育对

动物能施行吗？教育在这已有的天性基础上，盖一所社会需要乃至自身需要的"房子"，有什么不可以吗？但细思量之下，一个个疑问便会慢慢凸显浮升出来：天性仅仅是基础吗？它仅仅静止地位于地下以供我们承重吗？它从没有自己的发言吗？它可以不发言吗？它根本不需要在教育的过程中发言吗？这一貌似合理的教育理念并非无懈可击。在这样一个教育坐标系中，天性的地位仍是相当有限的，它顶多只具有一个背景意义。它只是一个基础，一个在适当的时候不得不考虑的基础，如果说灌输的教育之建筑，不过是在建一个空中的楼阁；那么，这一教育要建造的已经是一个有基础的建筑了，这当然也是一个巨大进步。但归根究底，天性在教育坐标中的这一定位是尚远不到位的，仍然是失当的。

定位为人性之"上层建筑"的教育观，以"塑造人"这一常见的教育学概念作为其基本的价值追求。在教育史上，以赫尔巴特为代表的科学教育学无疑是这一教育理念的主要代表。赫尔巴特在其晚年发表的一本重要著作《教育学讲授纲要》里第一句话就指出："教育学的基本概念就是学生的可塑性"，"否则，就是排斥教育学的。"[①]两百多年过去了，科学教育学沿着赫尔巴特在奠基伊始所开创的道路取得了更充分更广泛的发展，"教育塑造"也作为"科学教育学"的"公理"而得到了深度的认可，"塑造美好的心灵""教师乃人类灵魂的工程师"等脍炙人口的格言也被人们广为传诵。的确，如果不是恣意妄为的任意塑造，如果它既具有合和目的性又具有内在的合规律性，亦即按照科学的客观规律塑造良好的人，也就是作为一种理想形态的教育塑造，似乎并不具有太大的疑义。它的合理性是有目共睹的：既适度承认了遗传，又不妨碍教育本身之理想导向。事实上，赫尔巴特所代表的教育学一直被奉为我国教育殿堂的主宗，具有几乎不可置疑的地位，在理论界受到了无以复加的尊崇，在教育实践中也产生了经久不衰的影响力。这种教育理论虽然貌似给了天性一定的地位，但是它最终看重的仍是塑造本身而不是那个基础。何况，塑造之基本意无论如何离不开改变。塑造与改造之间，仅仅只有一线之隔，甚至塑造从根本上说不过就是"教育改造"之动听的别名。改造的途径当然还是无法全然地脱离灌输，因为改造的力量只能来自于外

---

① 转引自彭正梅，[德]本纳. 普通教育学的奠基之作——纪念赫尔巴特《普通教育学》发表二百周年[J]. 全球教育展望，2007(2).

部,只不过这种灌输具有了一定的隐蔽性而已。但是"设想一下,要是教育家的一番演说可以像铁锤砸碎石块那样'改造'人这样复杂的存在物,那世界上还有什么样的客体是教育家的演说所不能改造的呢?"①。"这种捉襟见肘的理论之所以很少受到怀疑,就是因为长期以来我们都忽视了这样一个事实,这个事实是:那些声言'改造'了受教育者的教育家们,显然并没有那般神通像捏泥人一样直接改变受教育者的某块肌肉或某个脑细胞,他们实际上只是借助于语言、文字、教学设备等客体的中介作用在自己与受教育者之间建立了主体际交往关系,从而为受教育者的自我发展创造了条件。"②况且,无论教育塑造的力量多么强大,另外一种显见的事实确也时时横亘在人们的视野之中:人类经由进化史形成的难以塑造的"自然天性"的存在始终是"塑造的教育学"不愿直面的难题。总之,在这样的教育理念中,天性即使被承认,也是作为教育的"逆概念"而出现的,是教育需要改造或需要塑造的对象。更进一步说,在这一教育理念中,教育从本质上说是作为一种主流意识形态而出现的,它从属于社会政治经济的主流意识形态,它是社会上层建筑的一部分。因此,批量生产社会所需要的人才,建造社会所需要的"建筑",也是这种教育定位的本质所在。在这一教育理念中,衡量教育成效的一个基本的计算方法通常是:除去自然生长所引起的发展之外的那部分,才被定义为教育的功效之所在。"传统教育理论对'教育'概念的界定,无论广义还是狭义,都把教育看作对受教育者身心施加某种影响从而使其思想和行为发生变化的活动。这种教育定义明显带有行为主义色彩,并且反映了它从单一'主—客'互动模式出发简单地把受教育者当作教育客体的思想。"③从而把教育与自然发展视作并行的两股力量,两者从未融合为一体,教育与人的天性,始终是分隔的。

---

① 项贤明.泛教育论——广义教育学的初步探索[M].太原:山西教育出版社,2000:27.
② 项贤明.泛教育论——广义教育学的初步探索[M].太原:山西教育出版社,2000:26-27.
③ 项贤明.泛教育论——广义教育学的初步探索[M].太原:山西教育出版社,2000:40.

三、尊重顺应天性，教育仍非为天性而设

应当说，在这样的一种教育坐标中，人类终于充分认识到了人的发展自有其自身的规律甚至法规。天性，这一教育的自然法规，不容我们随意妄为与违抗。人类的自然天性在这样的教育坐标中取得了它前所未有的地位。这一进程实际上是随着人们对教育规律的认识而必然出现的，是对规律的充分承认与利用阶段。人类终于认识到天性不能在教育中完全缺位，也不能仅仅把它作为一个沉默的基础，在教育的坐标中，天性应该有它的位置，这无疑是教育理念的一个巨大进步。

这一巨大进步的源头无疑归功于具有启蒙意义的思想家卢梭。卢梭不愧为教育史上的丰碑，"儿童的天性"在卢梭这里，开始焕发出了它应有的光芒。他极力倡导教育应当彻底依照（according to）儿童的天性而为，而不是去束缚、压制，乃至改变儿童的天性。卢梭对后世的影响是深远的，其后的教育史上坚定倡导卢梭所指引的教育方向的思想家不是零星的，而是构成了一个长长的队列：裴斯泰洛齐、福禄倍尔、蒙台梭利、杜威、苏霍姆林斯基、马古拉奇、陶行知、陈鹤琴……这一队列在至今的教育领域中，依然是最灿烂光芒的光源，照耀着我们教育实践的各个黑暗的角落，他们为教育指明了基本的前行方向。

但是卢梭的教育理念，在教育实践的层面中却常常被演绎成为一种有所保留的形式。教育确实应该依照天性而立，但在此前提下，并不意味着教育不可以具有其他的目的。只是在实现某一外在目的的过程中，不与人的天性相违背就可以了。如果教育的目的本身并不直接地定位于对天性的彰显与实现，那这样的隐患就始终会是存在的。的确，就连卢梭的《爱弥尔》也确实不仅仅是一本教育名著，而是其政治哲学的思想先声，它是服务于他的政治哲学的，它是《社会契约论》的姊妹篇。从这层意义上也可以说，卢梭心中真正关切的，其实并不仅仅是儿童，而更是一个具有契约精神的社会。甚至可以说，他对"爱弥儿"的关注，

最终还是要指向一个更宏大的社会议题。另外值得一提的是，即便以"儿童中心论"作为其标签的杜威的教育信条，从根本上说也是属于"社会本位论"的。当然，这一"社会本位论"已经不同于"教育乃上层建筑"时段的"社会本位论"了。它从一种直接的、简单的、即时的"社会本位论"——为社会培养符合既定需要和既定模式的可用人才，进一步超越成为一种间接的、迂回的、为改造未来社会而需要的更具开放性的人才。但考察这种人才的最终端的标准，仍在于它对社会的贡献。总之，如果仅仅从教育理念上说，在赫尔巴特的基于"塑造"的教育学那里，教育是"社会适应"的工具；到了杜威这里，则成了"社会改造"的工具。要想培养具有良好社会改造力量的人，教育当然必须"以儿童为中心"而不能以"既有的社会规范与要求为中心"。但即便这样，卢梭和杜威的基本教育理念在我国还是遇到了长时间的排斥，甚至至今在我们的教育理论界，被冠以"自然主义"的卢梭教育思想，遇到的更多的依然是半信半疑的目光。教育功利的积习已经太深地控制了人们的意识形态。教育的职能在于把人们塑造成"必须成为"的人，而不是教育要为儿童的自然天性而"服务"，这一看法是如此的根深蒂固，以至于积重难返。

因此，在这样一种已经很大程度上解放了儿童的天性的教育坐标中，在实践中却很容易就沦为"空头支票"。因为这一教育理念给予天性的，其实仍然只是一种"虚位"。这种尊重，在实践中不到逼不得已时，其实是不予以考虑的。名不正，言不顺，天性应该在人类的教育坐标中获得它本应获得的"正位"与"实位"。因为只有天性才是托起教育的最根本的"自然法"，是所有教育"人为法"所由之派生的最终依据。

第三节　教育服务于天性的成长：一种未来可能？

"教育嫁给过政治，嫁给过经济，却没有嫁给人……由权力、体制、思想等等汇聚而成的一股强大力量使本该姓'人'的教育,不再'认人'而改做他姓……嫁出去的教育要'认祖归宗',要重新姓'人'……"①鲁洁先生的这些话足够形象直观而振聋发聩。"以人为本"实乃是教育的通理与公理,它并不需要曲折深奥的论证。"以人为本""儿童本位"的教育正在获得越来越多的人的共识。在国家愈来愈走向改革开放的今天,极端显性的政治性教育、经济性教育,已经不再肆意通行。但是"儿童本位"的教育道路远未达到畅通无阻,它的前方依然布满泥泞和曲折,各种隐性的"工具性教育"——不管是经济工具性教育还是政治工具性教育,都依然大量存在。

教育能否深切地"服务于儿童天性的成长",是"教育是否真的嫁给了人"的试金石,同时也是它的起点。

一、嫁给政治的教育

教育历来是政治的重要阵地。有时候,它几乎是纯粹被作为"政治阵地"来看待与对待的。这种情势下的教育即可被称为"嫁给政治的教育"。在这种情势下,教师基本丧失了对教育事务的自主权,不再是课堂的主人,而主要成了政治立场、政治要求与政治利益的"代言人与听令者",英国教育史学家罗伊·洛(Roy Lowe)教授在他的《进步教育之死》这本书中称这种情势下的教师为"乖乖听话的教师"②。在这样的教育舞台上,看不到教师的地位,当然也就更不可能看到儿童的地位。嫁给政治的教育是荒唐的,也是可怕的。这样的教育,归根到底,其本质是嫁给了强权。这种情势下的教育,从此再无一丝的自主,只能听命于它的政治主人,过着屈居、隐忍的生活。这种情势下的教育,往往是令许多教育家、教育工作者,乃至广泛的文化界人士所难以忍受,因而予以强烈反抗的。令人遗憾

---

①鲁洁.教育的原点:育人[J].华东师范大学学报(教育科学版),2008(4).
②Roy Lowe. The Death of Progressive Education ——How teachers lost control of the classroom. London and New York: Routledge,2007:94.

的是,在我国近代史上,这样极端的状况并非绝无仅有,而是曾经横行了很长的一段时间。"文化大革命"时期的教育基本上完全丧失了它的独立地位而变成了阶级斗争的工具,而学校则几乎完全与"育人"无关而成了"红卫兵"的政治战场,这种历史足应令人铭记而警醒。

  但是也须看到,教育与政治具有一定的亲缘关系,这也并不是一个短期性议题,而是具有长期而深厚的社会历史根基。事实上,我国封建社会长期以来基本上一直处于"政教合一"的状态。教育完全独立于政治而发展,这对于一个国家来说,或许也并无可能。尤其在"社会本位论"的视野下,任何民众都不过是社会的一分子,就像大海中的一滴浪花,在强大的集体政治利益要求下,个人的利益似乎经常是不足计的。毕竟,在复杂的国际格局中,"国家"作为一个基本的政治单位,总是要试图通过教育来使自己的民众,在根本的政治立场方面达成一定的"一体性",从而更容易地实现国家大局的稳定与久安。这本是国家利益的基础需要,毕竟"皮之不存,毛将焉附?"比如,在国难深重涉及民族危亡的抗日战争时期,就连未成年的年幼儿童也必须成为一名战士。电影《小兵张嘎》成功地塑造了政治与教育完全不分彼此的一种儿童教育状况,并赢得了无数民众的认同。实际上,政治隐性或者说间接地控制教育,在世界上很多国家都有所存在。比如,通过在学校中培养强烈的纪律感和顺从型人格往往是政治上较为专制的国家的人格教育定位;而较为尊重儿童的天性,注重培养个性和创造性,则是一个民主国家的国民人格培养的基调。"十九世纪渗透于教室中的秩序感培养其实可以看作是对工厂生活的某种准备……这里,问题的核心是建立理查德·约翰逊所称作的'社会控制'……维多利亚早期对穷人教育的迷恋,最好被理解为一种对权威、对权力、对控制权确认(抑或再确认)的强烈关注。这种关注表现为对决策教育这一事务所进行的巨大而充满野心的努力,即通过对教育手段和思想方式的捕获来最终控制与决定工人阶层人们的意识和行为。通过具有信任感的教师的督导以及校园围墙的围绕,学校正在培养出一种新型的工人阶层:懂得礼貌、令人愉悦、勤奋工作、怀有忠诚、爱好和平、笃信宗教。"[1]从这里我们可以看

---

[1] Roy Lowe. The Death of Progressive Education ——How teachers lost control of the classroom. London and New York, Routledge:6.

出，英国主流教育自十九世纪起就涉及对社会秩序和纪律观念进行传授的政治性控制。

但无论如何，教育不管在何种程度上被嫁给了政治，都不会是教育的幸运，而只能造成它的不幸。因为教育的本性并非一种工具性存在，它具有更为深远的使命。所幸的是，因为幼儿年龄过小，并不具有明显的政治工具价值，因而政治干预教育这种状况在幼儿教育阶段并不明显，其所造成的危害也相对较小。

二、嫁给经济的教育

如果说教育嫁给政治，主要是来自强权的威压，教育本身并不愿意这样做，因为它过于违背教育的常识性准则——育人，所以它很容易引起教育从业人员的集体反感乃至对抗；那么，教育嫁给经济的情形则并不如此。

教育嫁给经济，在一定程度上可以说是自觉或不自觉地得到了教育所涉人员的认可的。虽然教育嫁给经济的真正动力并不来自教育内部，而是具有复杂的社会动因，但为了在经济利益至上的时代大潮中获得社会认可，从而获得更好的经济立足之地，教育对自身原本默默无闻的"育人"属性也不再坚守。严重的时候，整个教育从业大军甚至对"嫁给经济"这一浪潮不是奋力反抗，而是推波助澜。教育之所以半推半就地嫁给经济，这其中的利益诱惑是显见的。但是，这里的利益获得者，却绝不是儿童！再加上这样的"入嫁"本没有"爱情"可言，而主要出于"利益"动机，因而日常的教育生活也绝不会是真正幸福的。最起码，深处其中的儿童一定是不幸福的——教育拼命地为赢得社会与市场认可而对儿童加压，造成了儿童生活的沉重负担。在我们这个国家，沉重的课业负担已导致儿童成了最辛苦的一个群体。这是令人心痛的！在这样的教育场域中，儿童充其量只是一个被"塑造"，准确地说是按照市场需要"被打造"的"经济工具"。深切的人与人之间的关系，如雅斯贝尔斯所说的"一棵树摇动另一棵树，一个灵魂唤醒另一个灵魂"，在这样的教育中是难觅踪影的。

如果说教育嫁给政治,尤其是公然地嫁给政治,往往是特殊历史情形下的一时产物;教育嫁给经济则是一种长期的、暂时还看不到消退的浪潮。事实上,这股浪潮至今从未停止,而是大有愈演愈烈之势。"基础教育中新一轮的教育产业化正在兴起。"①回顾20世纪末,"教育产业化"的口号曾名噪一时、喧闹异常,得到了社会上很多人热烈的响应。这种呼声很容易就迷住了许多人的眼睛,因为生存毕竟是人的第一需要。"上学就是为了能长大找个好工作,有个好饭碗",这在家长眼里也颇有吸引力,从而自愿为这样的教育买单。

教育嫁给经济之后,它就再也不是一份"事业",而是彻底变成了一种"产业"。只不过这种"产业"并不直接生产"工业产品",而是生产"人力产品"。具体来说,"教育产业化"涉及两个层面:一是在教育的职能层面,教育不再坚持自身独立的"育人"目标,而是变成了以"市场需要"为风向标的人才培养工厂。在这一层面上,教育产业化的后果,就是把具有无限可能且渴望丰富生活意义感的"人",变成一件件功能清晰、规格有别、可以服务于特定社会行业的"工具"与"产品"。把具有无限丰富意义的人生,最终变成简单实用的产品开发及使用。"教育产业化的要求,是人们在特定历史时期内经济需求过分强化的产物……教育产业化的理论假设,或隐或显,都不能逃脱贬抑人性的嫌疑。"②"产业"化了的教育,与深切的人性养成不再关联。二是在教育评价方面,以"产出为上"的产业评价机制,开始在教育界被大力推行。在这种评价驱使下,教育"功利化"就成了一个不可避免的趋势。一切教育都不再重视那无法体现为"显性绩效"的过程,而是沦为了无穷无尽的对各种各样的"考试"的应对,当然,仅仅是那些能在社会上被高度认可的"考试"。其余的所有体现不出短期绩效的长远努力与教育付出,均不在"教育绩效"考核之列而被残酷淘汰出局。事实上,"应试"这一基础教育之"癌",在教育产业化的浪潮中,已无可阻挡地侵袭到了包括幼儿教育阶段在内的整个教育体系。教育产业化,对于高等教育而言,或许不无一定的道理,但对于基础教育而言,则不然。③基础教育的产业化意味着,"为人生打基础"的教育定位,最终变成了为成为"某种社会职业工具"而打基础,这里存在着对教育使命

---

①③杨东平.新一轮"教育产业化"的特征及治理[J].清华大学教育研究,2018(1).
②吴黛舒.本质回归:"教育产业化"的反论[J].中国教育学刊,2000(6).

的严重窄化。还应看到,教育嫁给经济,其实也多少含有一种"下嫁"的悲哀,事实上,教师和家长们也多是屈于生存压力,而不得不选择让"儿童教育"屈从于一种产业性的教育实用目的之追求。但何止是悲哀,教育嫁给经济对儿童的危害是巨大的。因为幼儿期乃人生的一个非常特殊的时期,具有其重要的人生使命。"儿童不能分担成人的工作……他有自己的困难,要完成重要的任务,即造就人的任务。"①嫁给经济的教育,完全无助于,并且会严重干扰儿童这一任务的完成。

教育理应是"育人"的事业。教育之所以被称为"事业",是有其深刻的依据的。当一件事情本身具有自足、独立之意义,而不需要依附于它对于别的事物的意义而存在,这样的事情才可以被称为"事业"——以"事情"本身为"业",在事情本身中实现意义。反之,以某件事情最终所可能"获利多少"来定性的事情,则无法称为"事业"。严格说来,对于一个完全以金钱获得为目标的商人,不管他最终多么成功,他所做的事情,都与"事业"无关。也可以说,凡是作为获利工具的事情,都不属于"事业"之列。从这层意思上看,"教育事业"本不应被工具化,更不应该彻底地被沦为"经济工具",它应该有也必须坚守自己的使命追求。当然,这是一个难而又难的追求。但愿,我们仍有一种未来可能。

三、服务于人的教育

笼统而言,教育总是服务于人的。服务于政治,服务于经济,宽泛地讲,都算是服务于人。问题的真正要害在于——教育服务于什么人?哪些人?

教育嫁给政治,服务的是既已掌权之人,也就是权利的既已获得者;教育嫁给经济,服务的是正在追求利益之人,也就是利益的即将获得者。"教育服务于人"显然不是指这些人。教育服务于人,是指它直接服务于"教育活动中的

---

① [意]玛利亚·蒙台梭利. 童年的秘密[M]. 马荣根,译,单中惠,校. 北京:人民教育出版社,2005:190.

人"——儿童——那些既不是社会中的利益既已占有者,也不是利益即将占有者,而是当前完全不具有任何利益能力的人。教育的本意是"育人",其"所育之人"——儿童,理应成为它的首要服务对象,甚至是根本服务对象。至于政党的利益、社会集团的利益,乃至家长的利益,都不过是围绕教育而衍生出的利益"间接相关之人",他们本不应成为教育服务的直接主人。在教育的坐标中,儿童的利益至上,而不是这些人的利益至上,才是"服务于人的教育"的根本出发点。

在这层逻辑之下,"服务于人的教育"这一命题就自然地衍生出一个直接的推论——教育应服务于儿童,应服务于儿童的天性成长!或者说,"服务于人的教育",其焦点就是服务于儿童天性的成长。

教育本该嫁给人。它不应该嫁给政治,也不应该一味地嫁给经济。这本是教育的一个通行的公理,根本无须"论证",而从它本身的概念就可得到"自证"。因而在这一点上达成共识,并不困难。但它的推论——教育应服务于儿童天性的成长——虽则仅仅是前进了一小步,却并不是容易被认可的。或者说,从"嫁给人的教育"到"嫁给天性的教育",这中间虽仅有一步之遥,却定会出现重重的困难与阻力。因为,这里有一种更高的要求蕴含其中——教育不仅要真正地嫁给人,还要把其真正的心意深切地归属于人、忠诚于人。多年来,我国教育学界关于教育与天性、与人性之间的大争论并不鲜见,甚至于在整个教育思想史中,这一争论也是经久不息的。但是,让我们听听这些穿越时光的历史声音:"人作为自然的最高存在物,必须按自然的本性生活。"[1]"应通过教育使具有天资的人,自己选择决定成为什么样的人以及自己把握安身立命之根。"[2]"教育的主要目的应是为每一个具体的人服务,帮助每一个人自由地成为他自己。"[3]教育服务于人的天性成长,这是"进步教育"应有的一份基本标识,而这种服务所达到的好坏程度,便标志着教育自身的进步程度。

遗憾的是,在人类各种物质性进步日新月异的今天,在人类的各种社会事务愈来愈走向更加民主开放的今天,在人类最重要的活动领域——教育领域,儿童

---

[1] 吴式颖,任钟印. 外国教育思想通史 第二卷[M]. 长沙:湖南教育出版社,2002:358.
[2] [德]雅斯贝尔斯. 什么是教育[M]. 邹进,等译. 上海:上海译文出版社,1991:4.
[3] 吴式颖,任钟印. 外国教育思想通史 第十卷(下)[M]. 长沙:湖南教育出版社,2002:208.

的天性却始终无法占据它本应占据的中心地位,而是愈来愈被边缘化了。童年,正在遭遇一种前所未有的危机。

展望未来,作为人类生活中一种极为重要的成员构成——儿童,理应享有最基本的"儿童民主"。当然,"儿童民主"与通常意义上的对重大事件的"决策性民主"并不相同。"儿童民主"并不会指向对社会生活的更多要求和决策,而是仅仅指向对"自身生活"的一种自主自决权。因而,"儿童民主"的最重要发生地,并不主要在社会生活领域,而是首先存在于"教育生活"场域中。在教育中,"民主的意义包含了'儿童有权主动地和创造性地自我安排生活——从很早开始'"[①]。也就是说,在教育生活中,民主的根本要求,在于让儿童能够按照自己的愿望自主生活而不是被成人"定制"生活。这种发生在教育生活层面的民主实践,将会潜在地促进社会生活中的民主进展。英国资深的幼儿教育专家彼得·莫斯教授甚至称之为"童年政治"的一部分。反之,教育生活中的成人霸权只能培养听话的乃至奴性的儿童,它无助于任何意义上的"民主主体"的生成。

综上,教育能否真切地服务于儿童天性的自然自由成长,能否由儿童的天性来引领教育,而不是"听令于"教育,这或许不仅是一个值得论证的教育论题,同时也是一个事关儿童最基本权利和最基本民主的深远议题。

[①] [加]冈尼拉·达尔伯格,[瑞典]彼得·莫斯,[英]艾伦·彭斯.朱家雄,王峥,等译校.超越早期教育保育质量:后现代视角[M].上海:华东师范大学出版社,2006:88.

第二章　人类天性的两种形式：哲学史的考察

"人是自然的产物,存在于自然之中,服从自然的法则,不能超越自然,就是在思维中也不能走出自然。"①"自然法是宇宙间的根本大法。"②"大自然赋予我们的法律永远比我们自定的法律中肯。"③"如果一个国家立法不是和自然法以及正义和谐一致,那么它们将没有法律的特征,也将不是一个国家。"④"立法者的任务就是真正理解自然规律,理解人的天性,并依据自然规律和人的天性判定法律。"⑤综上,如果不能在"自然法"的层面找到依据,所有"人为法"就在根本上并不具备原初意义上的合理性。

政治哲学的基本命题如此,教育哲学的基本命题亦如此。

如果教育不与存在于人身上的"自然法"和谐一致,它将从根本上不具有教育的意义。教育,这一人类加诸自身的,最难以找到"定规"的活动,它的"自然法"依据在哪里?人类是自然界中的一个物种,不管这物种有多奇异有多特殊,它都仅仅是一个物种。作为一个物种,人类物种具有与别的物种不同的"形态",这使我们仅仅从外表上就可以初步判定人之为人。但对一个物种的判断,却不会仅仅依据形态学决定,更为深层的表现于心理或行为层面的先天倾向性——亦即自然天性——同样是一个物种区别于其他物种的内在依据,因而也是"人"

---

①[法]霍尔巴赫.自然的体系[M].管士滨,译.北京:商务印书馆,2009:3.
②吴式颖,任钟印.外国教育思想通史(第六卷)[M].长沙:湖南教育出版社,2002:303.
③瑜青.蒙田经典文存[M].上海:上海大学出版社,2002:162.
④[美]撒穆尔·伊诺克·斯通普夫,詹姆斯·菲泽.西方哲学史(第七版)[M].丁三东,等译.北京:中华书局,2005:204.
⑤吴式颖,任钟印.外国教育思想通史(第六卷)[M].长沙:湖南教育出版社,2002:304.

类之所以为"人"类的另一种判断根据。同样,每一个"个体"之人,也并不是空空如也地来到这个世界上,而是带着种族的一切"类"资源,也带着经由个体特定的家族遗传路径所赋予的天性资源,而开启其生命之历程的。换句话说,在人出生之前,大自然已经通过遗传的路径,在人身上做了大量的前期工作,确立了"人"这一生命形式所展开的主要经纬。否则,人类不足以被辨识为人类,个体不足以被辨识为个体。据此不难看出:在天性与教育之间,天性是先在的,教育是后来者。这种"先在"不仅仅是时间上的,更是逻辑上的。教育与天性并不是一对平行对等的概念,作为逻辑先在的人类天性,乃是教育的自然法,乃是教育当之无愧的自然法。

事实上,人类的任何活动,最终也无法超出自身的自然法。超出自然法的教育在一定程度上是虚妄的伪教育。这是由人类在自然界中虽特殊但仍归于有限的地位所决定的。如果以宇宙星辰而不仅仅是人间社会为尺度建立一个更广大的坐标系,那么,"人在自然中到底是个什么呢?对于无穷而言就是虚无,对于虚无而言就是全体,是无和全之间的一个中项。他距离理解这两个极端都是无穷之远,事物的归宿以及它们的起源对他来说,都是不可逾越地隐藏在一个无从渗透的神秘里面;他所由之而出的那种虚无以及他所被吞没于其中的那种无限,这二者都同等地是无法窥测的"[1]。在宇宙星辰的尺度上,我们根本无法触及无穷大;基本粒子的尺度又使我们根本无法触及无穷小;人类所能触及和理解的一切,根本上都是以人自身为尺度的,以人自身的有限性为逻辑前提的。因此,确立人自身,确立内在于人自身的自然天性为教育的自然法,这是教育应有的谦虚和明智,这是人类经历"教育万能"的自欺与狂妄之后所应通向的基本的明智。教育应免于对自然法的违抗与僭越。教育应随时接受自然法的检视。

天性,这个极抽象而潜隐的人类教育的"自然法",这个经由广阔无垠的进化史而形成的,地球上迄今所出现的最复杂的"系统",在一定意义上就像一个辉煌的古老宫殿,具有博大精深的蕴藏。但它其中的具体内容,却很难被一一陈出,不仅因为其无限,更因为它呈现本身即需要特定的适宜的条件。也就是说,天

---

[1] [法]帕斯卡尔.帕斯卡尔思想录[M].何兆武,译.武汉:湖北人民出版社,2007:14-15.

性虽在,但天性是怎样的?人类有哪些天性?这并不是一个聪明可行的提问方式。因此这里无法也不准备对天性之内容进行直接考察与呈现,但从思想史的繁复中,经由脉络的梳理,对这一地下"宫殿"所得以矗立的基本构架进行分析和阐述,并给予它们以基本的"分型",从而对其在教育坐标中的应有定位进行探讨,却是既可能又必要的。

哲学乃最深刻的"人"学。① 对人类天性的根本洞见,必自哲学而入。天性概念之外延可从两个基本的层面予以考察。一个层面在"天":所有上天亦即大自然所赋予人的,不管任何形式,甚至包括"道成肉身"的物性形式,都可被统摄于天性的范畴之中,它们在根本上都具有同样的性质,都是自然史赋予人类物种的先天之性,此即天性之广义。天性概念的另一层面在"性":在所有的天赋形式中,只有某些被积淀而为"性体"的,即积淀为"自然如此本然如此之性向、性能、性好、质性"②的,才被视为通俗的天性,此即天性之狭义。为了研究的全面性与彻底性,超越狭义的天性概念所特指,而自其广义开始,就成为一种必须的研究起点。先天理性,正是广义"人类天性"涵盖下的一种基本形式。

第一节 先天理性:"观审"态的天性

"先天理性"亦曰"纯粹理性"(pure reason),乃康德哲学的核心概念。③ 先天指其"绝对离开一切经验而独立自存",纯粹指其"尚未杂有经验的事物在内"。④

---

① 因为即便哲学中的"本体论"也必须经由对"人本身"的研究才能达成。
② 牟宗三. 心体与性体(上)[M]. 上海:上海古籍出版社,1999:169.
③ 此处请进一步参见[德]康德的《纯粹理性批判》。在本书中,康德说:"吾人之一切知识虽以经验始,但并不因之即以外一切知识皆自经验发生。"因此,"是否有离经验乃至离一切感官印象而独立自存之知识,则为一至少须严密审察之问题,而不容轻率答复者。此类知识名为先天的,以与来自后天的即来自经验之经验的知识有别"。康德即以此先天的"知识根据"为人类的"先天理性"。
④ 参见[德]康德. 纯粹理性批判[M]. 蓝公武,译. 北京:商务印书馆,2009:30.

先天和纯粹,都旨在表明这一理性形式绝不源自后天,绝不牵涉经验,因而属于天赋之性。先天理性的基本功能表现为人对外部世界的"认识",因此也常被称为"认识理性"。先天理性是"人的认识所以可能"的逻辑前提,没有大自然"内置"于人类自身的先天理性形式,人便像普通动物那样,不会发生认识,起码不会发生复杂抽象的认识。"认识"在本质上说具有"观审"的性质,它是人类以自身拥有的"先天理性形式"对外部感官所能触及的外界事物的逻辑驾驭与统领。眼睛之必看,耳朵之必听,所有感官的天职与天性就是去感知世界。生命不息,感觉不止,人通过自身的感官对外部事物以光、声等信息的方式进行捕捉与输入,以感性认识的形式完成对外部世界的初步感"观"。这些感"观"之内容,经过以"时""空"、原因—结果等先天范畴,以某些基本的先天逻辑形式为基本规范的"先天理性"之思虑、分析、会审,最终达到符合"先天理性"之逻辑规范的理性认识。认识理性的工具主要是逻辑,其所使用的材料主要是概念。没有什么能阻止人去认识外物,认识是人的本性,认识是人的天性。但表现为"观审"的认识活动主要体现为认识主体对客体的静观与审思,本身并不直接引发,或促动主体的特定的倾向性行为,因而并不具有作为天性标志性的明显的方向性特征,往往不被标定为天性的狭义范畴,"先天理性"亦因此成为人类一种几近被隐匿了的天性形式。

　　人类对自身"理性"的发现,尤其是对"理性"的"先天性"本质的发现,在人类的文明史上经历了一个特定的漫长历程。"它首先只能在柏拉图这样伟大的人身上发生,在柏拉图那里,理性意识本身在人类历史上第一次成为一种分离出来的单独的精神活动。"①亚里士多德后来以更加明晰更加彻底的形式确认了人的"理性"的存在:"人的灵魂包括其他所有较低级的灵魂形式——营养灵魂、感觉灵魂,以及在这之外的理性灵魂。理性灵魂具有科学思想的能力……"②理性是每个人真正的自我,因为它是至高无上的和更好的部分……对每个人天然适合

---

①[美]威廉·巴雷特.非理性的人——存在主义哲学研究[M].杨照平,艾平,译.北京:商务印书馆,1995:80.
②[美]撒穆尔·伊诺克·斯通普夫,詹姆斯·菲泽.西方哲学史(第七版)[M].丁三东,等译.北京:中华书局,2005:126.

的事情,对这个人来说,就是至高无上的和其乐无穷的事情,对人来说,这就是理性的生活。① 如果说把理性思维活动从无意识的原始深渊中提取出来是希腊人的成就,那么众所周知,文艺复兴对人的理性能力的高扬则空前地解放了人类自身,人类发现了蕴藏于自身的伟大力量"理性",并以之摆脱了"神"的禁锢。从此,在西方文明史上相当长的时间里,人作为理性动物进入了历史。理性成为人区别于动物的根本标志,理性是自然仅赋予人类而别的物种基本不具备的最高贵的能力。黑格尔所阐发的英雄史诗般的关于人的理性本质的神话,则将对人之理解的理性模式推向极致:在黑格尔哲学中,人的理性本质被提高到本体论高度,并被纳入其辩证法中加以解释。理性被规定为独立于肉体之外,能自我运动、自我认识、自我实现的"精神实体",且最终被拔高、膨胀为所谓的"绝对精神"。思想巨匠们的影响广泛而深远,几个世纪的时间里,理性主义的大旗一直高高飘扬于西方人学研究的整个场域,"我思故我在""人是理性的动物""人是会思想的芦苇",类似的思想深入人心,且无可避免地渗透了各个学科的历史,教育学自然也没能例外——通过教育来达成对人的理性改造,力图通过人的理性成果(知识)来发展人的理性能力,成为传统教育学最基本的理路。知识教育几乎成为儿童教育的代名词。讲道理,重逻辑,压抑冲动等等也因此一直成为"资深"而难以动摇的教育方法论。总之,随着人类对理性能力的不断重视和发扬光大,理性思维活动渐渐同人的情感和直觉等其他精神活动区别开来,以至被奉为人类力量的皇冠,并以之孕育了"西方科学"这颗皇冠上的明珠,在一定程度上,科学成了"真理"的代名词。无可否认,人的理性能力无疑是极其巨大甚至是超强的,人类理性认识所能达到的世界的范围,无论从广度、深度上,还是时间维度上,都是惊人的,是别的任何物种望尘莫及的,对它进行任何褒扬都不过分。但是,这种无比巨大的,貌似无限的认识能力,真的没有边际没有其自身的界限吗?

"理智的最后一步,就是要承认有无限的事物是超乎理智之外的;假如它没

---

① [美]威廉·巴雷特.非理性的人——存在主义哲学研究[M].杨照明,艾平,译.北京:商务印书馆,1995:88.

有能达到认识这一点,那它就只能是脆弱的。"①康德对纯粹理性的"批判",就是对这种似乎无限的"有限性"的伟大洞见——理性有它自身的基本时空范畴和基本逻辑形式,因为理性本身是先天的,具有先验的属性,是一种先天形式。从"理性"到"先天理性"这看似一小步的进步,对于人类而言,即便在哲学家那里,也是步履维艰的一大步,而对于芸芸众生而言,则至今也没能达到广为认同的程度。作为西方哲学的源头,苏格拉底最早发出了"认识你自己""哲学是爱智慧""无知之知"等一系列广为后人所知的哲学箴言。认识你自己——把人类的视线从外部事物引向自身,认识自身是认识世界的根本前提——苏格拉底所开启的这一哲学的根本转向,蕴含着世界并不是世界的源头;"人"才是世界的源头,是"人"在认识世界,"人"是一个逻辑先在。在此基础上,他发出了"哲学只是爱智慧",而不是智慧本身的喟叹,这不是一种谦虚,作为当时公认的最智慧之人,他公然地说人类并没有真正的智慧可以达到,这是他对人类认识能力之限度的一种清醒的意识;至于"无知之知",则是他对这一认识的更加明确的表述罢了:对于人类而言,没有一种认识能够有资格被确认为"真知"而不是"臆见"。当然,在苏格拉底这儿,他对这一逻辑先在的体认还只精确到"人"这一笼统的层面,并没有达到对这一逻辑先在(先天理性)的深入解析。关于世界的"本体"的概念至此尚未出现。西方哲学尚需在苏格拉底开启的这一方向上经过漫长岁月的发展。但苏格拉底第一个发现了人与世界之间的一道"墙",人类对世界的所有知识,因为这道"墙"的存在,从根本上都属于"无知之知",当然他并没有对这道墙予以命名。柏拉图的"洞喻"说,更形象地阐明了这一信念,即人类是穴居于这一四面围绕的墙之中,看到的只是"影子"。柏拉图试图穿透这道"墙",因此他提出了著名的"回忆说",而其"回忆说"其实隐隐地蕴含了"人"有一个比其自出生开始的有限生命还要漫长得多的历史。从苏格拉底、柏拉图之后,到康德之前,西方哲学史上曾出现过无数伟大的哲人,但在一定程度上可以说,他们只是以这样或那样不同的方式阐释了或发展了苏格拉底的哲学,却从未能超出他的范畴。康德无愧为西方古典哲学一个集大成的担当者,"康德以前的哲学概背流向康德,而康德

---

①[法]帕斯卡尔.帕斯卡尔思想录[M].何兆武,译.武汉:湖北人民出版社,2007:92.

以后的哲学又是从康德这儿流出"①"人是万物的尺度"②"世界是人的表象",当康德通过深入系统的论证并以严格的学术形式把这句话说出时,他实际上是为自苏格拉底开始的西方古典哲学源远流长的路径,画上了一个暂时的句号。从此,西方哲学中一直追索的那道墙终于倒塌,至少是变得透明。因为只有到康德,才第一次完整透彻地指出了这一道墙是什么,并给它命名为:先天理性。康德发现并论证了人的先天理性之存在,最重要的,是发现与论证了这一理性的"先天性"之存在,虽然久经孕育,但他的这一发现仍然是哲学史上石破天惊的大事。人类终于发现了自己,发现了所谓的全部世界不过是以自己为依据。人们日日所面对的,自以为永恒客观的世界,其实只是一个基于人的认识理性这一逻辑先在的观审结构而"呈现"的世界,这个世界从根本上说是呈现的。是呈现而不是确存,才是这个世界对于人的首要意味。"盖为现象,则不能自身独立存在,唯存在吾人心中。至对象之自身为何,即离去吾人所有感性之一切感受性,则完全非吾人之所能知者。"③换句话说,没有人类的先天感性之先在,世界根本无法呈现为世界。同样,人的先天理性亦具有同样的性质。"感性事物与悟性事物间之差别,仅为逻辑的差别,固极明显为先验的。故非吾人由感性所能知之物自身性质,仅有杂驳状态;乃吾人以任何方法绝不能知物自身。"④理性亦只是一种人类观审世界的重要工具,先天理性只是作为认识"主体"的人进行世界观审的逻辑之"镜"。

这一哲学发现具有教育学上的深蕴。观审性的"认识"只是一种"特定主体"的活动,进一步说,只是"人"这种物种的"主体性"活动。人不仅具有高级认识能力,而且人还是根本上的认识主体。没有主体,根本就没有客体。主体乃一切的尺度。事实上,康德的"理性之批判"对知识的客观性提出了致命的质疑与否定:认识所产生的真理,不管任何所谓客观的知识,从根本上都只是主体性意义上的客观,而不是绝对的客观。当然,科学知识的客观品质却也是一种不容怀疑的存

---

① 杨祖陶,邓晓芒.康德〈纯粹理性批判〉指要[M].长沙:湖南教育出版社,1996:2.
② 康德并不是说出它的第一人,只不过是彻底论证了它。
③ [德]康德.纯粹理性批判[M].蓝公武,译.北京:商务印书馆,2009:64.
④ [德]康德.纯粹理性批判[M].蓝公武,译.北京:商务印书馆,2009:65.

在，那么如何理解两者之间的内在调和呢？这里需要对"客观性"本身做出探讨。知识，作为人类认识的结果，其中的客观性实际是建立在人"类"的层面上，因为成熟的人类个体所拥有的先天理性形式的内在结构与逻辑范畴，具有根本的一致性，因而对外物的反映，如果达到了一定的高度和层面，不再以个体间的微弱差异而受扰动，当然就具有了物种意义上的一致性，也就是我们日常所说的客观性。换句话说，客观性只是具有"物种""同种"意义上的客观性，而不是"存有"本身意义上的客观性。客观性是相对于"物种"而言，而不是相对于"实存"而言。举例来说，对于人而言是客观的，对于蝙蝠却未必是客观的。因此，人类的认识成果"知识"同时具有相反方向上的两重意义：人的认识根本上说是一种物种意义上的"臆见"而不是真知，但这却不影响它同时具有一种稳定性和客观性。正是这种稳定性和客观性，使人类可以凭借"自己"的认识成果（知识），来改造自然界并为自身服务。几千年来，正是这种稳定性和客观性在实用性方面的强大功效，使人类很难发现或意识到"世界竟然只是人的表象，是先天理性的表象"这一命题，这是不足为怪的。

总之，人类的"先天理性"的确存，在两个截然相反的方向上同时具有极为重大的意义：一方面，理性昭示了人所特有的高级能力，使人在自然界中具有不可比拟的特殊地位；另一方面，理性作为一种先天赋性，它本身具有特定的限度。对理性的过分崇拜在一定程度上造成了对"人"这一复杂生命现象理解的片面性和局限性，从而可能导向理性主义的泥潭。"理性主义把理性之外的其他属人的活动以至'理性'自身的根源都忽略不计……其后果不仅仅是人的特殊地位的令人反感地无限上升，人被拖出自然的母亲怀抱……"①黑格尔曾把人类理性高度评价为："在这里，我们可以说在这里找到了自己的家园，可以像一个在惊涛骇浪中长期漂泊之后的船夫一样，高呼'陆地'。"②但理性，真的是人性可以借以搁浅与立足的坚实陆地吗？

---

① 顾士敏.哲学人类学导论——从马克思·舍勒"人在宇宙中的地位"开始[M].昆明：云南大学出版社，2002：111.
② 王为理.人之问——思与禅的一种诠释与对话[M].上海：上海三联书店，2001：70.

第二节　生命意志："践履"态的天性

康德对纯粹理性的严格批判深刻揭示了认识理性的先天性、边界性、有限性与观审性，从而也向人类提出了一个尖锐且无可回避的问题：对于"理性人"而言，人并没有真正"进入"世界。人只是这个世界的观审者，世界只是人的表象。那么人生不管何其多彩，其实都不具有"真实"之意义，它不过是一场"表象"的梦。"物自体"的世界，对于人类的理性来说是一个永远无法通达的所在。人类理性自身的先天性，决定了它所能认识的只是"现象"世界而不能是"本体"世界。换句话说，"物自体"的本质是人类的理性所无法触及的，"从外面来找事物的本质是绝无办法的，无论人们如何探求，所得到的除了作为比喻的形象和空洞的名称之外，再没有什么了。这就好比一个人枉自绕着一座王宫走而寻不到进去的入口，只落得边走边把各面宫墙素描一番。然而这就是我以前的一切哲学家所走的路"①。

叔本华深深意识到了人类的这一根本困境。"要通过表象来认识'物自体'，也就是说，要通过认识来认识超认识的对象，是完全行不通的事情……要认识前人所无法认识的'物自体'，叔本华必须独辟蹊径，即不是仅从'外面'窥视王宫，而是从'里面'攻克堡垒——即主体入手，通过反观自身来达到对'物自体'的把握。"②"除了我自己的身体以外，我对一切事物所知道的只是一面，表象的一面；而其内在的本质，即令我认识其变化的一切原因，对于我依然是不得其门而入的，是一个深藏的秘密。只有比较一下当动机推动我而我的身体发出一个动作时在我自己里面所发生的东西……我才能对有机体如何随原因而变化的方式获得理解，这样才能体会它的内在本质是什么。我之所以能做这样的比较，那是因

---

①［德］叔本华.作为意志和表象的世界[M].石冲白，译.北京：商务印书馆，2009：149.
②陈炎.反理性思潮的反思：现代西方哲学美学述评[M].济南：山东大学出版社，2002：74-75.

为我的身体乃是那唯一的客体,即我不但认识其一面,表象的一面,而且还认识其第二面,叫作意志的那一面的客体。"①也就是说,在"我自己"的身体内部,始终存在着一个支配"我"外在行为的内在动力,这种内在动力并不表出为观审性的"表象",因而是"我"之外的其他任何认识主体所认识不到的,但却能被"我自己"所体验到。这种内在动力不是别的,就是意志。"意志是作为表象的我之背后的本质。不仅如此,我们还可以进一步推论出:意志同样也是作为表象的整个世界之背后的本质,意志就是'物自体'。"②就这样,叔本华的意志哲学打开了西方哲学的另一扇门。这扇门为人类对本体界的触及提供了曲径通幽之可能。这一思想正与中国哲学中"返求诸己"的理路惊人地相通与相似。

值得指出的是,叔本华的"意志"概念并不限于该词的一般经验性意义,它绝不等同于我们平日所说的坚强的"意志"之类通俗含义,尽管日常生活中的这个"意志"概念的含义,在一定程度上是出自于叔本华哲学的这一根本性概念。叔本华以"意志"概念来指称"自我或本体的存在",这一概念具有极为宽泛而抽象的内涵,它不仅专指人的意志,更统括了自然界中的各种意志。举例来说,"眼睛"这一自然界所广泛存在的"物化器官"在根本上都可被理解为"视觉欲望"或"视觉意志"的表出,"我们不妨假定无视觉的动物有着某种想在接触到物体之前就能够知晓物体的模糊的欲望,由此而产生了种种努力。这些努力在不断遭到物质的阻力之后,终于有一天与物质的规律相吻合,最后便产生了一种叫作眼睛的器官,从而满足了视觉的欲望"③。也就是说,生物体的"器官"这一物质形式本身其实是无形的"意志"在物质结果意义上的直观表达。总之,叔本华肯定了生命活动背后隐藏着的,内在于其自身的,具有动力性的,因而是以践履态而非观审态而存在的"意志",乃"人"这种"表象"背后的"物自体"本质。换句话说,以践履形式存在的"意志"而不是观审形式存在的"理性"才更深刻地切入了"人"的本质。或者干脆更直接地说,"意志人"而不是"理性人"才更深入地彰显了人的存在意境。"理性人"观审世界,"意志人"才真正"进入"世界,这是由"意志"的首要

---

① [德]叔本华.作为意志和表象的世界[M].石冲白,译.北京:商务印书馆,2009:184.
② 陈炎.反理性思潮的反思:现代西方哲学美学述评[M].济南:山东大学出版社,2002:75—76.
③ 陈炎.反理性思潮的反思:现代西方哲学美学述评[M].济南:山东大学出版社,2002:186.

性质即动力性和践履性所决定的。

不仅如此,叔本华还进一步探索了认识理性与意志的关系。他指出:认识理性乃意志自我实现的工具。意志具有比认识更根本的地位,它是先于认识的。"从根本上看来,不管是理性的认识也好,或只是直观的认识也好,本来都是从意志自身产生的。作为仅仅是一种辅助工具,一种'器械',认识和身体的任何器官一样,也是维系个体存在和种族存在的工具之一。"①由此,人的认识理性,在叔本华这里,终于明确降格为一种"工具",不管这种"工具"多么优越与强大,它都只具有"工具"的性质,因而都只具有从属之地位,服务之性质。大自然不仅赋予人以理性,更赋予人以意志。意志推动着人,理性协助着人,才使人这种生命存在走出了一种比动物广阔得多的世界与意境。意志才是人之存在的主体所在,是作为主体的人的最根本的家园,而理性则至多不过是像一个观审的侦察兵一样,通过对外部环境的了解与驾驭,从而更好地为意志的充分实现助一臂之力。

叔本华所打开的这一扇崭新的哲学之门,第一次将意志抬高到认识之上,从而开创了非理性哲学的先河。事实上,叔本华只是一个开端,后来的存在主义哲学家克尔凯郭尔、海德格尔、雅斯贝尔斯、萨特等大都追随了他的这一论断,当然这些不同的思想家只是各自追随了叔本华思想的不同侧面。精神分析心理学的开山鼻祖弗洛伊德与他的杰出后继者荣格无疑也追随了叔本华。他们使叔本华所试图建立起来的"生命意志"概念进一步心灵化了,"生命意志"从此以一种独特的心理形式凸显了出来:那就是无意识王国的发现。在人的心灵深处,一直存在着一个外在于意识而又在一定程度上控制着意识的主体——无意识的本我。"意识"只是超过了一定的心理阈限而浮出海面的"无意识冰山的一角"。无意识很难被人意识到,但却并非不起作用,恰恰相反,这种被压抑到心灵底层的原始意识并不是一条宁静的冰河,而更像一座潜伏的火山,始终为意识提供不竭之动力。如果说弗洛伊德的发现主要是基于人类"个体"层面,他所发现的无意识尚且是"个体无意识",个体无意识还仍然仅仅关涉着"个体人"的早期经验,那么他的学生荣格则在更为广大的"人类物种"的层面上继续深化与拓展了这一原理:

---

① [德]叔本华.作为意志和表象的世界[M].石冲白,译.北京:商务印书馆,2009:218.

人不仅有个体无意识,更有集体无意识。集体无意识是人性的古老遗传,我们每一个人都有一个200万岁的自性居住在精神的黑暗的地下迷宫里。① 总之,人类的心理学发展至二十世纪,终于向人们揭示了,现实中人的外部行为远非仅仅由理性力量所控制,而是更深刻地由潜隐态的非理性力量所驱使。甚至,表现为理性的"意识"本身,在一定程度上,也与非理性形态的无意识紧密关联。总之,无意识王国的发现使我们终于知道,理性甚至意识对于人生的控制是多么不稳定,理性根本不足以解释人这种存在物的生活全貌。

值得一提的是,精神分析学的这些结论并不仅仅是基于思辨的分析,它其实是以达尔文的生命进化论为其基本思想背景的。进化论为叔本华的"生命意志"和精神分析学的"潜意识王国"提供了一个有力而清晰的来源路径。从进化适应的观点来看,人作为一种进化的凝结与存在,不管是肉身还是本能,还是具有更大灵活性的理性认识,都只是生命适应的结果。只不过肉身与本能是适应的早期成果,为人和动物兼备。而理性只是到了适应的高级阶段或者说直到最后阶段,才自然而然产生出来的一种高级"机制"罢了。20世纪80年代末异军突起的进化心理学,显然也凸显与深化了人类存在的这一主题。进化心理学提出了由进化而来的"心理机制"的核心概念,并对笼统的"心理机制"进行了"功能分解",即提出了各种比较具体的心理适应性机制的存在,比如生存机制、两性有别的性选择机制、亲代抚育机制等。② 需要指出的是,"进化心理学并不宣称人类行为本身是具有适应性的,而是它之所以被产生的心理机制是适应性的。适应性的进化机制所产出的东西并不必然地是适应性的。两者之间是有区别的"③。也就是说,进化心理学并不宣称进化而来的"心理机制"本身一定具有"当前"适应性,而只是肯定了这种机制的客观存在。或者说尽管这些机制在当前的文化环境中并不具有直接的合宜性,但它还是以历史遗产的方式定然地存在着。随着分子生

---

① [美]安东尼·史蒂文斯. 二百万岁的自性[M]. 杨韶刚,译. 北京:中国社会科学出版社,2003:3.
② 相关内容请参见[美]D. M. 巴斯. 进化心理学[M]. 熊哲宏,译. 上海:华东师范大学出版社,2007.
③ Richard Joyce. The Evolution of Morality. London:The MIT Press,2006:5.

物学、脑科学、神经科学、基因科学的巨大进展,心理学尤其是进化心理学终于能够明确地确认:人类不是神,他有非凡的能力,也有自己的遗传限度,人类的意识也有自身所能达的限度。这些遗传限度决定了人类的行为并非总是能在"理性"这单一的层面完全解释清楚。进化心理学其实以更加合乎科学的论证方式解释了精神分析学和叔本华的"意志哲学"所尝试提出的思想,即复杂的以非理性形式显示的意志并不是人类异己的存在,它恰是人类生命中最古老最重要的部分,它存在的时间其实比经常妄图控制它们的理性意识还要长得多。

总之,这些不同学科领域的探讨可以初步归结出一个基本的共识:人类先天地具有物种意义上的、进化而来的天赋之性,这些广义的先天赋性表现为理性和非理性两种基本的形态。但从狭义上讲,人类天性虽然"包括"却并不"主指""理所当然"之(理)性,而仅指"势所欲至"之性。"势所欲至"之性在当前境遇中并非总是合理的,而是表现为强烈的性向、性好等"非理性"的形态,比如:意志、本能、潜意识、无意识、集体无意识、自性等。当然,天性概念并不等同于这些概念中的任何一个,上述每个概念其实都各有侧重,因而无法互相替代,因为每一种学说都有其各自的思想语境。但这些概念在内涵上的重叠与交集仍是不言而喻的,它们之间所具有的基本同质性也是不言而喻的:意志不是由外在于事物的因素所造就的而是其自身的先天所有,天性同样也是内在地先验地存在于人身上的天然所有;意志表达为意欲干什么的倾向,天性拆解开来就是"人的天生之性向";意志与天性,都是以非理性形式运作的。因此,在一定程度上可以说,"天性"这一概念其实是以更通俗的方式表达了上述这些概念所蕴含的主要内容。这便是这一长长的哲学追溯对于深入探讨天性概念的必要性之所在。

第三节 中国传统哲学的"心""性"分疏

在中国儒家哲学的语汇系统中,上述两种形态的天性,则被赋予了两个极简明而独具中国文化性格的概念：心与性。虽然天性概念从其广义上说，无疑把心与性全括于内，但在中国文化的语境中，天性概念则主要取其狭义，也就是中国哲学中"性体"所承载的那一部分，从而把"认识心"从天性之狭义中予以剥除，这一剥除也为更深入地探讨狭义天性的性质提供了更为专门的学术空间。

中国儒家的"心性之学"当然并不只是专门关于心、关于性、关于心性关系的学问，而是几乎包容涵盖了人性研究的各个侧面与层面，但无论如何，"心""性"之辨始终是"心性论"的潜在主题。没有这一主题，"心性论"便失去了它最基本的议题，而只能以普通的"人性论"自居。事实上，"心性论"不同于普通的"人性论"，它达到了比宽泛的"人性论"深刻得多的理论思辨水平。但即便如此，想在心与性之间划一条鲜明的界限，仍几乎是不可能的，甚至这样的界限在事实上也许是不存在的，这样的界限从哪里划出都是不准确的，因为心性首先是混沦一体，不可剖分，就像人是一个整体，大脑与精神不可分一样，但这并不妨碍"心性之分"作为人类对自身进行认识的一个基本的思辨性成果。

与西方哲学首先发现先天理性，继而才发现意志本体相反，中国哲学则以"性"观念为首出，对"认识心"的发现则在其后。也就是说是在"性体"的基础上才发现了"心体"，这也是中国古代的人学思想之所以被称为"人性论"的原因所在。"性体"是中国儒学中特有的概念，道德实践之所以可能超越的根据直接地是吾人之性体。"此中'性体'一观念居关键之地位，最为特出"。①牟宗三先生对"性体"概念在中国哲学中的地位及意义的这一判断，可谓一针见血。没有"性体"概念作为支撑，中国儒家的道德哲学就会变成无源之水或无本之木。因为如果说人类的"道德"乃人性之树上所结出的独特、非凡、亮丽的果实，那么"性体"则是这棵道德之果树所赖以生长的"家园"。没有"家园"的树木是无法想象的，也是无法成活的。而且，"家园之容纳"一定也比"树木之果实"大得多得多。从另一个层面上，中国儒家哲学的"道德何以可能"这一命题，其实是从属于"性体"这一哲学概念之下的一个局部推论。反过来，如果"性体"之存在不可能，人类的"道德"其实也就不可能。"仁义内在于超越的（非经验的、非心理学的）道德心，

---

① 牟宗三.心体与性体(上)[M].上海：上海古籍出版社，1999：32.

是先天而固有的,'非由外铄我也'……惟康德是从'自由意志'讲,而中国的传统则是喜欢从'性体'讲。"①在这里,"性体"的先天性已经被表达得非常清晰——"性体"之存在,非由外铄影响而成,而是人先天固有的。应该说,这样的"性体"之概念,已经与通俗语汇中的"天性"概念相差无几。只不过前者强调的是并没有"形之于外"的幽深本体,而后者则更着重于表达能被普通人所感受到的外显性存在。从这句话里我们还可以看出,"性体"之概念虽属中国儒家哲学的特有概念,但它与西方古典哲学却不无相通。也就是说,不管这一概念被表述为"性体""天性"还是"自由意志",其中的区别主要只是表达的形式之别,以及获取这一概念的视角之别,而这一概念所涉及的实体含义,则如同"条条道路通罗马"之格言中的"罗马"一样,并无本质上的殊异。

至于"性体"里都存在哪些内容,则是各家所见各异。而这也正是中国儒家哲学的各个分支流派之所以存在的缘由。"凡性字无论是何层面之性,是何意义之性,皆是指那自然而本然者言,即自然如此本然如此之性向、性能、性好、质性或质地。此是性之通义,但视其应用于何层面而定其殊指。大抵性之层面有三:一、生物本能、生理欲望、心理情绪这些属于自然生命之自然特征所构成的性,此为最低层,以上各条所说之性及后来告子荀子所说之性即属于此层者;二、气质之清浊、厚薄、刚柔、纯驳、智愚、贤不肖等所构成之性,此即后来所谓气性才性或气质之性之类是,此为较高级者,然亦由自然生命所蒸发;三、超越的义理当然之性,此为最高级者,此不属于自然生命,乃纯属于道德生命精神生命者,此性是绝对的普遍,不是类名之普遍,是同同一如的。孟子所将之性,宋儒所谓天地之性,义理之性者是。"②从这里可以看出,中国哲学中的"性"概念并不局限于"天性"即自然状态这一特定维度,而是具有相当大的包容力。各学派所侧重探讨之性,亦是各有其侧重,比如宋儒所讲之"性"主要是立足于在超越的意义上讲性,聚焦之点总是落在道德上,因而是"超越态"的天性。至此,我们必须承认,中国哲学的"性体"概念具有比人的"自然天性"更深广的内涵,或者说"自然天性"概念在一

---

① 牟宗三. 心体与性体(上)[M]. 上海:上海古籍出版社,1999:101.
② 牟宗三. 心体与性体(上)[M]. 上海:上海古籍出版社,1999:169-170.

定程度上从属于"性体"之概念,是"性体"概念的特定"状态"的表现。① 但是,这并不妨碍我们将"性体"的属性推论至"天性"之层面。或者说,性体的意蕴同样也涵盖着天性的意蕴。

当然,还应指出:在中国古代思想中,"性"并不是一个挂空独立的概念,而是来源于"命"概念。"天命之谓性"明确阐述了"命"与"性"之间的渊源。而"生之谓性",则是对"性"理解的又一路径,通过"生"的环节,来自于"命"的"性",终于取得了它的独立的而不是依附的地位,它成为每一个有生命的人所共同具有的天性。由此,"人的精神,才能在现实中生稳根,而不会成为向上漂浮,或向下沉沦的'无常'之物"②。从这层意思上看,中国哲学中的"性"与人的"自然天性",这两个概念之间,即使并不等同,也还是存在极大的交集。

如果说"性体"之概念在中国儒家哲学中的地位极其显赫的话,那它的对应概念"心体"则并没能得到如此受器重的地位。因为"心"只能发其认知之用,因而它所能通达的"理"仅是"形构之理",不可能通达"存在之理"。"是以格物穷理亦有两面用:用于存在之理,则成德性之知,博文下学在此无积极的意义;用于形构之理,则成经验知识(见闻之知),博文下学在此有积极的意义。"③中国哲学以道德哲学为主体,对认识论问题的关注始终有限。这也导致了"心体"之概念的相对弱化之地位。这与前述的西方哲学的理路正相反。西方哲学是以认识论为主体,对"性体"之概念的认识则较为模糊。其实,从一定程度上说,叔本华的"意志"、弗洛伊德的"潜意识"、荣格的"集体无意识""自性(self)"等概念在一定意义上也都可以看作这"性体"之异名,各从一面说而已。

从儒家哲学史看,"心"之概念首出于孟子,亦即孟子首先把"心"作为一个认识论层面的概念而单独提出。"心之官则思",心有认知的一面,耳目口鼻之欲,都要靠心的认知之力予以支持。"孟子所说的性善之性,指的不是生而即有的全

---

① 牟宗三先生即把"性体"尝试译为"nature"而把"心体"译为"mind"。具体请参见牟宗三. 心体与性体(上)[M]. 上海:上海古籍出版社,1999:34.
② 徐复观. 中国人性论史[M]. 上海:华东师范大学出版社,2005:73.
③ 牟宗三. 心体与性体(上)[M]. 上海:上海古籍出版社,1999:91-92.

部内容,仅指的是在生而即有的内容中的一部分。而这一部分,不是出自思辨的分析。"①把内在于人的生命之内,"既可以表示人之所以为人的特性,其实现又可以由人自身做主,所以孟子只以此为性。但生而即有的耳目之欲,当其实现时,须有待于外,并不能自己做主,于是他改称之为命,而不称之为性②。"这里是说,虽然耳朵之必欲听,眼睛之必欲看,也表现为一种强烈的意欲与倾向性,但它们却要依赖于外界有可看、可听之事物,因而这种器官性"天性"的存在,并不能完全自主地呈现自身的这一内在属性。而人内在的另外一些"先天特性"则可以自我抒发与呈现,孟子只把它们称之为"性"。孟子对"性"的不为外部驱使的自主性给予了高度的承认:性与命的最大分别,仅因为性是内在于人的生命之内,是在人身之内,因而其实现是人可以自己做主的;而命(这里已指"心")则是在人之外,却能给人以影响的力量。命与性本无不同,但性自内出,人当其实现时可居于主动地位;命由外至,人在其实现时,完全是被动而无权的。由此我们大致可见,孟子开始把认识"心"从广义的"生之谓性"中予以区分,从而凸显出狭义的"性"概念。孟子初创了"心性之学",并在其中突出了"心"的作用,也初步蕴含了心与性并不等同的思想。至汉董仲舒则对于"性"不为外物所累的自主性有了更进一步的认识:"天之所为有所至而止,止之内谓之天性,止之外谓之人事。"③"人受命于天,有善善恶恶之性,可养而不可改,可豫而不可去,若形体之可肥,而不可得革也。"④如果说孟子的心性论只是这一哲学发展之初创,那么宋明理学则实为心性论发展之高峰。宋明理学由各派的心性学说组成,其间虽不乏差异,但都对心与性的区分做出了进一步的界定:理学派吸取了孟子"心之官则思"的思想,其各派均以心为认识论范畴,把"心"规定为知觉思维,认为"心"是认知主体。朱熹特别强调"心""性"之辨,"心与性自有分别。灵底是心,实底是性。灵便是那

---

①徐复观.中国人性论史[M].上海:华东师范大学出版社,2005:104.
②徐复观.中国人性论史[M].上海:华东师范大学出版社,2005:101.因为论述的具体语境的关系,孟子此处的"命"之所指我们暂时存而不论,而只分析其"性"的概念。
③转引自傅斯年.性命古训辨证[M].桂林:广西师范大学出版社,2006:161.
④转引自傅斯年.性命古训辨证[M].桂林:广西师范大学出版社,2006:162.

知觉的"。① 他认为,心仅为认识主体,而不具有宇宙本体的意义。心学派如陆王学派则不仅以"心"为认识主体,而且把"心"作为宇宙本体;"心"既是认识论范畴,又是本体论范畴,这里另当别论。宋明理学各派均把"性"作为人的本质属性和道德理性,认为道德源于天赋予人的自然本性。张载首先提出心性的内在联系:"合性与知觉,有心之名",此意大致是说性体中本无知觉,性是性,加上知觉才有"心之名"。"性无意,心有觉",认为"性"本身无知觉,不具有意识性,"性"与知觉合,才为"心",可见"心""性"有别,而"性"又是"心"的基础。张载的这一思想无疑具有极为深刻的内涵,现代认知心理学与精神分析心理学之学科分野,或许可以在几近千年前张载的这些真知灼见里依稀辨认出模糊的雏形。二十世纪后,现代新儒家接受了现代西方哲学的洗礼,不再局限于对传统儒家语录注疏式的感悟,而是直接采用了现代西方哲学概念逻辑分解的方式进行研究,但正如冯友兰先生所说,现代新儒家哲学实际还是接着宋明理学的路子讲。换句话说,现代新儒学实际上是对宋明理学心性论的进一步发扬与光大。作为现代新儒学影响卓著的代表人物,牟宗三先生在其三卷本《心体与性体》一书中,针对中国哲学的"性体"概念跟西方哲学作了通透的比较与对接:"性体无外,宇宙秩序即是道德秩序,道德秩序即是宇宙秩序……此中'性体'一观念居关键之地位,最为特出。西方无此观念,故一方道德与宗教不能一,一方道德与形而上学亦不能一。"②

总之,纵观整个中国人性论研究的学术史,超越其纷繁的派别之争,一个基本的结论是非常清晰的:"心与性的分疏"乃中国哲学的一个基本结论。也就是说,"心"与"性"虽然都是源自"天命之性",但"心"与"性"又有基本分别,只有"心"才具有认识能力,因而也才具有先天的对象性,而"性"则直通道德之"本体"。

"心、性有别"这一结论意味着,上天亦即大自然赋予人的广义的天生之性表现为两种相对独立的存在形态,或者说两个相对分明的层面(当然这里的形态和层面均非实指,而是一种不得已的分型表达)。这一区分的内在标准在于:"心"无方向性,而"性"则具有方向性。我们或许可以数学语言形象传达之:心为标

---

① 蔡方鹿. 宋明理学心性论[M]. 成都:四川出版社集团巴蜀书社,2009:19-20.
② 牟宗三. 心体与性体(上)[M]. 上海:上海古籍出版社,1999:32.

量,性乃为矢量。"心"本身无具体内容,其本身可以接受经由感觉器官而传递的外界信息之内容,心的内容也就是意识的内容,意识的形成路径是"自外而内"的,它的基本特性是"输入式"的。"性"则相对具有纲要性的内容,"即欲即性",以心理或行为的特定的倾向性行为表现出来,它的生成路径是"自内而外"的,它的基本特性是"输出式"的。因为"心"的内容来自于外界,来自于对外界的"观审",所以形成"观审态"的意识;性的内容则来自于天所赋,所以表出为"践履态"的意志、本能、潜意识、自性等。如果以一个更为具体的模型来比喻,或许可以把"心"比喻为"生命体"之外交部,负责与外界交往、观察外界形势,形成对外界事物之评判并与外界事物相互协商;而"性"则类同于由广大民众形成的国体,是人之意欲之所源,意欲是由民众组成的国体决定的。不管"外交部"在应对外界时看似如何灵活无拘,其背后都有一国体与民众在托举起它而不容它随意行为。"外交部"只是一部门,它的地位和性质与"国体"自然无法相比,因此"性体"相比于"心体",也就处在广义天性的更基础更深层的级别上。也可以说,天性具有复杂的层面,"性体"在每一个层面上都对"心体"具有内在的规限性与决定性。

综上,与西方哲学对"先天理性"与"生命意志"(或实践理性)的基本区分一样,中国儒家哲学对此亦有一贯的认识。辨别"广义天性"的这两种形式,将为我们继续辨明教育重心的不同位置,奠定一个基本的可用于定位的坐标系。或者说,以此为坐标,我们才能更清晰地去辨明传统教育的误区之所在,也为由狭义的天性(也就是"性体"之属下的"自然天性")来引领教育之命题的提出,埋下一个理论伏笔。

第四节 "心""性"辩证关系及启示

"心"与"性"的分疏,从根本上说,仍然属于人的认识对"广义天性"的辨别,而不代表在实体意义上的"心"与"性"的分离。毕竟,"心"与"性"都不过是人的自然禀赋的一种形式,两者完全统括于整体的"人"之中,何来实际的分离?实际上,心与性既有分疏,又总在纠缠,两者之间的关系错综复杂。但概要地探索其中的辩证关系仍然是可能的,并且这种辩证关系对于我们深入地审视当前教育的面目,具有极为重要的启示作用。

一、"性"体"心"用

"心"与"性"具有同样的来源,它们同为"天命之性"或"生性"。但两者却又具有根本区别,它们在"天命之性"与"生性"的整体结构中居于不同的地位:"性"直通本体,而"心"则只具有"功用",这便是"性体心用"的最简洁之意。具体说来有以下三层意思:其一,性为体。"性谓本体,通万有而目其本源则曰本体,自吾人禀之以生而言则亦曰性……自性,犹云自家固有的生命。"①这就是说,在人的性体里其实蕴藏了宇宙本体,或者说宇宙本体在"人"身上以性体的方式而存在。"体"与"用"有主辅之别,"性"为"心"之体。王守仁说:"心之体,性也。性即理也。"②其二,心为用。没有"心"的发用,便不能充分地显"性"之体。尽心,则性天全显。其三,"心"只是一种极灵活的性,因而两者并不是分割的,心性之间具有内在的辩证统一关系。总之,在儒家哲学中,"性体心用说"探讨的主要是以"性"为体,把道德理性视为本体的前提下,如何看待主体之"心"的地位和作用的问题。"理智者人心之妙用,理性者人心之美德。后者为体,前者为用。"③

"性体心用"这一命题经熊十力先生的"体用论"思想而得到进一步发扬与光大。"体用论"的基本探讨议题类同于西方哲学中本体—表象之议题。以康德哲学为圆心的西方哲学大多"悬隔"了对"本体"的妄议,对"本体—表象"之间的关系更是存而不论,因为"认识心"是无法"认识""本体"的,"本体"超出了理性"认

---

① 熊十力. 新唯识论[M]. 上海:上海书店出版社,2008:204.
② 张文立. 心学之路——陆九渊思想研究[M]. 北京:人民出版社,2008:376.
③ 韩强. 现代新儒学心性理论评述[M]. 大连:辽宁大学出版社,1992:34.

识"的范围,这也是康德对"理性"进行批判的一个基本思想成果。但中国哲学并不认为本体是无法通达的,本体与现象之间并不是"绝缘"的,而是具有内在的"暗通","谈本体者虽有许多任意之构画,吾人却不能因此置本体而不肯究,甚至不承认有本体。"①熊十力先生用"体用论"思想对这一"暗通"进行了深入的探索。"宇宙实体,简称体。实体变动遂成宇宙万象,是为实体之功用,简称用。"②也就是说"实体不是静止的,而是变动不居的……依实体的变动不居,现作万行,而名之为功用。"③"先有体而后有用。"④"见在底便是体,后来生底便是用。"⑤"体用一源,显微无间……体用不能分割;体决定用;由体可以致用;由用可以得体;体用之间是一种内在的辩证统一的关系。"⑥"即体即用即用即体。"⑦在此,熊十力先生实际上是对西方哲学中"悬隔不究"的"本体界",通过"以用达体"这一路径予以了触及。这一触及的同时,也对心性关系中"性体"的绝对主体地位予以了明确的确认。

熊十力先生以"性体心用"论,对"心性关系"问题进行的高度凝练的概括与定位,具有极深的理论立意:心体有限,性体无限。心与天相隔,性则与天无隔。"心"只是"用",它只能观审世界;而"性"则为"体",通过它才能"进入"世界。这一观点并不是一种无根据之玄想,也不仅是一种个人体验式"悟证",基本的"自然进化观"其实对这一立论具有一定的解释力与包容力:"性"的形成是自然史的积淀,万物的"性"都是与"自然史"一道成长的见证;"性"不是别的,它是万物与其"自然生活环境"共处的历史结晶。它深植入其"自然生境"中,它是其自然生境的"活化石",正是因为这一点,深入地契入到"性体"世界中的人,才可能体会到"物我一同""天人合一"之境界。性是生命的本体。"良知不是假设,良知只是呈现。"⑧道德扎根于人之深层的性体,但它是一超越性的存在,并不能轻易地显

---

①熊十力. 新唯识论[M]. 上海:上海书店出版社,2008:166.
②熊十力. 体用论[M]. 上海:上海书店出版社,2009:5.
③熊十力. 体用论[M]. 上海:上海书店出版社,2009:121.
④⑤郭齐勇. 熊十力思想研究[M]. 天津:天津人民出版社,1993:264.
⑥郭齐勇. 熊十力思想研究[M]. 天津:天津人民出版社,1993:261.
⑦熊十力. 体用论[M]. 上海:上海书店出版社,2009:7.
⑧牟宗三. 生命的学问[M]. 桂林:广西师范大学出版社,2005:107.

露与实现,因此须有"尽性"之追求——存心以尽性。"心"不过是尽力呈现"性"的工具,发挥"心"之"用"才能"尽性"。

与"性体心用"相类似的思想其实也以不同的面貌反映在了叔本华的意志哲学中:"意志是先于认识的生命冲动。既然意志是世界的本原,因而它是先于认识的。较低级的事物只有意志而没有认识,而较高级的事物虽然有了认识能力,但这能力也只是为意志服务的。"①"认识是在意志客体化的这一级别上作为个体保存和种族延续所要求的一种辅助工具,[一种]'器械'而出现的……因为有了这个辅助工具,这个'器械',在反掌之间就出现了作为表象的世界。这时世界显出了[它的]第二面。在此以前世界原只是意志,现在它同时又是表象……是认识着的主体的客体了。直到这里,意志是在黑暗中极准确无误地追随它的冲动;到了[现在]这一级别,它却为自己点燃了一盏明灯。"②这一盏"明灯"正是"心"之功用,没有人类的"认识心"这盏"明灯","性体"之显露仍只能在黑暗中,这也正是大多数动物的处境。

关于"性何以为体",还可以借助一个古老却时新的"自性"概念而得到进一步阐明。从古代起印度哲学就开始用"自性"这个词来表示广义的人格中心:"他没有被人看见,却看见了别人;没有被人听见,却听见了别人的声音;没有被人领悟,却领悟了别人;没有被人认识,却认识了别人。只有他是观看者,只有他是耳闻者,只有他是领悟者,只有他是认识者。这就是你的'自性',内部的统治者,永远存在。"③"self 在西方文化中同样历史悠久。在西方语言体系中,这是一个词根性概念,许多单词都与此有关。英语语言中这个单词具有 1300 年的历史。"④"西方哲学中最早使用'self'这一概念则是笛卡儿,当时他用 cogito 这个词来描述'自我'的概念,并认为其 cogito 具有与后天感觉经验无关的先天的('天赋的')意识状态。"⑤"自性"这个古老的概念还愈来愈得到了现代心理学的重视。

---

① 陈炎. 反理性思潮的反思:现代西方哲学美学述评[M]. 济南:山东大学出版社,2002:78.
② [德]叔本华. 作为意志和表象的世界[M]. 石冲白,译. 北京:商务印书馆,2009:215-216.
③ 刘耀中,李以洪. 容格心理学与佛教[M]. 北京:东方出版社,2004:207.
④ Paul Brinich, Christopher Shelley. The Self and Personality Structure. London: The Cromwell Press, 2002:4.
⑤ 吴式颖,任钟印. 外国教育思想通史(第十卷)(下)[M]. 长沙:湖南教育出版社,2002:162.

"心理学家威廉·詹姆斯说:自性是心理学中最最令人困惑的,但又是必须面对的难题。"①精神分析心理学以其对人性的深度洞察而首先研究了它。自性是荣格心理学的重要概念,他对自我和自性这两个概念作了明确的区分:自我只是我的意识主体,而自性却是包括无意识在内的整个心理主体。""自性(self)不同于自我(ego)的概念。自性乃人最深层的主体。②"我们的自我(ego)常常只想认识可知的东西,而忽略了不可知的东西⋯⋯我们也是能认识不可知的东西。为了做到这一点,意识的自我必须向一个更高级的力量投降,这个更高级的力量就是自性⋯⋯"③总之,相对于认识心而言,自性的主体性是不言而喻的,它是主体之人的最"内核"的部分之所在。在一定程度上可以说,自性概念与性体概念一样,都同样是对人性之最深层"内核"的探索。

二、"体""用"之辨

如果说"性体心用"是中国儒家哲学的一个基本"思想成果"的话,"体、用之辨"则是它在此思想探索过程中产生的一个"方法论收获"。作为思想成果,前者之价值在于使后人直接借助此结论而洞察到事物的更深层面貌;作为方法论成果,后者之价值则在于它为人们提供了一种独特的分析事物关系的方式与方法。"'体用'是中国哲学的重要范畴⋯⋯'体'和'用'的概念在先秦就已经出现,从魏晋时期开始,'体'和'用'作为一对范畴进一步被自觉运用⋯⋯以后,随着中国哲学的演进,'体用'范畴得到了更广泛和深入的讨论和阐发。"④"体用概括了华夏民族思考宇宙存在问题的基本立场和方法,蕴含了丰富的解释力与衍生性,在古

---

① Paul Brinich, Christopher Shelley. The Self and Personality Structure. London: The Cromwell Press, 2002:1.
② 刘耀中,李以洪. 容格心理学与佛教[M]. 北京:东方出版社,2004:208.
③ [美]安东尼·史蒂文斯. 二百万岁的自性[M]. 杨韶刚,译. 北京:中国社会科学出版社,2003:3.
④ 杨国荣. 体用之辨与古今中西之争[J]. 哲学研究,2014(2).

人言说宇宙生成、形上本体、认知方式以及道德人性、政治伦理、历史文化等问题时，随处可见……"①一句话，中国儒家哲学对于事物之"体"与事物之"用"的区分与辨认（"体、用之辨"），这一本来仅用于讨论"心、性关系"的思想视角，已经逐渐生发、演绎为"体用论"这一严密的哲学方法论范畴，从而为人们认识许多别的复杂事务提供了锐利的工具。没有显微镜，我们无法看到更微观的世界；没有望远镜，我们无法看到更宏观的世界。同理，没有深入的方法论工具，我们也无法超越浅表层面而看透"教育"这种复杂人类活动之深意。细致探察"体用之辨""体用关系"，乃至"体用论"之必要，正在于它将成为我们其后探讨教育问题的一个独特"工具"。

对"体、用"关系的探讨是"体、用之辨"的一个不可避免的后续议题。因为既然区分出了"体"与"用"，那么接下来的一个问题便是："体"与"用"之间的关系如何？

首先，体、用之间具有极为紧密的关系。"体用不二""体用一源"均是对这种紧密关系的描述。"从中国哲学的主流看，哲学家往往都肯定'体用不二'，反对分离或割裂'体用'。"②直言之，"体、用"根本无法分开，它们本具有同一个源头。"'体用一源'命题最初由伊川提出，其本意是指易学中理象两者融合无间、一体共在的关系……朱子在乾道己丑之前，受李延平影响，主要在'体用同时'的意义上来理解'体用一源'的意义，这种理解比较符合伊川原意。"③从这里我们不难解读出以下几层意思："一体共在"是说两者本是"同一种存在"，无法分离而各自存在。"体"不在，"用"也无法在，类似于"皮之不存，毛何附焉？"之理。反之，"用"不在，"体"对人也就失去了意义，类似于"无用之体，与我何干？"之意。这里的"体用同时"则意味着"即体即用"——"体"生发之时"用"必定也同时在"显现"，不显现为"用"的"体"实际上是不可能的。也就是说，对人不具有任何"意义"的"体"实际上也是不可能为"人"所认识到的。当然，这里的"用"绝不仅仅指狭义上的"有用"，而指对人这种认识主体的"意义"。举例来说，不追求任何"当即有

---

① 夏静. 体用的思想谱系与方法意义[J]. 甘肃社会科学，2018(4).
② 杨国荣. 体用之辨与古今中西之争[J]. 哲学研究，2014(2).
③ 高海波. 论朱子的"体用一源"思想[J]. 哲学动态，2018(3).

用"的幼儿教育,可以仅仅着重于"体"之生发;这种貌似无"用"的教育,如果它确实当即地存在着,它其实一定也具有内在的、潜藏的、对于人(对于被教育者和教育者)的重要"意义"。另外,这里的"体用一源"似不宜理解为:像两条已经分开的支流,它们具有同一个源头。必须一再强调:"体"和"用"从来也不是事物的两个部分或两个方面,而是"用"从属于"体"。正是因为"用"从属于"体",它才能真正地、完全地与之具有"一源"。

这里值得我们细思的是:作为中国哲学具有标志性的特有成果,对于"体"与"用"进行认识论意义上的区分,本是一个基本的结论。然而,偏偏在这一结论之上,却又同时指出:"体用不二"。这岂非矛盾?其实这并不矛盾。从这里出发,正是揭示"体用"关系的另一个入口。

"体"乃"用"之源。"在己丑之悟后,由于对中和问题看法的根本改变,为了配合其改变后的心性论、工夫论、本体宇宙论,朱子对'体用一源'更多是从体先用后、'体立而后用以有行'的意义上来理解。"① 值得注意的是,这里的"体先用后"与"体立而后用"绝非是指"时间上的先后",而是指"逻辑上的前后",因而它与"体用同时"以及"即体即用"毫不矛盾。也就是说,从逻辑上讲,"用"只是由"体"生发而来的属性,它是逻辑地从属于"体",内蕴于"体",依赖于"体"的。换言之,朱子也是希望通过这层"体用关系"的揭示,来更多地强调"体",而不是强调"用"。从这一逻辑出发,我们来审视教育,或许就不难发现:仅仅致力于"用"的教育实际上就是对人类天性的局部和浅表开发。过度的局部开发和浅表开发,既不利于人性的平衡与和谐,也不可能取得最大程度的"用"之效果。凡成大事者,必定是拥有对该类事物具有纯粹的热爱之人。因为对事物和事业的热爱本不是别的,它只是一个人的天然兴趣之所好,恰巧在此领域的一个必然表现而已。反过来,在某一领域有大才能者,才会表现出对此领域高度纯粹的、与功利无关的持久热爱。为了"一己的私利之用"或者为了"崇高的理想之用",固然也可使人做出一番"功业",但这样的功业往往是局限于一个时代、一个社会之风尚所指的。而真正具有根本意义的人类认识成就,往往并不是这样的人所做出

---

① 高海波. 论朱子的"体用一源"思想[J]. 哲学动态,2018(3).

的。爱因斯坦的"相对论",牛顿的经典力学,均不是在私利和理想之层面而成就的,而是基于纯粹的个人探索天性的一种自然而然的发现。一句话,天性与热爱之间,没有任何的间隔。而热爱与成功之间,也仅一步之遥。因此,"体乃用之源"这一命题对于辨明教育活动的"根"与"本"具有极为重要的意义。

如果说对"体用关系"的探讨还仅仅属于抽象的真理辨明之范畴,那"如何才能达用"似乎才是人类更为关切的命题。从"体用论"视角出发,"达用"的路径显然是足够清晰的——那就是"明体"才能"达用"。

"明体"才能"适用"。① 所谓"明体",就是充分地"开显"体。"体"中具有幽深无尽的万千属性,人之认识能力,总是无法全然地"见体"。而"用"也只是"体"之无尽属性中有可能对"人"发生意义的那部分属性。"用藏于体"②。这种"藏"更使人很难确知"用"到底"藏"于"体"中的何种方位。因此,不通过"明体"而直接"捕捉用",应该是很难成功的,至少是很难有大成功的。这样即使"捕捉"到了一些"用",一定也只是极具浅表性的一些"小用"。而更大的"用",则因为"体"之不能"朗现"而仍处于沉寂之中。这就是"明体以达用"命题之所以成立的基本理路之所在。反之,从另一个方面说,损体一定会损用,或者说最终一定会损用。这一点不难理解——"用"内蕴于"体"之内,无形地分布于"体"之内,对"体"不明就里地予以损伤乃至分割,很容易就会于不知不觉间"把澡水连同婴儿"一起倾倒而出。"损体定会损用",道理不深却意义重大。在此命题的对照之下,一些根本的教育误区顷刻即可得到暴露:不是"体"的所有属性都具有"用"的功能。尤其是仅仅相对于"人"而言的"有用",那么,对于那些不具有"用"的,尤其是那些不能短期有用的,不能作为直接之用的,然而又内存于"体"之中的属性,我们该如何对待?教育该如何对待之?基于"对人的改造或塑造"的教育学,其实是用一个最简单的办法把它处理掉了——抑制之,或直接封杀之。对于人类的天性,教育所犯下的错误,主要在此!作为一个自然史的最高最复杂的产物,"人"所拥有的"天性宝库"应该比其他任何动物都丰厚得多。动物只能成为几种有限类型的动物,而人却可以成为各个不同的人,这在一定程度上,便是人类天性的丰厚程

---

① 罗嵘. 从明体到适用——李二曲(颙)的伦理思想研究[D]. 湖南师范大学博士论文,2010.
② 夏静. 体用的思想谱系与方法意义[J]. 甘肃社会科学,2018(4).

度的一种证明,也是人这一"体"的复杂幽深之证明。从现象学的思路看,"让不同的主体去开显出"事物对于"人"的不同属性和不同意义,这一点对于教育学特别重要。现象学持有这一兴趣不是偶然的。因为年轻的西方"现象学"哲学正是与中国古老的"心性论"哲学有所暗通。在此意义上说,对于"体"的更多属性,我们应该尽享予以开显,而不只是紧盯其用,漠然其体。只有这样,教育学才能获得更多层面上的人性收获。去留之间,泾渭分明的简单操作,这实属一种不具有深切的"体用"思辨力的低阶教育行为。

总之,如果把"体用论"作为一种思考问题的方式,甚至以之作为一种深刻的"思维工具",我们或许将会看到更多本来难以看到的教育本质。在我国近代史上,曾有一段不短时间"在文化哲学的领域,出现了一种从体用论入手来探讨中国文化发展方向的重要思路"①。以此作为借鉴,下面也将尝试从"体用关系"入手来探明我国教育发展的一些问题。

三、"教育之体"与"教育之用"

"性体心用"说具有深厚的教育学意蕴。就广义的人类天性而言,其内在构成的两种形式——"心"与"性",其地位并非相同,而是主次有别——与"心体"相比,"性体"才是人之天性的核心主体之所在,也正是狭义的"自然天性"之所指。换句话说,"心体"仅仅具有"认识"外界现象之"功用","性体"才蕴含着"人之为主体"的全部奥妙。"认识主体必是下级的,而实践主体——意与情,则是上级的。立体之所以为立体,惟赖此'上级的'之透出;而若只是智,只是认识主体,则未有不落入平面者。"②"教育的根本任务在于培养主体性的人。"③如若只注重培

---

① 韩伟. 新心学的文化体用之辩——贺麟对"古今中西"论题的解答[D]. 华东师范大学硕士论文,2011.
② 牟宗三. 生命的学问[M]. 桂林:广西师范大学出版社,2005:17.
③ 鲁洁. 教育的原点:育人[J]. 华东师范大学学报(教育科学版),2008(4).

养"认识心",而忽视对"性体"——狭义之"自然天性"的发扬光大,这样的教育,从根本上来说是无法培养出真正具有主体性的人的,因为它只彰显了"教育之用",而根本没有发现"教育之体"。从"体用论"的范畴来分辨"教育的体与用",并阐明两者之间的关系,对于教育使命的深切达成具有重要意义。

（一）教育之"用"：大用与小用

教育具有明显的"功用",这是不言而喻的。否则,它也不可能受到政治、经济等其他社会领域的如此青睐与瞩目。但是,教育活动的对象是"人",而不是普通的物质材料。因而,教育活动的成果——"人才"之功用,也不像一件物体的功用那样简单明了,而是具有"大用"与"小用"之别。

仅仅根据社会需要乃至人才市场之需要,而不是依据人内在的天性诉求而培养出的"有用之才",这样的教育所实现的,往往仅仅是"人"这种具有巨大潜能的生物的"小用"。固然,人具有可塑性,因而它其实可以被培养成为任何一种具有一定程度才能的人。这一点上,人确实超越了动物。人的巨大可塑性其实正是来源于人的强大的"认识心"（"心体"）。但是,人的可塑性再强大也是有限的。过于巨大的可塑性可能造成人的严重异化。何况,从本质上说,可塑性反映的只是人的适应性,是人根据外界环境条件以调整自己行为的能力,而不是人的"主体性"。人最大的能动性和主体性并不在于他的可塑性,而在于他的"天性"（性体）中所蕴藏着的巨大才能和力量。不同的人,因为天性之不同,而具有不同的渴望与向往,这渴望与向往里,蕴藏着这个人最卓越的才能。社会上真正取得了大成功的人,永远都是那些走在自己热爱的事业之路上的人。只有出自"天性"的,才可能真热爱,才可能持久地热爱。而热爱是最好的老师。功利驱使下的、因外部需要而表现出的热爱,则是假热爱,因而注定是短命的。一个人的天性,是一个人最持久、最可靠的动力之源。"问渠哪得清如许,为有源头活水来。"教育之源头活水,正在于那久远的自然史以及家族史所赋予人的具有"二百万岁的自性"——自然天性。"教育之用"不同于"现实之用"。在现实层面上,一个人可以根据外界需要随时发挥各种功能不同、程度不等的用处。但是,在现实层面上发挥了用处,并不等于就是实现了"教育之用"。教育之用,应是发掘出一个人的最大才能之所在,而一个人的最高才能,只能从他的"天性"里去寻找。

让每一个人实现个体意义上的最大之用,这是只有天性引领的教育才能达到的。而每一个人根据自己的天性所在,实现了各自不同的功能之用,这个社会也就具有了各自不同领域的栋梁之材。因为人与人之间具有千差万别的天性,因而这个社会上的任何职业分工,其实都能找到具有对应天性倾向的人。在深远的意义上,让每个人的不同天性来决定他成为一个什么样的人,这比直接根据社会利益而"人为"决定一个人成为什么样的人才,要确切、靠谱和明智得多。因此,一个国家,能否尽最大可能地按照人的天性,来施行它的国民教育,这其实不是无为,而是最大地人尽其才。同理,这对于家庭和个人来说,也是如此。

一句话,教育的小用,是为社会培养一时需要的、可由市场调节的人才;教育的大用,则是按照一个人内在的天性,培养出一个人的最大可能之才。

(二)教育之"体"

"教育之用",不管是"小用"还是"大用",都是"教育之体"上所结出的果实,而且,只是部分果实。"教育之用"只是教育的"一个"属性,这个属性因其对现实生存带来的巨大好处而被人们过于热烈地追捧。但这一属性,远未涉及教育的"根与本"。教育更重要的是要"见体",也就是"发扬人的本体"。教育是项极复杂的人类活动,它与仅追求"实用功能"的其他人类活动有别。它既具有明显的"用",更具有深藏的"体"。教育之用,已经被人们充分地认识到。"教育之体"却远没有得到充分彰显。

人的天性(广义)的发扬光大,才是教育的"体"之所在。尤其,按照人的狭义"天性"(性体)之指向,充分实现人在此生的所好、所想、所愿……才是教育的体中之"体"。人的主体性、意义感、动力源、道德心……几乎无不与这片具有古老、深潜、广袤的"性体"领域有关。这是一片丰饶的等待开发的"教育之体"。教育能否"见体"?教育能否致力于"体"之发扬?也就是,教育能否服务于儿童天性的成长。这是同一个问题的两个层面。甚至,这根本就是同一个问题。这也是教育能否配得上"育人的事业"这一称号的一个基本标尺。

其实，从上一节的"心性分疏"以及"性体心用"之分析，我们已经不难发现：教育之"体"的主要阵地并不在"心"上，因为"认识心"只是人用于"观审世界"的一种认知工具，主要用来解决人类面临外部世界的一些问题。而人的"性体"，也就是自然史与家族史所赋予人的"自然天性"，则深藏着教育的"体"之所在。换言之，如果说"教育之用"的主阵地在于人的"心体"；那么"教育之体"则深深根植于人的"性体"。前者仅仅生发出人的"认识能力"，亦即对"外部世界的认识能力"，因而具有对现实生活的巨大用处；后者则生发出人的动力、情感、意义等多重人生内涵。毕竟，一个人存在于世，其意义并不仅仅在于成为一件有用的工具，不管它多有用。"成为自己"，按照个人之"本心"来过一种自己想要过的生活，这是一种虽不崇高但每个普通人都有同感的人生意义。发其体，才能实现其生命的意义感。

（三）"由体达用"与"为用而用"

"明体才能达用"。没有"体"，"用"无以附着。"小用"或可单独由"认识心"生发，"大用"则只能缓慢地从"体"上生发。实现一个人的大用的教育，必须首先服务于人的天性的成长。所有与天性违背的教育，都是一种不能彻底地人尽其才的浪费的教育。对于个体而言，其"天性"之所在，往往是其潜在地具有高超才能的一种标识。反之，没有任何个体意义上的天性之人，则往往是一个平庸的人的常见表现。按照天性的要求来施行教育，就是真正地生发教育之体。"体"之茁壮成长，一定会为日后形成"栋梁之用"而开拓道路。

发其体，才能致其用。尽发其体，才能致其大用。"体"与"用"不是教育的两个层面，更不是两个部分，也不是包含关系，而是"生发"关系，就像精神是从身体上生发出来的不同形态的存在一样。就如同从"内圣"才能开出"外王"一样，只有从"体"上自然生发出来的用，才可能是一个人的"最大之用"。不是从"体"上真实生发出来，而是靠人工培育的"用"，充其量就像用激素实现的家禽饲养，有其形而无其味，尤其是无其营养之实。这样的"用"往往不能给人带来生命的"意义感"。一个人在这天地间的最大之用,只能从其深藏的天性中来发现秘密。一个人的使命所在处,正是他的天性所在处。完全无视"体"的教育,任何用,任何小用,也无法达成,这其实是"教育必须按规律办事"这一常识性信条的基本来由。按规律办事,就是按照"认识心"固有的成长规律来办事,这也是教育必须要依从天性(广义上的天性)之反映。"明体以达用"①,"体立而后用"②,这是教育实现其"大用"的一条不能跨越的根本途径。

为用之用,只能是小用。"体四用三,存一不用。"③体中既有可用之部分,也有无用之部分,或无大用之部分。如何对待这部分,也是教育研究的一个课题。如果简单地撤除这部分,是否会对整个"体"之生发产生隐形影响,这里应该有一个悬念。而这无用的部分,或许正是人之意义感生成的源泉之地。因而,仅仅着眼于教育的"用",乃极为短视的做法。教育,理应成为发体的事业。

另外,充分"见体"的教育,也不可能没有用。而"为用而用"的教育,则只可能实现"小用"。这其中的道理其实并不深奥。数学家张益唐的人生故事或可对此有所直观体现。2013 年 5 月,华裔数学家张益唐,这位 20 年几乎完全隐居于人们的视线之外,甚至完全游离于学术界的"扫地僧",因其在"孪生素数猜想"研究方面取得的突破性进展,而一夜之间在国际数学界"横空出世"。据各种媒体报道显示:支持张益唐 20 年间,不管在怎样的生活境遇下都始终不放弃数学研究的,不是任何"崇高理想"的树立,不是任何名利的吸引诱惑,甚至也不是对这件事本身的"成功"的追求,他对这些都毫不在意。他只是淡定地、持续地、顽强地沉浸在他自己想要做的事情之中。在这里,一个教育学问题油然而生——如果没有内在的天性使然,一个人,会在毫无外界推力、亦无外界期待的境况下,抛却一切的生命喧闹,承受生活的艰辛而不觉,二十年如一日地沉浸在那个念念不忘的数学命题证明之中去吗?在一次采访中,张益唐先生这样说:"没有什么特别的力量在支持着我,如果真要说有的话,那也仅仅是我对数学纯粹的热爱而

---

① 崔海东. 本体·工夫·发用:宋代儒学展开的"一贯之道"研究[D]. 南京大学博士论文,2011.
② 高海波. 论朱子的"体用一源"思想[J]. 哲学动态,2018(3).
③ 陈睿超. 论邵雍先天易学哲学的体用观念[J]. 哲学动态,2018(6).

已。"①这样的回答足够质朴真诚,也足以值得教育学人士们警醒!在一次偶然谈及教育时张益唐先生还曾这样说:"中国的教育方式还是存在问题,非常急切地想要促成小孩的成长,揠苗助长。这样会不会违背了自然规律?……从我的观点来看,还是要先观察一下小孩有什么样的特长,然后去因势利导。不要一开始先入为主,去替孩子设计路线。这个可以和西方作比较,在美国,我观察到很多家长对小孩是很放任的……我希望不要把小孩逼得太紧,那样会从小就觉得不幸福,产生逆反心理,反而才能会被埋没。"②多少年来,张益唐先生抛却了一切生活之累,坚定地为自己的天性追求,围起了一片自由天地。但是,他最终实现了对人类的"大用"。

综上,教育之体,在养其性。教育之用,在"由体达用",而不是为用而用。

---

① 参见:http://www.ustc.edu.cn/news_events_/2714.
② 参见:https://www.guokr.com/article/441787/.

第三章 教育之重心：心智？ 性智？

熊十力先生继承与发展了"体用论"学说，并区别出"性智"与"量智"，这是两种不同的智慧形态。本章标题中的"心智"与"性智"概念即是由此借用而来，并做了些微的改造。熊十力先生主张：性智是对本体世界的直觉证会，量智是对物理世界的科学认识，量智只是一种向外求理的工具。性智为体，量智为用，体用不二。性智又称"本心"，量智又称"习心"。只有做到尊性智而不遗量智，才能既把握本体世界，又认识物理世界。①"'性智'是与生俱来的。人初出母胎，堕地一号，隐然呈露其乍接宇宙万象之灵感，这就是'性智'。人性本来潜备无穷无尽德用，是大宝藏，是一切明解的源泉。"②"量智，亦名理智，此智元是性智的发用，而卒别于性智者。"③显然，这里是以心智概念替换了量智概念，这种替换首先是基于在当今的学术研究语境中，量智之内涵基本上对应了上节所论述的认识论意义上的"心智"，而"心智"这一概念又原本就是现代心理学和教育学的核心概念，因此这里尝试赋予"量智"一个与本研究语境更为相宜的名称：心智。而"性智"概念则保持了其原意，即通过反求自得而达到的对本体世界的直觉证会。性智是依存于人的"自然天性"而存在的一种智慧，正像心智是依存于人的"先天理性"而存在的一种智慧形式。性智是大自然以"天性"形式赋予人类的一种基本的智慧形态。无疑，任何时候教育要面向的都是一个完整不可分割的人，但面对人之天性的全部领域，教育仍须有一个聚焦的主阵地。那么，两相比较，心智与性智之间，哪一个才应在教育中居于更为根本性的地位呢？

---

① 韩强. 现代新儒学心性理论评述[M]. 大连：辽宁大学出版社，1992：47.
② 郭齐勇. 熊十力思想研究[M]. 天津：天津人民出版社，1993：126.
③ 郭齐勇. 熊十力思想研究[M]. 天津：天津人民出版社，1993：111.

第一节 "性体"承载人性之重

"人性"是由人的"性体"发展而来。从前面的相关研究我们不难得出一个基本的结论:性体是确存的,自性、集体无意识、意志等生命存在样态的发现都是它"确存"的证明。性体又是"於穆不已"①的。这种"於穆不已"使"性体"表现出一种生长性的演变过程,这变化的最终结果便以我们所说的"人性"而得到显现。因此,与非生命体不同,"人"不仅表现出"existence"意义上的存在,而且表现出一种"being"意义上的存在,②"being"这种存在是一种"是其所是"的途中的存在,正像卢梭所说的"走向成为自然人的途中"的存在,是一种"尚未定型的存在"。"Human being"一词或许在一定程度上暗含了人之存在的这一境况。性体,作为一种不断发展和运演中的过程性存在,具有无数种不同的状态。天性则是性体的一种初始状态,一种尚未发展的自然状态。我们无法确知"existence",但我们却能了解"being",只有在对天性的践履中,我们才能"是其所是"地行进在"be self"的途中。当然,动物也能践履它的天性,但动物只能成为它所遇到的偶然环境的适应物,并不能充分地成就自身所有的天性,因为天性的发展只有在它自身所需要的适宜的环境中才能实现。而人却不一样,人不仅具有"性",还具有"心"这种大"用"。因此,人不应该成为他所偶遇的外在环境的被动适应物,而应在最大程度上实现自身的天性,实现其作为"human being"的这种特殊性。"成为自己"实际就是"be self"——be yourself、be myself,人人成为自己,才能实现每个人最基本的自存价值。每个人都是这宇宙中的独一无二的个体,每个人都

---

①牟宗三.心体与性体(中)[M].上海:上海古籍出版社,1999:191.
②请参见朗文当代英语词典.外语教学与研究出版社,1998:104,477."existence"表示客观上存在,不是想象的虚构;而"being"则表示"to begin to exit"。牟宗三先生也曾把"存有"翻译为"being",见牟宗三.心体与性体(上)[M].上海:上海古籍出版社,1999:22.

不能由别人代替而存在，每个人在这阔大的宇宙间都有其自存的价值。人，作为一种价值存在，从工具理性那里是找不到其依据的，而只有从人自身的"性体"里，从人自身的"天性"里，才能找到这种内在的依据。不管多么高贵的人性都不能"无"中生有，人性的获得源自"性体"，源自性体的初始自然状态——人类的自然天性。

"性体"蕴含着人的主体性之源。主体性是人的根本属性，这也是前面相关研究所得出的一个基本结论：人是"观审"的认识主体，更是"践履"的意志主体和道德主体。主体之不立，既无真正的认识可言，亦无真正的道德可言。认识主体，并不能使人成为绝对意义上的主体，它只具有相对性；认识论意义上的主体和客体从根本上说只是一种关系性存在，认识主体从根本上说仅是一种依存中的主体，仍是被隔离于"物自身"之外的主体。但由"性体"而引出的践履之主体，却具有绝对的意味，因为只有它的存在提供了与本体界通达的可能性。"性通天命""即性即命""存心尽性以知天"，只有"性体"的充分显发，才能使人与本体畅然无隔，而性体的充分显发只有从天性的践履开始。牟宗三先生曾据此评价孔子所达的境界。"他的心思是向践仁而表现其德行，不是向'存有'而表现其智测。他没有以智测入于'存有'之幽，乃是以德行而开出价值之明……而孟子，便说尽心知性知天，存心养性事天了。原来存有的奥妙是在践仁尽心中彰显，不在寡头的外在的智测中若隐若现地微露其端倪。"①中国儒家哲学将存有问题摄入实践问题解决之，"摄存有于活动而自道德实践以言之。至此，人之'真正主体性'始正式挺立而朗现。"②这两段话深刻地揭示出：人是通过内在于其自身的"性体"之活动，才能实现与本体界的通融，因为"性体"本身即是本体（也即存有）的一种形态。万物都是表象，我们和万物之间，隔着一道永恒的幕布，一道永恒的"无知之幕"，这"无知之幕"后的一切对于人类的"认识"来说永远是沉默的，但却有一样东西，人类能够以绝对而不是相对的意义通达，那就是人类自身的"性体"。而我们自身，在表象的意义上与万物不应有本质的区别，因此，通过自身才能通达万物，通过"性体"才能实现"天人合一"的境界。"万物皆备于我"。在任

---

①牟宗三.心体与性体(上)[M].上海：上海古籍出版社，1999：188.
②牟宗三.心体与性体(上)[M].上海：上海古籍出版社，1999：22-23.

何一个"我"身上,坐落着"性体",这"性体"即是"本体",因而"我"是"本体"的杰出代表。因而,"我"的主体性,是如此具有根本性,"我"的价值与尊严亦全部于此挺立。而这里的"我",在原初的意义上只是人的幽深无尽的"性体"。这些分析的结论在于:人类作为主体而存在的源头依据在于人的"性体"。"性体"是人的主体性的圆心所在,是人的主体性的焦点所在,是人的主体性的根本内核所在。

性体开出人的价值领域、道德领域,使人成为一尊严的存在。"道德是内植于人自身的。人类是一种道德动物,进化过程把我们设计为用道德的方式来思考,自然选择赋予我们一种采纳道德概念的倾向。道德动物意味着从道德上是值得的,以道德判断作为所有判断的基础。"[1]道德乃"性体"之树上所结出的最高贵的一粒果实。中国儒家哲学,本就是基于为道德找到天性的依据,为道德找到它内蕴于人自身的依据,才进而发现了"於穆不已"的"性"之本体并谓之"性体"的。换言之,对儒家哲学而言,对性体的发现,其实只是其道德探源的一个副产品。"道德"这一似乎与人之天性和本能具有天壤之别的高贵的人性,从根本上说并不是他律的,并不是来自人自身之外的,而恰恰是深植于人内部的。只是初始时,它只是"几希",但随着它的"於穆不已",随着主体的人在躬身践履中对它的不断超越,它终于以"道德"的面貌呈现于人身上。事实上,中国儒家哲学,尤其是宋明理学无愧于为一专门的"性理学",而足以与西方特出的"心理学"遥相呼应与媲美。人类的道德所有可能的依据在这部"性理学"中找到了它先天内在的依据,宋明理学之"中心问题首在讨论道德实践所以可能之先验根据(或超越的根据),此即心性问题是也。由此进而复讨论实践之下手问题,此即工夫入路问题是也。前者是道德实践所以可能之客观根据,后者是道德实践所以可能之主观根据。宋明儒心性之学之全部即是此两问题"[2]。道德,从此不再是无根之浮萍,它不过是"性体"在"超越"的意义上所"自然"结出的果实,它不过是人类的自然天性在超越的意义上所定然能达到的境界。"性之本谓之命,性之自然者谓

---

[1] Richard Joyce. The Evolution of Morality. London:The MIT Press,2006:3.
[2] 牟宗三. 心体与性体(上)[M]. 上海:上海古籍出版社,1999:7.

之天，性之有形者谓之心，性之有动者谓之情。"①总之，在人的天性与道德之间，虽然有很大距离，但两者只是位于"性体"的两端，并无实质的不同。天性是性体的"自然端"，道德则位于性体的"超越端"。它们同样归属于人的"性体"之中。一言以蔽之，天性是存在于人身上的自然。如果没有天性这一自然，人无法最终开辟出自身的价值领域、应然领域、道德领域。

第二节 "性智"承载教育之重

人类的天性是物种进化适应的产物，适应本质上说乃一种生命智慧。如果说"认识"是大自然以迂回的方式诉诸我们的适应策略，天性则是大自然以明确法规的形式诉诸我们应当如此去做的智慧，我们践履这种法规的同时，便是对这种智慧形态的领用过程。天性中所凝结的"性智"，与人类的"心智"这种常用的智慧形态一样，同样是人类智慧的一种基本形态。②

性智是一种体验、体悟形态的智慧。性智是一种非通过亲身体验或真切践履之方式不足以获得的智慧。体验的深浅决定智慧的深浅。这种智慧是以"深浅"来度量而不能以"广知"来衡量的。理性的"知道"与彻底的"体悟"之间，具有极为重大的分别。前者主要基于"逻辑地"的"知"，也就是从道理上能够明白；后者则意味着"亲知"，也就是说我"确实"知道，但并不意味着我从道理上就一定能跟其他人讲明白，尤其是对于那些没有丝毫相关体验的人而言，即使是我确实领悟的真理，在你也可能只是茫然难信。甚至可以说，具有类似天性与才情的人之间，才具有类似的"性智"领域，彼此之间也才更容易沟通、交流与互证。反之，则

---

① 牟宗三. 心体与性体(中)[M]. 上海：上海古籍出版社，1999：278.
② 身体智能(the wisdom of the body)是一个近来在科学文献中相当流行的术语。身体是天性的物化形式，身体里蕴含了最高级的智慧，这种智慧已经得到科学研究的确认，我们没有理由怀疑人类的天性蕴藏着巨大的深刻的智慧：性智。

可能存在"鸡同鸭讲"之遗憾。但是,确有可能的是,鸡确有鸡的真理,而鸭确有鸭的真理。在艺术领域,这种现象其实司空见惯。而艺术领域,同样也正是具有高度"性智"的群体所集中的领域。"性智者,即是真的自己觉悟。"①但自己真的觉悟之事,并不一定就意味着别的不同的人,一定最终也能在这件事上形成与自己同样的觉悟。换言之,"性智"之智慧具有一种相对性,而"心智"之智慧则具有更大的逻辑统一性。"当年朱夫子也说他一生只看得《大学》一篇文字透"②,这种"透"只是一种"体悟"之透,是一种个人深切的体会和共鸣,而绝不只是分析的理解。性智这种"体悟"性智慧很难仅仅通过思虑、思辨这种思考式路径而达至。性智的主要获得路径是践履,它对一个命题的证明方式不是"论"证、"实"证、"思证"(这些都是"心智"特有的证明路径),而是"亲"证、"悟证"、"身"证,是在践履中自证,这些才是"性智"特有的证明方式。"心智"虽高级,这世间却仍有不可"思议"之事,性智依然能以体验与共鸣的方式使人类的各种微妙而抽象的精神互通成为可能。

　　性智是一种内发性智慧,而不是输入式智慧。没有内在天性的成长,性智根本无法生成。对天性的束缚、压制就是对性智的生长的一种致命性摧折。杜威曾提出一个著名的教育命题:"教育即生长。"如果没有天性的基础,教育到哪里去生长呢?教育从什么地方生长呢?教育是生长,不是添加,不是嫁接,更不是移植。教育就是找到那个生发点或不断地找到那些生发点。当然,"教育即生长"并不是说"教育就是自然生长",而是说,教育像生长,这是一个暗喻,很多人却把它当成了直指。③ 如果教育就等同于自然生长,那教育就没有必要单独存在了,就是空头的了。教育是在天性的胚体和芽体上,生长出清新的枝叶。任何东西都不能无中生有,0 不能演变为 1,教育也一样,没有天性的依据,任何外加的东西都是添加不上的。教育不是去创造什么,而是生长什么,就像农夫不是去创造种子,而只是种植种子,使它落在它需要的地里,土壤里,然后它才能健康生长。农夫不能创造种子,教育也不能创造人性的种子,天性即是人性的种子,教

---

① 郭齐勇.熊十力思想研究[M].天津:天津人民出版社,1993:111.
② 牟宗三.生命的学问[M].桂林:广西师范大学出版社,2005:104.
③ 当然,这里也只是个人理解。

育只是使它发扬壮大。实现人的天性,丰满人的性体,变动不居之"性体"时刻等待教育的协助才能充其极而呈现。

"性智"这一观念在教育学的领域是鲜有听闻的,甚至几乎根本就没有进入过教育学的视线,更从来没有成为教育学研究的重心之所在。科学教育学的靶心无疑是打落在"认识心"上,对"心智"的培养是科学教育学的根本立足。因为"心智是他们将来从事最高级职业的劳动工具,他们是未来的医生、律师、工程师"[①]。将重心置于"心体"而不是"性体"的教育,从根本上说,是一种"事功"性教育。"事功"性教育最终造成的是对理智的过度与局部开发,对于完整和谐的人性发展,不是好事而是坏事,是妄图由用达体,是逐末求本。达尔文以自己的经历和感慨很好地说明了这一点:"我的头脑,好像已经变成了某种机器,专门把大量收集来的事实加工研磨,制成一般的法则。但是我还不能理解,为什么这必然会引起我头脑中专门激发高尚审美兴趣的那些区域衰退呢?这些兴趣的丧失,也就等于幸福的丧失,可能会对智力发生损害,而且很可能也对品德有害,因为这种情形会削弱我们天性中的情感部分"[②]。性智里有着大智慧。只有不仅显发了"心智",同时也充分显发了"性智"的人,才算实现了人之为人的整体意蕴,才称得上"真正的人",才会从根本上超越仅仅思辨推理的理解方式,这种情形,爱默生谓之"当真正的人来到时,所有的书都变得浅显易懂,所有的东西都显得透明"[③]。

将教育之靶心定位于"心智"的教育学其实是不彻底的教育学,其瞄准的是人类广义天性的旁枝,而不是主干。教育应促成主体之生成。将教育定位在认识论的意义上,即便理想地实现之,充其量也只是实现了人作为"认识主体"的意义。事实上以心通性,妄图以知识教育打通道德教育也并非一康庄大道,不过一旁蹊曲径。在"性体心用"的意义上,"心智"主体与"性智"主体这两种形式的主体毕竟还是主次有别的:"心智"只是一种"观审"形态的工具理性,而自然天性之

[①] [意]蒙台梭利. 蒙台梭利幼儿教育科学方法[M]. 任代文,译. 北京:人民教育出版社,2001:353.
[②] 顾明远,钱理群,江晓原. 现代教师读本(科学卷)[M]. 桂林:广西教育出版社,2006:65.
[③] [美]爱默生. 爱默生集[M]. 范圣宇,编译. 广州:花城出版社,2008:29.

"性智"却以践履的形态规定了"人之应当如此"的价值领域,是主体中的主体。性体,才是天性的主干所在;事实上,狭义的天性只指性体,狭义的天性只能从性体开出。教育不只是要开发人的"心智",其更根本的立足应该是去开发人的"性智"——人之自然天性所代表所蕴含的那一智慧形式。事功的教育无论如何不能承担起"成人之教"的大任,立弘规于"成人""成德"的教育,只有通过性智的培养,才能担当起这一使命。教育的重心,应当从心智培养走向性智培养,只有完成这一重心的转移,才能实现教育于人自身的最大意义,才能摆脱工具理性对人这一存在的附魅,人类才能在宇宙星辰的意义上,虽微小渺茫但也仍具有自存的意义。"心智"仅仅通向"见闻之知","性智"才通向"德性之知"。无论心智如何发达,人之存在的意义与价值领域都无法在此智慧之发达中全然显露,人的尊严与价值也只能通过"性智"而发现。

李泽厚先生说:"教育,不应只是培养专业人才,而应注重人性建设。"①只有将教育的重心定位在人性建设才能使人成为真正意义上的人。"即便人像机器一样能干。但如果人以这种方式行为,我们可能会钦佩他所做的,但是却厌恶他之所是。"②重心智而轻性智的教育对于人性建设——教育的这一真正使命的贡献是微乎其微的。彰显天性,真正地成为自身,而不是被异化为一个与自身的天性面目全非的假人,也是形成一个良好社会的基本前提。"群体中的每个人都必须能够尊重他自身,与他自身和谐相处,从而他才可能真正地尊重别人,真正地与别人和谐相处。"③如果一个人与自身的天性都不能和谐相处,天性被异化为一种非己的存在,那他如何可能成为某个和谐社会的成员呢?

---

① 转引自 刘晓东. 教育学是学科之林里的中心学科[J]. 教育科学研究,2010(5).
② Noam Chomsky. On Democracy & Education. London:RoutledgeFalmer,2003:166.
③ Lawrence K. Frank. Nature and human nature. London:Rutgers University Press, 1951:175.

第三节　彰显天性：性智培养之前提

天性里蕴藏着人幽深的生命智慧——性智。"当上帝希望人做什么事情的时候，他是不会盼咐另一个人去告诉那个人的，他要自己去告诉那个人，他更把他所希望的事情记在那个人的心里。"①与之类似，一个人的最大才能与人生使命在何处，也不是通过任何"别人"来告诉一个儿童去知道的，而是通过"自然史与遗传史"让这份潜在使命浸透于儿童的天性中。从这层意思上说，一个人"智"之最高点，一定正是其"天性"所在处。"有两种眼睛：一种是外部的眼睛；一种是内部的眼睛……前者属于一个世界，即感觉的世界；内部视觉则属于全然不同的另一个世界，即天国的世界。这两种眼睛中每一种眼睛都有一个太阳和一个光源，凭借它们，视觉才得以完善……谁要是永不去到那个(后者)世界，而听任把生命限制在这一个决定着他的较低级的感觉世界，他就似乎从把我们形成为人的那个世界被革出教门的野兽。"②儿童常常被称为"天使"，应该说这并不过分。因为儿童的天性世界里的确充满了很多与现实生活世界隔有一定距离的梦幻想法。神圣的童年世界在一定程度上或许确实有点类似于一个独特的天国世界。从这里我们可以发现，如果不允许一个儿童在他的天性的世界里畅游，我们实际上就是在剥夺他在这另外一个神圣世界的观光权。因此，在一定程度上可以说，与人的天性为敌，就是与人自身存在的最大的自然智慧为敌。

彰显天性是性智得以顺畅发展的基本前提。"性智"之培养有别于"心智"之发展。如果说后者无法脱离"知识学习"而达成，前者则无法离开对儿童天性的充分彰显而实现。"我们最初的哲学老师是我们的脚、我们的手和我们的眼睛。

---

①[法]卢梭.爱弥尔(上)[M].李平沤,译.北京：人民教育出版社,2001：289.

②[英]乔伊·帕尔默.教育究竟是什么[M].任钟印,诸惠芳,译.北京：北京大学出版社,2008：38.

用书本来代替这些东西,那就不是在教我们自己推理,而是在教我们利用别人的推理,在教我们老是相信别人的话,而不是自己去学习。"①儿童学研究表明,儿童有自己的哲学,儿童有自己的物理学,儿童有自己的文学、艺术,只不过他们的这些心理理论与成人的学科形式有很大之不同。"正如自然赋予我们双脚以走路,自然在生活中引导我们也充满智慧……"②设想一下,如果一个自带高级老师的人弃之不用,却转身另寻一位可以教他最浅显的数学与认字的老师,这是一种怎样的得不偿失?另外,如果以前文中的"体用论"来审视这一问题的话,天性则不啻为"性智"之"体","性智"则不过天性之"用"。彰显儿童的天性,意味着从人生的一开始,就让儿童首先去感受和探索他自己是谁,从而顺畅建立起自己的自我意识。一个与"本我"无隔的"自我"是极其重要的人生奠基。反之,一个从一开始就与"原本之我"相疏离的"自我",则是所有人格异化和性格病态的祸源。彰显天性,还意味着儿童的生活内容应主要是一种自内而外的"抒发"和"表达",而不是"输入"和"听取"。事实上,人只有充分地彰显自身,世界也才会更充分地向他开显。因为,只有一个真正遵从了自己内心声音的人,他才在真切地生活,才会发现生活中更真实的乐趣和意义。反之,一个压制着自己的真性情而仅仅虚假应对周围一切的人,他实际上从周围所感受的一切也很表浅。总之,每个人都可以按照其自身的天性所指而成就一段独特的创造性人生。每个儿童的发展路线不应该由任何外在力量来设计与定制,也不是任何外在力量能够设计与定制的。人为"设计"只是一种"小计",真正的"发展大计"早已写在每个人天性的大纲里。

从另一角度看,对天性的压制,则无异于对绝大部分儿童智慧的抛弃。"在天才的每一部作品中,我们认出了我们自己抛弃了的思想:它们带着某种疏远的威严回到了我们的身边。"③这里是说,有很多我们可以称为"天才"性的别人的成就,其实在我们自己的身内也存在过,所不同的是,天才把它发扬了出来,而我们则把它毫不看重地埋没了。不要轻易地把儿童的某些基于天性的探索行为埋没

---

① [法]卢梭. 爱弥尔(上)[M]. 李平沤,译. 北京:人民教育出版社,2001:148.
② 吴式颖,任钟印. 外国教育思想通史(第四卷)[M]. 长沙:湖南教育出版社,2002:492.
③ [美]爱默生. 爱默生集[M]. 范圣宇,编译. 广州:花城出版社,2008:73.

掉,这一点并非容易。对儿童天性的压制既体现于对儿童行为与活动的过多规定,也存在于过早地让儿童接触书本知识之学习。让孩子尽早地爱上阅读几乎成了每一位中国家长的教育起步宝典。但是,听听爱默生怎么说:"我宁可不读书,也不愿意任由书的引力把我拖出自己的轨道,以至于我从一个星系变成一颗卫星。"[1]人的生命是如此复杂的一种自然现象,应该承认它更像一条无底的、无岸的河流,而不是一条人工可以随意建造的运河,妄图过早地给它标出一个合乎社会期待的方向,这并非就是好事。如果我们并不能确认成人当前提供的教育,确实优越于自然史为儿童所提供的"性智",那么人类至少应该对儿童采取一种审慎的有限教育,这样做或许会更明智。坏教育不如无教育,卢梭对此的论证已经足够深入充分。复杂的天性是一片如此古老的土地,她们存在的时间比人类的后天教育活动,要长得多且幽深得多。从这层意思上说,彰显天性还意味着对人生之初几年的教育,成人必须足够谨慎。

当然,不是所有的天性中都蕴藏同等的智慧,甚至也不是每一种具体的儿童天性里都一定蕴藏智慧。对于这些天性,难道也需要彰显?比如,对于一些并不具有探索性但儿童却乐此不疲的重复性游戏行为,难道也要尽情彰显?相信这一疑问多少会横亘在不少人的心中,从而使对儿童天性的释放与彰显这一主张心存犹疑。"大自然想显示自己、开发自己,并不需要任意拔高……"同样,作为人生的一个客观存在的早期阶段,我们不必拔高儿童,也不必美化儿童,直接显现他或她更多的本原面目,只会利于后续教育的精准对接性,而不是相反。反之,任何过早地以"夸奖"或"物质诱惑"等来阻止或压制某些所谓"不良之天性"的做法,则是一种短视的隐藏问题的行为。一些重复性的在成人看来似乎颇有些无聊的游戏行为,即使并没有太多智力成分在其中,但它们却给予了儿童真真实实的"快乐",而"快乐"不单纯是一种人人渴慕的美好情绪,更是一种良好的心理平台,它会引发更多的具有积极意义的行为与活动,因而其潜在价值是明显的。一言以蔽之,即使那些并不直接显示出智慧成分的儿童天性,成人也应该允许儿童最大限度地去彰显。

---

[1] [美]爱默生.爱默生集[M].范圣宇,编译.广州:花城出版社,2008:7.

天性需要表达，教育需要聆听。天性需要以万千丰富的形式去表现与彰显。促进天性的表达与表现，促进天性以丰富的个体形式进行表达与表现是本真教育的应有之意。天性是相对固定的，但天性的表达与彰显却是多姿斑斓的。正是在天性的自由、丰富、深刻的彰显中，完满的人之形象才能浮现，充满生机的生命个体才能生成。而任何与它不相宜的简单移植与改造，都定会遇到来自它内部的最基本的排斥反应。从另一方面，现代社会是一个高度物化的社会，同时也是一个天性的表达处处遭阻碍、受压抑的社会，就连幼小儿童的天性，也一再地受到遮蔽。因此，彰显儿童的天性，不仅对于教育，其实也对儿童的生活具有重要的意义。全力于迂回的认识性"心智"之培养，却对天性这种直截了当的自然规定和自然法律熟视无睹，这是教育的盲视与偏视。天性，才是教育的灵魂所依的地方。天性里隐藏着教育最大的天地。彰显儿童的天性，服务于儿童天性的抒发与表达，满足儿童的天性渴望与梦想，而不是过早地为儿童穿上一套社会与成人为其定制的"塑身衣"，这理应成为现代儿童教育的一个基本方向。

第四节 天性引领教育：一个幼教命题的试提出

天性是教育的时间先在，是教育的逻辑先在，是人的主体性的核心之所在，因此天性应成为教育的灵魂所在。卢梭提出了著名的自然主义教育主张——Education According To Nature，也就是根据儿童的自然天性和自然发展规律来施行教育。这里尝试提出的则是"education led by nature"——由儿童的自然天性来引领方向的教育。在一定程度上，lead 不同于 according to。lead（引领）既有引，又有领（领导）之意，而 according to 则只具有顺应、不违背之意。lead 除此之外，还有"成为主体"之意。更进一步说，如果是 according to，只是根据天性来教育，也就是在教育中要尽量顺应而不是忤逆儿童的天性，要尊重而不是忽视儿童的天性。在这里，教育的重心还不是极其明朗的。换句话说，这样的教育并没有明确规定自己的重心区域之所在。这样的教育还是有可能把教育之重心最终归结至"认识心智"之发展上去,只不过强调要在遵循和不违背天性的规律的基础上去"认识"。在这里天性、意志和情感仍然是从属于认识的,天性仍然不占主位,仍然是心智为重、性智为辅。而这里意欲强调表达的则是:认识是从属于意志和情感的。教育是要发扬人的自然天性,丰满人的天性,成为一个丰满的真人,因此是性智为本、心智为辅的。至于认识,它当然也是教育的一部分,却是从属的一部分。认识论层面的教育,这里不是不要,而是把它下降了,是把它们重新排序了。因此这里存在着一个教育基本重心的转移问题。如果说教育要顺应天性,尊重天性,还只是在教育中试图给天性一个重要的位置,但却仍是旁位,而这里却把它提到了整个教育坐标的正位——天性之外,教育无另外的目的,天性的实现与丰满本身即是教育的首要目的。

在当今"功利取向"与"学习取向"主导下的主流教育场域中,"天性引领教育"这一命题,似乎与现实太难挂连,这无疑是唐突的。质疑的目光是可以想见的,甚至可能的非议也是预料之中的。但教育既要走向彻底的以人为本,人类的"幼体"既要过一种真正无"忧"无"负"的生活,笔者自己对此既已有坚定的体认,即便仅仅从为学的态度上说,也不足以成为不去论述的理由。人类社会将走向更大的民主,教育也将愈来愈确认人的主体地位。随着生命科学的进展,天性的发生学路径将会得到更为明朗的揭示,天性也必将愈来愈成为教育学的核心概念。人类的自然天性将在教育坐标中散发出它从未有过的光芒,这将是一个定然的趋势。在所有可能的质疑面前,一个研究者所能做的,只能是去进行理论证明,对这一命题给予一场数学般的严格证明,从可能性到必要性——去阐述论证。

当然,还要对这一命题的适用范围进行谨慎的规限,因为从严格的意义上说,任何一个命题的成立都具有特定的适用范围。

"天性引领教育"这一命题在本研究中仅指向"幼儿教育"。也就是说,这一观点仅仅是针对人类尚处于心理襁褓中的,因而还完全不需要有任何功利责任担当的"幼体"而言。在幼儿教育领域,该命题显然具有更为宽松更为充分的成立条件,这是由幼儿教育的特殊性所决定的。第一,幼儿教育不应也不必有任何社会功利之担当。幼儿之为幼儿，就在于他还全然是一个受养育的个体，纵使教育作为一个社会子系统，很多时候确实难以完全规避掉它的功利性，比如在高等教育阶段这本也无可厚非。但在幼儿教育阶段，在人类的教育最初始的源头，却应该不容迟疑地以"纯粹教育"和"本真教育"而不是"功利教育"自处。教育应当在其源头处，保持其基本的清澈性。幼儿教育应比任何别的教育阶段都更集中地体现教育的灵魂之所在。即除了"育人"之外不应再附加和捎带任何别的目的。第二，幼儿尚处于认识理性初步萌发之阶段。卢梭说："童年是理性的睡眠期。"皮亚杰的研究也告诉我们：幼儿的心智处于感知运算阶段，至多是具体运算阶段。幼儿教育从根本上来说"无法胜任"也不适宜于基于认识理性之发展的知识教育。只有自然天性才是幼儿教育立存的真正家园。与处于休眠期的理性相比，儿童的自然天性无时不渴望着大量水分和营养的滋养，这些天性正是儿童成长得以发生的根本动力。"在最初几年，教育只能被理解为帮助发展儿童的先天心理能力。"①这些天性带动着儿童，引导着儿童，甚至左右着儿童。如果幼儿教育不去着力为幼儿的天性发展服务，却一味顽固施行"学习取向"的理性教育，则像泰戈尔所说："鹦鹉饿着，而我们只顾装饰鸟笼。"②此中的本末倒置与南辕北辙是显见的。第三，对于人类尚处于心理与精神襁褓中的幼体而言，为他们提供一个天性成长的花园，是社会更是教育义不容辞的责任。处于精神襁褓中的幼体不应有任何额外的责任担当，他的责任只有一个，那就是人性成长与人性建设自身。幼儿仍处于以自然发育为主导的"精神胚胎期"，仍处于"幼态持续"期，仍处于以自然发育为主导模式的时期。"发育"而不是"发展"仍然是幼儿期的生命主题。一言以蔽之，"天性引领教育"这一命题，起码对于幼儿教育而言，具有足够宽松亦足够充分的合理性。

---

①［意］蒙台梭利.蒙台梭利幼儿教育科学方法［M］.任代文，译.北京:人民教育出版社，2001:336.

②吴式颖，任钟印.外国教育思想通史(第九卷)(上)［M］.长沙:湖南教育出版社，2002:593.

第四章 天性引领教育——何以可能与必要

"每个人干得最出色的事情,只有他的造物主才能教给他。除非那人把它表现出来,否则,它究竟是什么,谁也不知道。能教莎士比亚的老师在哪里?……研究莎士比亚永远造就不出莎士比亚。做天性指派给你的工作吧。"①

第一节 "天性引领教育"之内涵

"天性引领教育"不是一个抽象的命题,亦不是一个空洞的理念,更不是一个过激的口号,而是承载了多重丰富的含义于其中,它至少统领了对以下三个问题的初步回答:第一,教育应该由什么来引领? 第二,天性与教育的关系如何? 第三,天性引领的教育目的何在? 下面逐一述之。

第一,教育应当由什么来引领?

或者说,什么才有资格担当起引领教育的使命?

教育的路向应当由人类天性来引领,而不应由外在于人本身的任何功利性目的来引领。天性是每个人都拥有的,自然史所赋予人的"内部教师",甚至是专门的"私人教师",这个内藏的教师不仅拥有巨大的力量,而且早已为儿童"精神胚胎"的发展大计指明了方向。儿童教育理应由天性这一自然教师来引领。但

---

① [美]爱默生.爱默生集[M].范圣宇,编译.广州:花城出版社,2008:88-89.

在人类的教育史上,对特定社会潮流、特定政治意识形态、特定经济制度的依附与顺应常常是教育惯常的处境。作为最主要教育机构的"学校"常常成为不折不扣的"国家意识的装置"和"纪律训练的装置"。①"学校教育就好像是一辆以知识的传授和掌握为前轮,以纪律的形成和维持为后轮的汽车。"②在这辆车的整车装载中,却往往看不到儿童天性的踪影。作为教育"自然法"的人类天性,在教育的航程中却常常处于隐身状态。教育应当首先为人类天性立言,教育应当由天性来引领。

第二,天性与教育的关系如何?

或者说,"引领"的具体含义何指?

天性与教育的关系是教育学中一个具有根本性的复杂问题。这一问题的实质在于追问:在人身上"大自然"已经做了哪些前期工作?"人类"还能做什么?人类还应当做什么?进一步说,在大自然"已经"做的和人"将要"做之间,具有怎样的关系?抛开那种无视天性,认为教育可以任意妄为的观点不谈,对教育与天性关系的认识大致归纳为以下几种情况:(1)教育要尊重天性。没有对天性的基本尊重,无论什么样的教育目的都是难以顺利实现的。"尊重说"表达了对天性地位的承认,但并未太多涉及两者之间的关系探讨。(2)教育要顺应天性。天性的先在性是客观存在的,教育与天性之间,平起平坐乃至分立而为并不合适,应该要顺应它,不忤逆它。(3)教育要充分开启人的天性。天性是内蕴于人自身的宝贵财富。天性是一种先天性存在,但天性并不是静态的,因而"开启说"容易引起"预成"之嫌。(4)教育要彰显与实现人的天性。教育应促使人的自然天性从"虚显"到"实现"的转变……关于天性与教育关系的这些定位不一而足,都从特定的层面对这一问题进行了有益的探讨。"引领"这一表述则在上述含义的基础上,还兼具另外几层意思:(1)教育应该与天性具有基本的同向性。天性的方向就是生命自身展开的方向,教育活动之展开从根本上不应另设方向,更不能自创方向。(2)天性与教育相比具有无法变更的逻辑先在性,教育不能力图改造天

---

① "国家意识的装置"和"纪律训练的装置"分别为阿尔修斯和福柯所言。参见顾明远,钱理群,江晓原.现代教师读本(教育卷)[M].桂林:广西教育出版社,2006:97.

② 顾明远,钱理群,江晓原.现代教师读本(教育卷)[M].桂林:广西教育出版社,2006:97.

性,教育应作为天性成长的辅佐者而存在,教育应接受天性的指引和领导。(3)天性只能在大方向的意义上"引领"而并不能"决定"教育。天性从根本上来说只能"提示"教育的方向而不能决定教育的细节性原则。教育与天性的关系并不能成为亦步亦趋的关系。也就是说,"引领"一词在一定程度上暗含了天性与教育之间应具有基本的张力。(4)天性本身既是丰富的又是模糊的,天性本身也需要教育的发现,亦即"教育即人的发现"。(5)"引领"还潜在地包含着另一层意思:即便天性真的成了教育的航向标教育其实还是无法"直航",因为它毕竟还从属于"社会"这一大系统,社会现实将无时不在地试图校正这一航向,因而沿途的弯折是难免的,甚至也是必需的。天性引领的教育路向只是一个理想目标取向,只具有相对性。最后,天性引领教育,绝不等同于教育要去顺应儿童的任性,任性与天性是两个需要区分对待的概念。①

第三,天性引领下的教育目的何在?

其一,天性引领教育的主旨首先在于教人做"真人"。"千教万教教人求真,千学完学学做真人。"②背离自己天性的人没有真性情,也是没有"真自己"的。要成为真人,就必须按照心灵的内在本性对心灵品质予以提升。就必须按照自然之意(即让……从自身中起源)来赋予人形成人,使人如其本身所是和所适合的那样出现在社会中。③ 只有天性引领教育才能实现"真人"的生成。"真人"是成为"道德人"与"智慧人"的真正基础。"假人"根本谈不上好与坏,也在根本上与道德无缘;"假人"的智慧至多达到生存智慧,具有真性情的人才可能领悟真正的人生智慧。存在主义哲学曾大力批判二十世纪西方社会对理性尤其是科技理性的单向度崇拜,从而导致人不再具有本真之性情与面目,并得出一个意味深长的结论:"二十世纪的人都是假人,没一个真人。"④培养"真人"并不是一个可有可无的教育理念,而是具有真切的急迫性。其二,教育的真正使命在于人性建设。教育要培养"主体之人"而不是"工具之人"。教育不应仅仅立足于培养适合某种既

---

①任何没有合理动机的行为,才被称为任性。任性只是逞一时之快,并不具有可持续发展空间。
②这是陶行知先生广为人知的一句教育格言。
③一行.论诗教[M].北京:北京师范大学出版社,2010:91.
④牟宗三.生命的学问[M].桂林:广西师范大学出版社,2005:100.

定目的的"工具人",而是应培养具有最大主体性的人。天性是人的主体性之源。只有充分显发自身天性的人才具有真正的主动性,其所作所为才会不仅仅出自需要(need)而更出自想要(want),从而实现自主的发展,而不是"被发展"。其三,教育要培养创造性的人。天性引领下的教育当然不是要培养百无一用的"真人"和百无一用的"主体",力求实现与发展人自身潜存的各种非凡能力,是任何一种教育理念的应有之责。天性本身是"於穆不已"的,是具有"创生性"的,每个人只有接受自身独特天性的引领,才能真正为自身的"创造性"提供不竭之动力。

第二节 天性引领教育——何以可能

天性是否足以肩负起对人类教育活动的领航重任,首先取决于它自身所具有的属性。而对这些属性的探明,则不仅取决于人类通过思辨力量而获得的对它的认识,还更多地取决于它在生物学层面上的显现。因此,在生物学的意义上,天性具有哪些基本属性就成为本节考察的主视点。

一、天性的历史既存性

每个人虽然在降生之初,都是一个"新"人,是这个世界上从未存在过的个体,但任何人在其生命伊始都不是从"零"点开始,而是已经具有了一个长长的"历史"。没有这一长长的历史,生命无从开始,这一"历史"用生物学的语言可以表述为"基因信息"或"基因指令"。"刚受精的卵只是一个直径为1/200英寸的细胞,还不是人。它是飘游到子宫腔内的一套指令。"①事实上,不仅"人",任何一种生命形式,比如普通动物和植物,亦都如此。"每个有机体来源于同类的其他有机体,它不仅带有现存个体自身的过去的特征,而且带有它以前世代的历史特征。"②换言之,我们的生命其实从没有一个"起点",一个真正"断点"意义上的起点,比如类似线段的端点意义上的"起点",我们每个人都只是种族接续中的一个"环节",表现为不同生命形态的环节。我们只能通过所知的繁殖过程从亲属中产生出来。不仅在有机体整体的层面如此,在每一个细胞的层面同样如此。"没有一个细胞是自发产生的……就像动物是由别的动物生下的,植物是从别的植物种子长出来的一样,细胞只能由其他细胞经过分裂而产生出来。今天地球上的生命都不是创造出来的;所有的生命细胞都是从远古时期某个古老的祖先不间断地传下来的。"③

"任何一个活细胞都具有它的祖辈几十亿年实验的经验。"④通过现代遗传学我们清楚地知道,这些"经验"的传递不再是虚无缥缈的假设,而是具有坚实的物质载体——一种以核糖核酸 DNA 为主要载体的物质形式——基因。这就是说,每一个个体生命,虽然在生命初始并不具有任何预成的形态与结构,但却一定全具了人之为人的某一套特定的基因型。因此,每个生物有机体,都是物种的一个成员,拥有这个物种特定的漫长历史。这一历史传递的路径主要是遗传。当然,遗传并不意味着简单继承,变异也一直与遗传如影相随。但总体来说,人是一个历史的存在,是一个遗传的存在。人的自然天性,不过是这一"历史"的一部分或一个层面,当然并不是"有形"的物质层面的存在,而是以特定生命方向和倾向,抽象曲折地表达出来的存在。总之,不管是人类的天性,还是个体的特殊天性,都是一种历史的存在,有其特定的遗传史。"基因型(或遗传程序)是可以追溯到生命起源的历史产物……它体现了过去一切祖先的'经验',正是由于这一点使

---

① [美]爱德华·O.威尔逊. 论人性[M]. 方展画,周丹,译. 杭州:浙江教育出版社,2001:48.
② [奥]路德维希·冯·贝塔朗菲. 生命问题——现代生物学思想评价[M]. 吴晓江,译. 北京:商务印书馆,1999:112.
③ [英]约翰·格里宾. 双螺旋探秘——量子物理学与生命[M]. 方玉珍,等译. 上海:上海科技教育出版社,2001:38-39.
④ [美]迈尔. 生物学哲学[M]. 涂长晟,等译. 沈阳:辽宁教育出版社,1992:27.

生物成为历史现象。"①同样,人的天性,也是一种历史现象。

生命不仅具有历史、储存历史、延续历史,甚至,这历史记忆就是生命本身,这"历史"在每一个个体身上,通过稍微不同的样态一遍遍呈现自己,人因而表现出生老病死之常态。所有的生命基因型都是未展开而尚待展开的历史本身。生命浓缩为历史,而历史展开为生命。这种具有历史性的"生命性存在"从根本上是不同于"物理性存在"的,所有的生命系统从根本上不同于物理系统。因为,"在物理系统中,通常只根据瞬间的诸条件来确定事件……可以说,在物理系统中,'过去'是被抹去的。与此相对照,有机体显示为历史性的存在物……我们也发现了有机体行为的'历史性';动物或人类作出的反应,依赖于有机体在过去遇到过的或产生的刺激与反应。"②这就是说,在分析与理解人类行为时,必须充分注意到生物所特有的这一历史本质,即以沿袭继承的基因型形式所表现的历史性因素。

生命与天性的这种历史继承性具有极为深刻的教育学蕴意。经验主义教育思想家洛克的"白板论",行为主义心理学家华生的"刺激—反应论",在一定程度上显然都是不太具备这种历史感的。在现代生命科学的研究愈来愈聚焦于基因研究的时代,这些极端的经验主义理论的短缺之处将不再是局部性的,而是根本性的。没有历史感,即看待事物时,对时间维度的短视,甚至根本就缺少了时间这一维度。实际上,即使对进化论和遗传学不予以考虑,只要人类将自身的来源问题纳入了时间的维度,对人的历史性理解也是必然的。在教育学的意义上,个体的心理不是某一个体经验的或短或长的记载与表现,更不是有什么样的环境刺激就一定会产生出什么样的心理内容或心理状态。"人类行为的最主要的原因将在人类天性的层面上被解释和发现。人类天性将提供一个可供研究的领域,这一领域将在生物学和社会科学之间架起一座桥梁。"③小而言之,人不是具

---

①[美]迈尔. 生物学哲学[M]. 涂长晟,等译. 沈阳:辽宁教育出版社,1992:17-18.

②[奥]路德维希·冯·贝塔朗菲. 生命问题——现代生物学思想评价[M]. 吴晓江,译. 北京:商务印书馆,1999:113.

③Ron Vannelli. Evolutionary theory and human nature. Boston: Kluwer Academic Publishers, 2001:93.

体环境的被动产物;大而言之,人甚至也不是特定文化环境的产物。一句话,人不是仅由外部刺激所决定,人同样也不是"教育塑造"单方面所能决定。一味追求外部塑造尤其是简单塑造的教育学正相当于一个历史悠久的"古国"不考虑自身的文明史和国情历史,却只是大力"植入"仅仅表面上相合或根本不相合的外来文明。与之类似,"自外而内"的"输入式"教育路径是值得质疑的。反之,"教育即导出",苏格拉底这句先知般的教育箴言则是意味深长的。

二、天性的潜在方向性

方向性是天性最显明的属性,甚至也是这一概念得以形成的一个基本前提,因为天性在最简明的意义上即是人的"天生之性向"。对人类来说,天性是历史的产物;对个体来说,天性则指明着生命的基本方向。天性的历史性决定了天性具有方向性,因为天性从根本上说是进化适应的产物,天性本身记载着适应史,是亿万年的适应机制运作的结果。适应过程本质上说就是一种行为定向过程。当然,人类天性的方向性不是以单一的定然性而是以极其复杂的样态所呈现的:本能以一种难以改变的鲜明方向性体现出来;潜意识以一种不为人所觉察的方式左右着人的思维模式;"自我实现"的需求则以一种人生的执着性追求而得以表达……"天性有点像从高地向海岸倾斜的地貌。某一种特定的天性形式就好像是一个球沿着斜坡滚下来。每种特征都穿过不同的地貌。每种特征都由不同类型的山脉和山谷引导。有的是一条单一的深深的沟渠。球以不可阻挡之势朝一个目的地滚去;有的地貌则平缓得多,为学习提供了更大的空间,而更多的天性的地貌则宽阔得多,复杂得多,在有些情况下,山谷还会有一两个分叉,但也还是一种地貌,总体上说还是一种具有倾斜度的地貌,否则,不足以被称为天性。"[①]当然,地貌仅仅是一个比喻,并不足以精确说明天性的复杂现象,但毕竟为我们

[①] [美]爱德华·O.威尔逊.论人性[M].方展画,周丹,译.杭州:浙江教育出版社,2001:51-55.

理解天性的方向性提供了形象的模型。总之,方向性并不意味着简单的直线性,曲折性与方向性可以很好地融合在一起。甚至,各种分支方向虽然打破了方向的单一和单调,却仍然以一种宽泛的方向性表现了出来。就像众河流虽然具有各自不同的流向轨迹,但仍然符合地势对流向的整体规定性。

不容否认,人类行为虽然具有高度的灵活性,但这灵活性并不与天性所具有的方向性相冲突。与别的任何一种物种相比,人类天性无疑具有更大程度上的迂回性,这是因为人的天性不仅包含了本能等低级形式,更表现为一种具有高度灵活的程序性,灵活性并不排斥方向性,程序本身就是一种具有宽泛方向性的存在。因为某个被"程序化了"的个体首先就意味着它能够有意向地活动,有意向的活动是因为它们已被程序化"规定"为如此活动。在一定程度上,DNA 程序便是个体的行为计算机程序。"生物体内控制程序目的性过程的各种程序全都贮存在基因型的 DNA 中(封闭程序)或者是按能编入额外信息的方式(如通过学习,条件反射,或其他经验取得的)组成的(开放程序)。大多数行为、特别是高等动物的行为都是由这种开放程序支配。"[①]但是,再开放的程序都仍然是一种"程序",都具有"程序"本身所具有的运作方向性。但是,"我们决不能对这些程序产生错误概念。它们的特点是程序的编制只有一部分是固定不变的。像学习、记忆、非遗传性结构变化,以及再生等现象都表明这些程序是多么'开放'。然而即使在这些现象中也有很强的特异性(专一性),例如,哪些可以'学习',在生活周期的哪一个阶段开始学习,记忆的印痕能保持多久。因而程序可能有一部分是非特异性的,但是变化的可能范围本身也包括在程序的详细规定中"[②]。也就是说,基因的程序性这一观点在生物学的领域也是历经激烈论战才得以站稳脚跟,而且必须承认程序这一概念的多种含义目前还没有充分探究清楚,但在生命现象的解释领域引入"程序性概念"却是现代生命科学进展的必然。因为,虽然 DNA 贮存信息与编码的机制不同于计算机,但是根据分子生物学研究证明两者的基本原理却十分相似。其实,"早在 2000 年前亚里士多德就已十分清楚卵的

---

① [美]迈尔.生物学哲学[M].涂长晟,等译.沈阳:辽宁教育出版社,1992:51.
② [美]迈尔.生物学哲学[M].涂长晟,等译.沈阳:辽宁教育出版社,1992:26.

发育必须有某种指令程序"①。亚里士多德的 eidos 概念在很多方面和现代的遗传程序概念十分吻合。总之,不管人类天性的形式有多灵活,是多么具有开放性,它也仍然具有基本的方向性。如果确认天性是具有方向性的,那么人自身的生命具有方向性也就是情理之中的了,事实上这也是一个显见的事实,人是一种方向性的存在,首先从出生到死亡即是任何一个人也不可逆转的生命大方向;其次,在人生命的各个阶段无疑都具有与别的阶段所不同的特定的生活性向;再次,在生活中人总是有某些特定的兴趣与爱好的,这些兴趣与爱好在每一天的现实生活中都标示着生命的方向性。

  天性的方向性决定了天性总是表现出一种"势所欲至"的态势,这也决定了天性具有内在的动力性。事实上,天性正是儿童精神成长的动力之源。天性具有的内在动力性是"生命体"所特有的属性,普通的物体则不具备此属性。"当普通的物体移动或变化时,我们总是为之寻找一个解释,寻找一个明显的外部物理性解释,即所谓通常的拉力或推力等的作用,但对于生命体,这种类似的推力或拉力则来自于内部。"②人类行为的根本原因,事实上包括动物、植物乃至任何生命体,都不在外部,虽然它们也表现出受到外部环境的极大影响,但它们行为的根本原因绝非仅从外部影响就能解释清楚。事实上,生命体和非生命体最根本的区别就在这里。儿童天性中蕴藏的动力性,常常以"敏感期"这种信号形式得以展现。在敏感期里,儿童"以一种特有的强烈程度接触外部世界。在这时期,他们容易地学会每样事情,对一切都充满了活力和激情"③。这就像一束光是从内部射出来,或者就像电池一样提供能量。天性中内蕴着生命成长的内在动力,它标志着将要实现的一定前景,而它总在寻找某些适宜的形式来呈现自身。它像一个剧本,仅仅是拉开了序幕,更多的创造性成就还需要通过实际生活来撰写。在这一意义上也可以说,天性的方向性与动力性也说明了,天性不是全然的完成时态,而是"完成时""进行时"以及"将来时"并存的一种状态。天性虽然具有方向性但有些天性还只是一些微弱的、尚未成型的、等待发展的力量,这力量

---

① [美]迈尔. 生物学哲学[M]. 涂长晟,等译. 沈阳:辽宁教育出版社,1992:259.
② Janet Radcliffe Richards. Human nature after Darwin. London :Routledge ,2000:57.
③ [意]蒙台梭利. 童年的秘密[M]. 马荣根,译. 北京:人民教育出版社,2005:52.

有时候甚至是很弱小的,遭到扼杀的往往也正是这样的天性。因此,并不能认为"天性"为"天生"之性就不需要人的照料与呵护,恰相反,天性的未完成性决定了它需要被精心"养护"与"培育"。天性既引领教育,又需要教育为其充分实现助其一臂之力。"在人身上,有许多没有长成的胚芽。我们的职责就是要合理地发挥其自然天赋,以促进这些胚芽的成长,并保证他实现自己的命运。"①天性与教育,是一种互为需要的关系。

自身不具方向的事物自然无法引领任何一种其他活动。天性本身所具有的方向性为其引领教育活动之重任提供了基本的可能性。教育,作为人类作用于自身幼体的一种自觉活动,它的方向应当如何确立?"人的天性作为上帝的影子,它就是灵活地透进脑海的、简单正确的阿里阿德娜引路线;它的长度足以找到一切迷宫的出路,人的天性从不迷失方向……"②夸美纽斯的这句话或许可以为我们提供一个基本的思路。天性的方向就是生命的方向,教育不必也不能"为生命改向",而是要"在生命自身的方向上展开"。教育的方向不应人为另外"制定",教育的方向应该顺应于天性的方向。

三、天性的主体能动性

如若没有天性在,人无法成为主体。

无生命的东西只是"物体",而不是"主体"。"物体"只有"属性"而没有"天性",属性是完全地"属于"某一"物体"的性质,不管是否得到表现,"属性"都是内在于物体的。"属性"是固定的,"属性的固定"决定了"物体"在任何时候都已经"是其所是",物体在"是什么"的层面就可以被充分研究。物体通常被视为客体。

生命体才具有"天性",天性不仅"属于"生命体,更重要的是,它还代表了一

---

① 转引自 刘晓东. 论教育的本质[J]. 学前教育研究,1998(4).
② [捷]夸美纽斯. 夸美纽斯教育论著选[M]. 任宝祥,熊礼贵,鲍晓苏,等译. 北京:人民教育出版社,2005:421.

种"势所欲至"的主动性，因而它具有动力性。天性只有在充分地"被践履"之后，生命体才算真正达到了"是其所是"的境界。没有天性，生命体不会有"主动"行为，而只能像"物体"那样仅仅是被环境"推动"。只有主体才能发出主动的意义行为，只有主体才能"主动"。不具有主体性的机器与具备主体性的人是完全不一样的。只有能够发出主动性行为的，才算具有最基本的主体性。愈高级的生命形式，其主体性蕴意也愈丰厚。人，是一种最复杂最深刻的主体。

主体性乃"人类天性"的根本属性。这也是由本研究第二章可以得出的基本结论。

"观审"的"先天理性"使人成为认识主体。人类所有的认识从根本上说都是一种"主观"——"主体"通过"观审"而得到的一种结果。即便认识的结果具有相当的"正确"性，对于人类整体而言，也仍然只是一种"主观"认识。换句话说，人类所能讨论的这个世界，只是"人"这一主体"观审"下的世界。这个世界的一切都是对"人"这个主体才予以"敞开"的世界。动物当然也有自己的世界，但我们作为"人"所能讨论的这个世界，甚至我们讨论世界的方式，从根本上说都是以我们"人类"所拥有的"先天理性"作为逻辑前提。同时，无论这个"世界"是怎样的广阔与细微，这个世界的"疆域"也还是以人的"先天理性"自身的限度为限的。举例来说，蝙蝠的世界与人的世界一定是大相径庭的，蝙蝠如果也能讨论，它们所讨论的世界一定完全不同于我们人类的世界。没有先验的观审工具——先天理性，任何认识也不可能形成，并且"观审"的"结果"本身的性质、质量、程度等也最终取决于不同个体的"观审"机器的性能本身。因而，只有把人视作"主体"，把主体性视作"人"的根本属性，才能在"存在"的层面揭示出人的性质，进而也揭示出"世界"的性质。当然，人并不只是一架"观审"的认知机器。人不仅是认识主体，更是意志主体、践履主体。

"践履"的"生命意志"使人成为实践主体。人不仅"观审"世界，更重要的是，他"存在"于世界，他以自身的生命意志——这一本质上来源于自然史之结晶的天性形式——"发起"各种各样的主体性行为。人的天性是人通往世界、进入世界、与世界共生的一张"通行证"。没有这一"通行证"，人将无异于"物体"，人将被"拒于"世界之外。因为人的天性本身就是来自世界，它从来源上就是与世一体的，而不是旁生的东西，所有生命体都共同具有一段或短或长的自然史——基因型。"全世界人类在遗传水平上具有极端相似性。地球上的每个人都共享99.9%相同的遗传编码。"①不仅如此，人类与其他低等生命形式之间亦具有绝大部分相同的基因型。作为一特定物种的种族积淀，人类的天性像一个"宇宙"，那里记载了人类亿万年进化的秘密，人无论如何都很难走到其尽头。人只有通过尽量地实现自身之天性，才能深入地与世界成为一体，才不致被"旁落"于世界之外。人要"进入"世界，必须通过充分地践履他的天性才能达到。只有在充分的践履中才能生成深切的生命体验，才能真正地与世界交融。

正是在人类的天性里，蕴藏着人最内在的主体性。人类天性的两种基本形态，都清晰地也深刻地揭示了人作为"主体"而存在的生存境遇。不仅如此，在这两种基本的天性形式中，以践履形态呈现的"自然天性"更是主体中的主体，因为它们两者之间具有"性体心用"的辩证关系。也就是说，人所拥有的"自然天性"作为"支点"，托起了人作为主体的最终根据。在这个世界中只有人才是最彻底的主体。

在广阔的宇宙中，人并不是中心，更不是霸主。但人却是主体。"主体性"这一概念，在用来揭示"人自身"方面，具有别的任何概念都不可代替的优势——主体性是人这种生命存在形式的根本属性。主体性是一切意义的源头，人只有在作为主体的意义上，才能深切地找到自身存在的价值。

"教育的根本使命之一就是促进主体的生成。"②没有对人的天性的高扬，就必然会造成主体性的瘫痪。如若不以天性为本，主体性教育不过是无源之水。只有具有主体性的事物才能具有引领"他事物"前进的可能性，正像所有的引路人与领导者都必须更具有高度的主体性与能动性一样。如果说天性的历史性与天性的方向性都是直接基于天性的生物学属性的话，那么天性的主体性则是这两种生物学属性的灵魂所在。

---

① [美]C·丹尼斯,R·加拉格尔.人类基因组:我们的DNA[M].林侠,李彦,张秀清,译.北京:科学出版社,2003:48.
② 鲁洁.教育的原点:育人[J].华东师范大学学报(教育科学版),2008(4).

四、天性的亟待完成性

天性是客观存在的,但它却内蕴着一种"未完成性"。它是一种"未完成态"的存在。"未完成态"与"存在"之间并无矛盾。天性是一种蓄势待发的性向、性好,任何蓄势待发的事物都既具有客观既存性,又同时具有尚待完成性。

天性的"未完成性"首先体现为它的存在样态与"愿望"的存在样态具有高度的类同。天性,究其实质来说,不过是一种"宏观生活愿望"的表达与诉求。一个人在其内在天性的驱使或指引下,总会自觉或不自觉地表现出渴望接近某类事物的愿望。"愿望"是客观存在的,虽然它们仅仅无形地存在于人的内心,但却可以历经长久时间而挥之不去。每一个人都可以强烈感觉到他自己的愿望的真实存在。但是,愿望又往往是尚未得以实现的。已经实现了的愿望,恐怕就无法再称其为愿望。换句话说,只有未被实现的才被人们称为"愿望"。正是这种"未被实现"的状态,决定了愿望之存在,绝不会是一种平静不动、安分守己的静止性存在。在绝大多数时候,愿望都在"蠢蠢欲动",它会不停地去寻找一种自我满足、自我实现的可能际遇。这种不断"寻找"的过程,正体现了它所具有的根本意义上的"未完成性"。天性的"未完成性"与此同理。同时,天性也往往构成了一个人自发行为的直接动因和根本动因。天性驱使着人们去孜孜不倦地做出一些自己真正爱好的事情。作为一种"倾向性"而非"实体性"存在,天性与"愿望"之间的这种联系不是偶然的。人生愿望与具体愿望虽有所不同,但这种不同只是在心理结构中的层面、范围、固着程度等方面的不同,而非本质之不同。

天性的未完成性还体现在它并不是固定的"天成之性",而仅仅是一种待发育的"先天倾向性"。奥古斯丁的"种质论"鲜明地表达了这层意思:"上帝把种质植于了物质之中。因而也就把所有物种产生的潜能安放在了自然中。这些种质是物质的胚芽,它们是看不见的但具有构成原因的力量。因而所有的物种都携有一种看不见的和潜在的能力,这种能力使它们成为它们现在尚不是的东西。"①天性只是一种胚芽性存在,天性本身构不成任何现实的人性。它只是未来的"人性"形成的胚芽。正如植物的"种子",这种最常见的"未完成态"的存在一样,在种子的内部无疑蕴藏着巨大的成为某一种植株的力量和方向。甚至可以说,只要遇上合适的阳光雨露,某一粒种子最终就一定会成长为某一棵具有某些特点的植株。但同时我们又必须承认:在尚未萌芽和发育之前,种子仅仅只是种子,它距植株的存在形态仍有千里之遥。在这里,种子的"未完成性"是足够明晰的。种子需要发育,人的天性同样如此,它也需要历经发育成长的过程,才能把其潜在的性好,最终表现为现实的存在。不过,虽然天性的发育与种子的发育之间,具有某种内在的相通。但从另一方面说,种子仅仅是一种"物质生命"的存在,而人类个体的天性则是一种"无形体"的存在,因而"种子说"并不足以传递"天性"这种存在物的发育进程。如果更进一步,我们会发现,"天性的发育"与"胚胎的发育"具有更高程度的相似性。尤其,当蒙台梭利提出"精神胚胎"这一概念以后,"天性及其发育"就愈加成为一个既直观又明朗的合理论题。胚胎需要继续生长才能实现自己作为一个"人"的命运,天性也要在自己的诉求得到满足和实现以后,才能实现自己所可能承担的人生使命。天性是精神的胚胎,这个胚胎的来源并不神秘,它同样跟不同个体的不同家族遗传路线有关。从遗传学上来说,某个体自出生之后,其独特的天性便已客观存在,但如果不占有充分的发育过程,它就仍然只是一种未能得到分化的模糊的性向、性好,而不具有现实的意义。也就是说,天性虽在,但它只是一个开创了方向的前期工程,没有后天的续工,它无法构建出真实的人性大厦。从这层意义上说,"天性的未完成性"决定了它完全有可能被压抑而终生不得表达、不得实现。这种情形下的天性,就与一枚永远没有发育机会的可怜的种子无异。

  天性的未完成性,还可以从天性所得以展现的时间维度予以揭示。人的天性虽然自人一出生就全具于身,但它并不是一种集装箱式的随时可倾倒而出的当前性存在,而是分布在生命的各个不同的时段予以展示。也可以说,它是按照

---

①[美]撒穆尔·伊诺克·斯通普夫,詹姆斯·菲泽.西方哲学史(第七版)[M].丁三东,等译.北京:中华书局,2005:197.

一定的时间序列而次第登场的。"在儿童的心灵中有一种难以捉摸的东西,它在发展过程中逐步表现出来,正像一个生殖细胞在发展中隐藏着的模式,只能在发展的过程中才能显现出来。"①人类个体的某些天性,只在相对固定的时间节点或时间段上才会显现,而在未达到那个时间点或时间段之前,它虽存在但却是一种极内隐性的潜存,因而极不容易被人发现。比如,并不是一个人所有的天性,都能在幼年期就全部得到展示。就是一个成人,自身也无法在某一个时刻全面了解自己全部的天性之所在。再比如,大器晚成之人,其实往往就是那些人到中年之后才发现自己的深切天性与天命之所在,进而坚定遵从之并做出了巨大成就的人。值得一提的是,英文单词"human being"其实在一定程度上对天性的这种"过程性动态显示"有所揭示。"人"这种存在物,其存在的样态更多的是一种"即生即成"的"永远在途中"的存在。也就是说,它不是确定确知的某种静态的"结果"性存在,而是一种"being"之存在。"认识你自己"这一古老的哲学命题之所以如此之难,也正是因为并没有一个固定不变的"自己"在那里等待人们去认识。同样,"成为你自己"这一越来越得到更多人认可的崭新的人生态度,也并不是说,果真有一个固定如此的"自己"等待你去成为。在生命的时间之河中,天性所显现的河段未可尽知,这也是它的"未完成性"的一个侧面表现。

天性的未完成性,意味着它可以有两种完全不同的命运。

一是天性最终得到了满足和实现。它从"潜存态"顺畅地生成为"实存态"。二是天性永远处于被埋没状态。在这种情形下,天性虽然存在,但却无从体现和发挥自身的力量。

儿童的天性得以充分发育、发扬、满足和实现,这实属一种不多见的理想态。更多的情况是,儿童的天性被成人有意或无意地压抑乃至压制了。天性被压抑的情形,往往是一种极为常见的现象,这种现象甚至在伟大的教育思想家蒙田那里也照样存在:"至于我自己的天分,我发现它们已经被沉重的负担压弯了,我的想象力和判断力只是在黑暗中摸索,跌跌撞撞、磕磕绊绊地前行。"②换言之,如果不深入了解儿童的天性所在,仅仅施以偶然和随意的教育,这样的教育与儿童的

---

①朱智贤,林崇德. 儿童心理学史[M]. 北京:北京师范大学出版社,1988:222.
②梁克隆. 西方哲人论儿童教育[M]. 北京:中国社会科学出版社,2007:42.

天性发生摩擦的概率将是极高的。严重的情况下,它甚至会使儿童的本性遭到瓦解或者陷于停顿。"毫无才智可言的蠢人,无论何时都是个废物。就像满身是荆棘的树木,徒有树干,却无树叶。"①没有经过教育开发的人类天性,不也是终生处于类似的状态？况且,人对自己的天性,也并不总是明了全知的。更多的时候,人只是朦胧混沌地感受到一种兴趣的力量驱动使然。尤其儿童,他更是不大知道自己真正渴望的是什么。天性的自由表达和丰满实现深切需要"教育"的鼎力支持与扶助。

综上,天性的历史性、方向性、主体性,决定了它具有引领人类后天活动尤其是教育活动的充分可能性。但我们也应该看到,天性的未完成性也是天性的一种根本属性,这一属性决定了天性对教育的"引领",绝不是一种简单定向的直线引领,而是一种极为复杂的引领。它需要高超的技艺才能完成。教育即使接受天性的引领,也绝不意味着它就变成了一种被动性存在。这种引领实乃一种"生成式"引领,在有些情况下,甚至是一种互为引领。因为教育也需要动态地发现儿童不同时间阶段的天性所在,甚至需要去细心地拨开迷雾,辨认出儿童真正的天性而不是某些被外在动机虚饰了的天性。"没有一个人能认识到自己天分中沉睡的可能性,因此需要教育来唤醒人所未能意识到的一切。"②另外需要指出的是,天性对教育的这种引领尽管复杂,却也不是让人无从下手的。一个最直观的标识可以随时指引人们对儿童的天性予以辨认和追从,那就是儿童的兴趣。兴趣,这实属一个与天性紧密关联且又直观可见,因而非常值得认真对待的教育关键词。

---

①梁克隆.西方哲人论儿童教育[M].北京:中国社会科学出版社,2007:139.
②[德]雅斯贝尔斯.什么是教育[M].邹进,等译.上海:上海译文出版社,1991:65.

第三节 天性引领教育——何以必要

人类的教育活动只有经天性来引领,才能实现其作为"成人之教"的本真使命。"天性引领教育"之必要性的论证根据不胜枚举,这里仅从以下几个有限的方面试作分析。

一、教育应超越对社会系统的病态适应

目的决定活动的方向。同样,教育目的也决定了教育活动的基本方向。在关于教育目的的探讨中,历来存在"社会本位论"与"个体本位论"之争。社会本位论毫不留情地把教育纳入社会需要的链条中,以实现教育最大的社会价值为最高追求,并以此作为社会对教育进行合理盘剥的理由。诚然,社会是一个大系统,教育只是其中的一个子系统,任何子系统都无法绝对地歧出于它所依存的大系统之外,这本是系统科学不言自明的公理。事实上,以不同的社会系统在不同时代潮流下的"需求"来引领教育的方向,也早已成为教育常态性的命运,教育几乎无时无刻不在这一意义上面临着自身难以摆脱的困境:教育,这一本来是为了"育人"而存在的人类活动,就这样无可奈何地被沦陷于社会功利追求的奴仆地位——人类的教育活动从来也没能完全实现其彻底的独立性!对社会系统的"工具性适应"始终是教育不得不为之的外在重负。

教育对社会的适应乃至病态适应以极广泛的形式遍布于世界教育的各个角落。曾任法国财经部长的雅克·德洛尔向联合国教科文组织提交的《教育——

财富蕴藏其中》的报告曾红极一时,在全球范围内,教育的工具性已不再具有任何遮掩,而是赤裸裸地成了它的基本身份标识。但历任耶鲁大学法学院院长的美国教育家赫钦斯却说:在美国,适应论是一个处于主导地位的教育理论……教育的目的是使学生适应他的自然、社会、政治和经济和文化环境,对社会带来最低限度的困难……适应环境的全部理论在我看来是极端错误的。这种职业性的、赚大钱的比赛与教育其实毫无关系。① 仅仅以社会适应作为教育取向的理论,从逻辑上看其实是不堪一击的:如果社会是坏的,例如坏到像纳粹国家那么坏,难道教育还是要去适应?这样适应的教育将丧失教育最基本的内涵而根本不能称其为"教育"。纵然社会适应无法从教育的辞典中完全去除,也必须要看它所适应的是什么样的社会。"如果民主是最好的社会形式,一种使青年人适应民主的制度将是一个教育制度。如果专制是一种坏的社会形式,一种使青年人适应专制的制度将不是一个教育制度,它愈使青年人适应就愈不是一个教育制度。"② 与美国相比,我国历史上也出现过类似甚至过犹不及的状况,工具性的适应论教育取向曾经被贯彻到了逻辑的极端:在并非很久以前的我国教育史上,曾出现过两种极为典型的教育对社会系统的极端病态的工具性适应:"泛政治化的教育——教育即上层建筑(导致了意识形态的灌输);泛经济化的教育——教育即生产力(引发了教育产业化的喧嚣)。"③ 在这一历程中,教育变成了意识形态的占领阵地,教育变成了利益公司的经营活动,教育的本真面目几乎不复存在,教育被彻底异化成社会适应的帮凶与工具。这一历程对本真教育的践踏是令人惊悚的,所造成的教育失身现象也是积重难返的。"现今的教育是病态适应的教育,教育把人变成了追逐功利的工具……不论现存体制合理与否,一个人只有成为现存体制所接纳的人,就范于它,才能作为体制中有价值的商品兜售出去,他才能向上爬。教育的所作所为都在促使人在现存体制的利益驱动下,在各种被社会化了的欲望支配下(这种欲望本来可能是毫无意义的,也不是人自身所本有

---

① 顾明远,钱理群,江晓原. 现代教师读本(教育卷)[M]. 桂林:广西教育出版社,2006:28-30.
② 顾明远,钱理群,江晓原. 现代教师读本(教育卷)[M]. 桂林:广西教育出版社,2006:31.
③ 王慧. 工具人的退隐和目的人的浮现——中国教育本质研究60年[J]. 中国教师,2009(10).

的),在体制为他所规定的轨道上,不停地走,不停地走,教育只是在使人变成了一条被蒙上眼的推磨驴子。"①在摆脱贫穷追求高效率的国家发展中,在新技术革新日新月异的进程中,儿童常常是被当作未来的生产力看待的,他们被看作潜在的商人、工人、技术人或科学家。病态适应的教育所关心的"只是儿童在尽可能短的时间里获得一张社会通行证"②。以社会系统之功利追求来引领教育,尤其当这种"引领"登峰造极之时,教育还是教育吗?

这是一个不堪追究却必须深究的问题。我们只需从概念上追溯至教育含义的源头,就不难发现我们所需要的答案。虽然教育的定义众说纷纭,但一个最简洁最无法剥除的教育定义不过是:教育是人针对人自身的活动。仅凭这一层最基本的意思,就足以把教育区别于人类所有其他的自觉活动了:万千人类活动之中,只有教育,它直接立于"人"这一最复杂的自然现象的正面,追问在这一自然现象面前,人类还需要做什么?人类还能做什么?还应该做什么?只有教育具有这种对"人"的唯一的指向性,它不像人类的其他任何活动(比如政治活动比如经济活动),总是指向人自身之外的别的目的,准确地说是利益目的。教育不应具有除"人"自身之外的其他目的,教育的根本目的仅仅是"育人"。教育学仅仅是"成人之学"。"成人之学"这一中国几千年传统文化对教育所赋予的简明定位至今仍是发人深省的。杜威也曾经提出"教育无目的论"来对教育的工具性进行质疑。但教育的无目的,并不代表教育的无根据,教育自有其根据——人的自然天性,正是教育的逻辑根据之所在。但现实中的教育总是与太多的外在目的捆绑在一起,被捆绑之下的教育,就像生活中的"捆绑销售"一样,"主产品"往往被辅助推销的"搭售商品"所掩蔽。对教育价值的评定也往往并不依据其对人自身的发展贡献来衡定,而是根据为取得社会所推崇的成功所需要的最有价值的知识,作为评定学校教育"质量"的准则。教育被社会异化所带来的直接后果是严重的,这种异化也就是教育对人本身所造成的异化。教育,这一本应以发展人的

---

①鲁洁.超越性的存在——兼析病态适应的教育[J].华东师范大学学报(教育科学版),2007(4).

②[意]蒙台梭利.童年的秘密[M].马荣根,译.北京:人民教育出版社,2005:205.

天性为己任的事业,竟然成了异化人的祸首,这是不得不引人深思的——以对社会的适应来引领教育前行的方向,这是一个根本经不起考量的命题。

如果我们从相反的方向去追问,或许问题还可以变得更明朗:作为社会大系统中的一个子系统,教育难道只能以某种直接顺应服务的身份才能找到自身存在的价值吗?教育难道没有别的更适宜的立足之地了吗?西方文化中有一句广为人知的格言:"知识分子是社会的良心。"那么教育难道不应该以这种人性良心为其基本取向,尤其当社会运行在一种"利益至上"而"良心匮乏"的状态之时?在一个物欲横流的社会中教育难道不应该担当起一个"牛虻"的责任?在系统论的视角下,"牛虻"其实是相当重要且不可少的。根据系统论的基本原理,在一个良好的大系统中,总是有一个与系统自身的输入和运行方向相反的子系统存在,那就是"反馈系统"。"反馈系统"是作为大系统不可缺少的校正系统而存在的,没有这样的校正子系统,没有这样特定的"逆向反馈调节系统",任何一个大系统都将因为其单向性运行而失去控制,这些都会引起不可逆转的严重失调,因而最终无法发展成为一个真正成熟的系统。社会大系统在一定程度上像一架不停运转的大机器,这一机器运转的方向即输出为社会一时的潮流所指。很多情况下,在社会上总会有某种特定的潮流出现,而绝大多数普通的社会子系统多多少少都是这一潮流的"顺向"促动者。只有教育,这一人对人自身的活动,这一最需要彰显人之主体意义的活动,这一建立在"成人之学"基础上的活动,才在其基本性质上具备了作为一个"校正子系统"而存在的可能性。教育理应成为社会系统之"反馈与校正子系统"。成为这样的一种子系统不仅是可能的也是必要的,因为虽然理想的社会一直是人们的盼望和追求,但对于未成年的儿童而言,社会的形态和性质从不以人类的美好愿望为转移,它从来也没有成为一个适合儿童成长的理想环境,儿童一出生便无可选择地落地于其中的社会形态,总是具有一定的偶然性,一个偶然性的环境对儿童天性的异化多多少少都会存在的。如果说社会对人的异化是一个必然存在的现象,教育正应该是对这种异化的救赎,这才是教育的使命所在。

教育的视野应该在一定程度上超出其所在的特定的社会大系统,而面向人类大系统。"教育所应教的是各个人对于全体人类的义务,不是对一政府一社会的盲从;所应看重的是由心灵自由发出来的个性,不是机械的印模所制成的货品。"[①]只有实现了自身天性从而真正成了"自己"的人,才是一个本质上高贵的人。而一个适应的人,只是一个苟且者。一个貌似获得巨大成功的人,为出人头地付出了昂贵的代价,它严重损伤了自己的自然天性,最终成了社会适应的牺牲品,成了一个自己也不认识的人。教育最高贵的使命是教人做自己。丢失了自己天性的人,放失了自己天性的人,大多只能成为一个永不会开窍的榆木疙瘩,因为他的"窍"之所在已经被封堵了,已经不存在了,还有何窍之开?一种不能开窍的智慧还能称得上是智慧吗?那至多不过是见闻之知,并不触及心灵。社会像一个熔炉,在人未出生以前,早已安排了种种模型,在这一意义上,教育义不容辞的使命正在于:无论在怎样的社会环境中,给人成为自己,给儿童的天性发展以必要的空间!起码使社会对人的天性的异化达到一个相对可以忍受的状态,即便不能完全校正这种异化,至少也不至于使之过分而覆水难收。反过来如果教育也立足于对社会的盲目适应,那么人的天性就再也不会找到一个最后的可遮蔽的家园,作为大自然杰作的人类天性也就将永劫不复地流失在社会异化的沙漠中。因此,教育应担当起自身的特殊使命,教育的方向不应由社会的潮流和风向来引领,而应由儿童的天性来引领。

二、外部权威引领教育之隐患

所谓权威,就是在一定范围里有威望、有地位从而具有重大影响力的人或事物。权威之所以称为权威,就在于它总是被追随,它总是在或大或小的范围内成为人们行动的指南。权威拥有众多形式,分布于不同领域,如领导权威、技术权威、知识权威、教师权威、家长权威等不一而足,但都具有一个共同点:对于某一特定的"个体"而言,不管何种权威都是一种外在于自身的力量,因而统称为"外

---

① 徐志摩.生命的信仰[M].北京:国际文化出版公司,1997:77.

部权威"。

如果说,社会功利之追求常常像"风向标"一样在宏观层面"引领"甚至"左右"教育的方向;那么,外部权威在微观层面也就是在具体的教育活动中则常常居于中心地位和主导地位,这一现象可描述为:外部权威对教育的引领。纵使教育成功抗拒了"功利性目的"的引领,也并不意味着它因此就可以重返"自由身"。权威对于教育的引领,或者说教育对于权威的追随,也常常像无形的"紧箍咒"一样附身于教育的躯体之内。权威在儿童的生活中无处不在——相对于儿童的懵懂无知而言,知识是一种权威;相对于儿童的生活经验不足而言,成人是一种权威;相对于儿童的率性无拘而言,教师是一种权威……在稚弱的儿童面前,太多的人与事物都很容易就成为权威。的确,儿童是未成熟者,而权威则早已存在,是经验之集大成者。权威"似乎"明显是"高于"儿童的,儿童的生活"似乎"必须以这些或隐或显的权威为指引,才能走上"正确合理"的道路。教育应当追随外部权威,还是应当追随儿童自身的天性?这同样是一个必须得到辨明的问题。

权威对儿童教育的"指引"通常是通过对儿童提出明确的教育"要求"来实现的。在权威引领的教育之路上,"要求"的提出是一个必不可少的基本环节,只有提出明确的"要求",儿童才有努力的方向,才有奔赴的目标。比如要达到一定的知识掌握之要求,要达到一定的纪律遵守之要求等等,而要达到这些"要求"的基本前提则是权威必须对儿童进行"教诲性告知"。因为权威所拥有的"经验",不管是道德经验还是知识经验,要想"到达"儿童那里,必须通过这样一种路径才能成为可能。当然在这里,"告知"绝非仅指一种语言告知形式,而是意在指明一种外部经验或外部思想传递到儿童内部的自外而内的"输入"模式。权威,作为"先知先觉",把自身所拥有的各种"经验"告知给儿童这些"不知"者,当这些"告知"来自教师和家长并被赋予教育意义时,我们便称之为"教诲",儿童通过接受这些"教诲性告知"而向成人权威学习,并不断向其指引的方向前进,权威对教育过程的引领由此达成。但是,这种来自儿童外部的"告知"或者"教诲"究竟能在儿童身上发生怎样的作用?有"告"就一定能"知"吗?

"告知"这种最常用的教育方法实际上经常产生"告而不知"的结果。这里从分析"知"的内在形成过程开始：从根本上来说，真切的"知"并不是通过外部"告诉"而来，而是在个体"自主萌芽"的基础上并进一步通过"共鸣"这种方式才能生成。这里通过一个比较明显的情形把这一问题进行适当放大，从而力图予以更清晰的阐明：就最晦涩的哲学思想而言，哲学家虽极力地不厌其烦地通过其鸿篇巨制向世人"告知"，最终也"不知"的人却总在多数，纵使一字一句通读了全文却连大略也不知所云的情况亦非罕见，原因何在呢？抛开语言本身的限制性不论，这是因为，从根本上说哲学家所面向的那些"问题"，从未"光顾"更没有"进入"那些"不知"者的心身，甚至连"问题的萌芽"在那些阅读者的心中都不曾发生，更不要说那些问题的答案了，因而在作者和读者之间根本形不成任何哪怕是微小的"共鸣"。但是反过来，如果阅读者自己心中已经具备了哪怕是点滴的"问题萌芽"，就都不愁在这些哲学大师所发出的"大鸣"中进一步被扩充被深化，到一定程度甚至会在"大鸣"面前有一种"醍醐灌顶"之感，那时候才称得上真正"知道""领会"了作者的思想，这种"领会"甚至还可以超越那些具体的字句所传递的范围与程度。反之，没有强烈的"共鸣"，根本算不上"知"，至多只是一种模糊的"了解"，得到的只是作者思想的"影子"。因此，思想的形成，从根本上说不是始于"传递"，而是始于"共鸣"，这是由于个体间的"主体间性"的存在所造成的。"共鸣"的物理学含义清楚地告诉我们，共鸣的基础是两物体间必须拥有大致相同的振动频率，虽然振幅可大可小，这一内涵转换至学习领域则可表达为：任何共鸣发生的重要基础首先是自身"先已"产生出"小鸣"，没有这自主产生的"小鸣"，再高明的"告知"也无法使对方"真知"。反过来，只要自身心中有了一定的"小鸣"，即使在语言传递并不精确的地方仍然可发生"心领"与"意会"之感。共鸣的条件是双方的"在场"，仅有一方，无论如何"共鸣"不能发生。以"大鸣"扣"小鸣"，"小鸣"才终会渐渐扩充、深化、丰满，从而发生思想的真正成长。

　　一个深刻的哲学家与一个普通成人读者之间的距离，并不比成人权威、知识权威与"无知"儿童之间存在的距离更遥远。因为，儿童的心智尚处在一个"发生"阶段，远没有达到成熟状态。借助这一典型的情形旨在说明一个基本的道理：如若主要以权威的"教诲"来引领，而不以经儿童个人体验而来的"自鸣"来引领教育，其中的隐患是巨大的。儿童的天性即是儿童长盛不衰的"自鸣"之源。哲学思想的传递过程不过是放大了这一问题，两者具有同样的性质。那么，儿童的"小鸣"来自哪里？它只能来自儿童自身。儿童通过对自身天性的充分践履，任何人类的思想之"鸣"都不会完全不发生，这些"鸣"的琴弦始终珍藏在儿童的天性中，等待发出自己的声音。儿童特有的"天问"即是这些"自鸣"发生的基本表现。反之，任何再大的权威之"鸣"都无法造出儿童自己心中的"鸣"，一个巴掌拍不响，这是一个极为简单的道理。儿童只能首先通过自身的"体验"，而不是权威的"指引"才能"知"。因此，在教育活动中居于主导地位的，引领教育活动的基本方向的，不应是教育者权威，而应是儿童自身。但是，在教育过程中，尤其在知识学习过程中，这种外部权威完全压倒了儿童自身"小鸣"的状况是极为常见的。知识，作为"世代积累的财富"，以当仁不让的权威性占领了教育的绝大部分阵地。对知识权威的屈从几乎成为所有教育工作的出发点。这种屈从使教育无可选择地去追求知识的"便捷传递"而不是知识的"自我发现"。老师教知识，学生学知识，成为教育中的常态。但是，离开自身的"体验"而接受"转手的认识"将使真正的知识离自己越来越远。被动接受的知识与真正自我发现的知识相比无疑有天壤之别。因为，当"大鸣"以绝对的优势压倒了"小鸣"，心灵的"共鸣"根本就不会再发生。

"每一个人在伟大人物面前，也应成为他自己，权威是真实的，但却不是绝对的。"①"假如心灵不具备自明的能力，而是从另一颗心灵那里接受真理，即使这真理的光辉滔滔不绝，接受者却没有定期的反省、诘问和自我发现，结果仍然会是一种严重的错误。"②因为，"道路都是人走出来的，并且被逐渐拓展与建造的，同样，社会规则也并不是起源于、运作于某种神秘的我们所不能理解的方式，我们总是倾向于顺从传统的信仰，那本来也不过是来自然的东西"③。因此，权威只是相对的，权威的"大鸣"与儿童的"小鸣"具有同样的性质，它不过是具有先走一

---

① [德]雅斯贝尔斯.什么是教育[M].邹进，等译.上海：上海译文出版社，1991：83.
② [美]爱默生.爱默生集[M].范圣宇，编译.广州：花城出版社，2008：8.
③ Lawrence K. Frank. Nature and human nature. London：Rutgers University Press，1951：121.

步者的优越性,而不是绝对的优越性。不容否认,权威的形成对社会进步具有一定的推动作用,在众多的人类活动领域产生了积极的影响,它为人类社会造就了基本的社会规范,但是仅就人类的教育领域而言,权威则常常发挥了它的副作用,它对于自由人性的形成常常是有危害的。因为由权威形成的社会规范"就像分布于地理环境中的小路、街道、篱笆、建筑物一样,它使居住在一定地域中的人们在自己的活动中可以观察到。这些道路变成社会规范从一个地方旅行到另一个地方,而篱笆和栅栏和路障则阻止一些试图脱离这些已经存在的道路的规范的思想和行为。一旦某个群体的成员已经习得这些道路所允许的方式,他们对这些道路的持续性使用使他们建立起一些用以指导甚至控制儿童的方式,直到整个群体都坚定遵循这些社会建筑物的规定"①。这里,权威性规范对儿童成长造成的限制是显见的。儿童在这些"社会权威建筑物"面前,经常都是处在一种被动的处境,接受教育的生活其实就在不知不觉中变成了获得"控制"的新形式。"控制"与"教育"的本意相差太远。在无处不在的外部权威面前,儿童似乎找不到一丁点自己可以作为权威的理由,儿童只能在这些权威面前顺从、接受并尽力改造自己。但是,果真如此吗?儿童的天性难道不是儿童自己所拥有的最大的权威?这一权威从"自然史"中走来,它比前面任何一种权威都具有更悠久的历史,也具有更巨大的力量。儿童的天性,足以挑战任何外部权威,它具有比任何外部权威更优越且更不容违抗的地位。儿童有自己的权威,儿童的天性就是其最内在的权威。

外部权威引领教育所带来的重大副作用,在于它造成了对个体自身创造性的巨大埋没,它严重束缚了个体的原创能力。在对权威的追随中,人自身的力量不断消解。我们不再需要自己来做出思考与判断了,权威替我们做了思考与判断。当人们习惯了跟在权威后面说话,以至于这些人的说话方式和经验方式成为大家都在使用的"流通货币",我们自己原有的经验方式实际上也因此被覆盖了。权威挫败了独立思考,我们在一定程度上成了权威阴影下的假人。"我看到

---

① Lawrence K. Frank. Nature and human nature. London:Rutgers University Press, 1951:113.

有的人把别人的盔甲罩在自己身上,连手指尖都不露出来。"[1]权威赋予普通大众的至多只是一套盔甲,盔甲越厚越重,越是遮住内在生命力的茁壮成长。对权威的追随从未造就出一个伟人,而自由地发展其天性却孕育了众多巨人与英杰。一个深邃、充实而广大的独一无二的心灵的形成,是这个世界上最罕见、最困难的事情,它只能从人的自然天性中慢慢生长而来,而不能通过对权威的模仿得来。权威对教育的引领常常貌似具有合理性,不易引起人们的反思,但却暗中毁损了教育最基本的精神,天性与个性在权威主导的领地里是难以茁壮成长的。

教育是一棵树"摇动"另一棵树,一个灵魂"唤醒"另一个灵魂,而不是一个灵魂"给予"另一个灵魂。教育不是"给予",即使再伟大的权威,出自再良好的愿望,也无法"给予"儿童自身并不具备的东西。儿童教育由儿童内在的天性来引领,比由外部权威来引领,具有更大的合理性。儿童教育的路向,必须由"儿童自己走出来",也只能从儿童自身的天性中生成出来。"天性引领教育"这一教育命题具有内在的合理性,尤其是对于当前"创造力培养的严重缺失"这一教育重症而言。

三、彰显天性才能从根本上引发人的创造性

"为什么我们的学校总是培养不出杰出人才?"著名的"钱学森之问"向中国教育提出了一道难解的命题,引发了社会各界的热议。答案虽然不一而足,有一个焦点却从无争议,那就是中国教育"创造性培养"的严重缺失。钱学森先生这句发人深省的临终之言实在是点中了中国教育的"死穴"——创造性的缺失已经成了我国教育,而不只是高等教育发展的严重瓶颈。钱学森先生本人就曾说:"现在中国没有完全发展起来,一个重要原因就是没有一所大学能够按照培养发

---

[1] 梁克隆.西方哲人论儿童教育[M].北京:中国社会科学出版社,2007:43.

明创造型人才的模式去办学,没有自己的独特的创新的东西,老是'冒'不出杰出人才。"创造性缺失的直接原因固然很多,比如社会文化土壤方面的、体制方面的等等,但从人才培养的基本理念看,不能彻底地以人为本的教育,不能彻底地以人的天性为引领的教育,从根本上是承载不起人类创造性发展之大任的。

"创造性"不是一项独立的品质,它根本不能被单独地培养出来,它只能是"创造性人格"的副产品。创造性人格自哪里来?创造性人格的形成只能由对自身天性的深度践履中创生而来。一个被异化得丧失了、遮蔽了自身天性的人,只是一个人格的模仿者,而不可能具有根本上的创造性。只有践履了、实现了自身天性的人,才是一个拥有真切的生活体验的真性情的人,真性情的人才会真正地充满激情地过一种创造性生活,生活的创造性才能真正催生事业上的创造性。事实上,但凡对人类文明做出了原创性贡献的人莫不如此。历史上那些真正彰显了巨大创造精神的无不是那些摆脱了束缚,而按照自身内在天性去生活的人。"几乎所有的天才人物……他的成材史就是摆脱学校教育之束缚而争得自主学习的自由的历史。"[1]因为每一项巨大创造性事件背后都挺立着一个非凡的、独特的创造性人格。而一个人做得最好的事情,不过是做他自己。奈勒曾发出有力的诘问:"人类历史上的伟大创造是很好地适应于环境的人所创造的呢?还是那些渴望充分实现(人类才能和性格特点)的有叛逆精神的人所创造的呢?"[2]答案是不言而喻的。换句话说,只有实现了自身的天性,而不是仅有高度的外部适应性的人,才具有更大的创造性。人的天性里蕴藏着巨大的创造性,因为它所立足的"性体"本身就是"於穆不已"的。

被束缚的天性是创造性发展的大敌。天性的解放与自由发展即使不是人的创造性发展的"近因"也一定是"终因"。创造性的核心就在于对束缚的挣脱,对规范的破除与超越,重新彻底无拘地来面对新问题。对束缚性前见的挣脱、破除、超越的根本动力只能来自于人自身,来自于人的天性的充分实现与发展。功

---

[1] 转引自顾明远,钱理群,江晓原.现代教师读本(教育卷)[M].桂林:广西教育出版社,2006:82.

[2] 吴式颖,任钟印.外国教育思想通史(第十卷)(下)[M].长沙:湖南教育出版社,2002:201.

利目标虽然也不乏引发一些创造性行为,但那样的创造性行为,多是枝节性的,真正杰出的原创性行为只能来自一个人内在天性的深刻实现。一个遵从了天性的人生从根本上是不缺创造性的。而一个天性受限的人即使偶有创造性行为也是昙花一现的,不会有良好的可持续发展空间。

　　不能遵从自身天性的人,事业对于他只是一种外部之"累",是不可能具有真正的创造性的,至多只能展现一种表面的、枝接的创造性。放失了自身天性的人在一定意义上可以说一辈子也没能找到自己,而完全成了其所遇环境的偶成之物,纵令"成功"适应了社会,取得了所谓"耀眼"的成功,但于做人方面却从未找到过自己人性和精神的家园,这样的人不仅其人格在或深或浅的程度上是充满冲突和分裂的,他与其所从事的事业之间也一定是分隔而没有真正地相容的。不能与其所从事的事业相融共生的人,"创"从何来呢?从内部而生的才能被称为"创",从外部而入的不是真正意义上的创造。内因永远是创造性的最后来源,尽管外因的促动必不可少,但它只能"促"而不能"创",能"创"的只有人本身,只有人本身的天性。天性的自由成长是创造性的原动力。只有追寻自身的天性,从而把自身的生命真切地投入其所从事的事业中的人,也就是不仅把"头脑",而是把自己全部的"真实人格"和"生命热情"投入其中的人,才可能在事业上具有根本的原创性。反过来,如果事业不能在个体"自我实现"的层面具有意义,这样的事业就仍然是外在于人的,大的创造性是很难发生在这样的事业中的。

　　模仿是创造的大敌。一个天性处于"隐身"状态,而只经由外部塑造而来的人格,在严格的意义上说,只是一个人格的模仿者。再好的模仿也不属于创造,"只精于模仿的人叫作蠢材,反之,那自己能创作一件精神产品或艺术产品的人则是一个有头脑的人"[①]。我们的教育是从来不缺乏模仿的,甚至,模仿性学习几乎就是当今教育的主要任务。"一些意识说教开始可能会引起孩子的不适与反抗,但是,一天又一天,一周又一周,一年又一年,贯穿于他们的整个生活中,最终

[①] [德]康德.实用人类学[M].邓晓芝,译.上海:上海人民出版社,2002:106.

的影响是不可逆转的,是压倒一切的。"①长此以来,儿童的创造力就被无情地摧折了。"我们的风尚流行着一种邪恶而虚伪的一致性。每个人的精神仿佛都是同一个模子里铸出来的,礼节不断地强迫着我们,风气又不断地命令着我们;我不断地遵循着这些习俗,而永远不能遵循自己的天性。我们再不敢表现真正的自己……社会人一直活在自身之外,只知道如何在别人的意见中过活,只有通过这种辗转间接的方式,通过围绕在别人意见周围,他才能拼凑出自身存在的意识。"②这样的教育即便造就出了所谓的"人才",也只是一种模式划一的没有真正创造性精神的"人才"。以模仿性学习,而不是自由发展为重心的教育,从根本上是远离创造性培养的根本要求的,自然也是从根本上难以培养出创造性人才的。

只有遵循培养天性、大力发展天性的教育路径,儿童才能走自己真正的人生之路。他才能脱离由别人代他思考,或别人在前搀扶,而他只是学习与模仿的状态,而敢于用自己的双脚在个体经验的地面上向前迈步,即使还不太稳。诚如康德所说:"人心中最大的革命在于:从人自己所造成的受监护状态中走出来。"③儿童不仅仅是需要监护的未成年人,更是一个具有自身天性的主体之人。换句话说,自主创新,既是儿童的天性,亦是儿童的天能与天权。④ 教育不是给予儿童什么,而是为儿童的自主创新提供条件保证,促使儿童的精神自内而外地生发。最伟大的教育家所持有的都不过是这样的谦虚教育理念:"人们责备我,问别人问题而我并没有才智对讨论主题有所断定,这是对的——神让我当一名助产婆,并没有要我生孩子……苏格拉底承认自己无知,对讨论的问题并无现成的定论,自己是一个探索者而不是教导别人的全能者。"⑤皮亚杰说:"对我来说,教育首先意味着培养创造者。尽管他们当中并不多,尽管一个人的创造比起别人的创造是有限的。但你必须培养造就创造者、革新家,而不是只会踩着别人脚印走路的

---

①Noam Chomsky. On Democracy & Education. London:RoutledgeFalmer,2003:173.
②[德]恩斯特·卡西尔. 卢梭问题[M]. 王春华,译. 南京:译林出版社,2009:40.
③[德]康德. 实用人类学[M]. 邓晓芒,译. 上海:上海人民出版社,2002:130.
④吴康宁. 自主创新:儿童的天性、天能与天权[J]. 福建论坛(社会科学版),2009(7).
⑤吴式颖,任钟印. 外国教育思想通史(第二卷)[M]. 长沙:湖南教育出版社,2002:204.

人。"①古德曼指出：教育应当培养社会的创造者，而不是社会的参与者或适应者。② 几十年前陶行知先生亦曾在教育界倾力疾呼："创造之神！你回来呀！只有你回来才能保证参天大树之长成。"③就我国教育的总体状况而言，无论是基础教育还是高等教育，甚至在幼儿教育阶段，对人之创造力的压制与扼杀都是存在的，它像一个无法驱除的幽灵，盘旋在最应大力扶持人的创造力发展的教育田野上。创造性是一种彻底的主动性，是一种主体行为，任何一个客体是不能创造的，只能被创造。天性里蕴藏着人的根本的主体性，没有主体性就无从发展创造性。根本的创造性只能源自人的天性的深度实现。

四、儿童的天性与天权不容违背与践踏

儿童权利公约指出：儿童具有生命权、生长权。幼儿的生长权紧密地关联于其自然天性的自由舒展。没有对儿童自然天性的尊重、满足与实现，儿童无法健康成长。没有对儿童天性的承认、尊重与顺应，而一味压抑儿童天性的教育从根本上是对儿童"天权"的践踏。

苏霍姆林斯基曾说：应保持教育源头的清洁。④ 幼儿，作为人类生命的初始阶段，它在一定程度上不正是人生江河的源头所在吗？儿童的生命航程就像一条江河，从细胞中的染色体开始新的组合，一套崭新的遗传密码开始运行之后，就开始了它的不息奔流，随着时间的绵延，它一路上吸收着所有自身所需要的东西，慢慢地建构起一切的轮廓与细节，它要奔流，它要表现为那套遗传信息所承载的全部秘密，它要成长为有一天我们终于能够观察能够理解的人。儿童的天

---

① [瑞士]皮亚杰.皮亚杰教育论著选[M].卢濬,选译.北京：人民教育出版社,1990:254.
② 吴式颖,任钟印.外国教育思想通史(第十卷)(下)[M].长沙：湖南教育出版社,2002:268.
③ 顾明远,钱理群,江晓原.现代教师读本(教育卷)[M].桂林：广西教育出版社,2006:51.
④ 顾明远,钱理群,江晓原.现代教师读本(教育卷)[M].桂林：广西教育出版社,2006:241.

性必须奔流，并要以畅通无碍的方式尽情奔流，才能充分成长为一个生机勃勃的儿童。当然，在跌宕阻碍的地方，它也会尽力绕过，在不适合它奔流的环境里，它还能经常改变自己奔流的姿势和方向，这些也是人的可塑性，但它却绝不应该成为儿童成长的日常状态。

几乎所有的心理病态，从根本上说都是起源于对人天性的异化和压抑。弗洛伊德用"压抑"这个词来描述成人心理紊乱的根深蒂固的原因，其词义是不言自明的。当人不是他自己，而是一个"外在要求"下的"必须成为"的人，尤其是当这种要求达到极其不合理的程度时，就形成了人格中的基本冲突，而这种心理冲突是一切精神疾病的根源。"一种认识变得愈来愈清晰了：任何疾病的发生都是有机体对来自外部进犯的一种保护和维护方式，这种侵犯包括来自别的有机体，来自别的与自身不相宜的物质的，以及对它的整体性构成威胁的任何危险事物。疾病的这种保护性机理存在于细胞、组织、器官、身体结构的各个层次上。"[1]在人类天性的层面上，这一原理也同样成立。蒙台梭利曾专门谈到儿童的心理歧变："心理歧变就像繁茂的植物的分枝，能朝四面八方伸展出去，但是，它们都来自同一深层的内部，只有在那里，才能找到正常化的秘密。"[2]"儿童所有的歧变都有一个根源……儿童不能实现他发展的原始计划，那是因为在他的形成时期遇到了一个有敌意的环境……"[3]那即是对人的自然本性的异化。人，是能够承受一定的异化的，可塑性的教育理念就建立在这一基本的可能性上。但能够并不意味着必须。教育塑造，即便是成功地塑造，如果塑造到再也露不出其原本天性的丝毫痕迹，这究竟应该是教育的成功还是悲哀？这是值得提出疑问的。即使这种塑造带来直接的生活适应，带来了所谓的良好秩序，它仍然具有对人的隐而未现的损害意义，被损害的天性将造成人的生活中的不可估量的后患。当这种塑造超过了一定程度而达到异化的边缘，就会带来更深刻的隐患。最好的生活即按照自然或人的本性来生活。歌德说："事物达到了自然发展的顶峰才显得美……

---

[1] Lawrence K. Frank. Nature and human nature. London:Rutgers University Press, 1951:61.
[2] [意]蒙台梭利.童年的秘密[M].马荣根,译.北京:人民教育出版社,2005:173.
[3] [意]蒙台梭利.童年的秘密[M].马荣根,译.北京:人民教育出版社,2005:156.

在人身上,潜藏着各种力量,或称为才能、禀赋,教育的过程就是发现它们,并使之能够按本身的方式得到培养。"①

"儿童就像漆黑地狱里的一个灵魂,它渴望见到光明,它诞生、生长,缓慢而又实实在在地使迟钝的肉体生气勃勃,用意志的声音呼唤它。然而始终有一个拥有惊人力量的巨人站在边上,等待着猛扑过去并把他压垮。"②蒙台梭利把成人对儿童天性需要的忽视乃至压抑的罪责上升到"被告"的性质,这是应该引起人们深刻反思的。教育应造福于儿童,教育不能有愧于儿童!

第四节 对一个专门问题的回答

"天性引领教育"这一命题的妥当性常常遭遇一个疑问:天性的方向是否都意味着好的方向?是否都值得我们去追寻?换句话说,对于天性中"恶"的部分将如何处理?难道教育也要接受它的引领?如果教育不旨在使人变得更"完善",教育的意义又将何在?应该说,这些疑问是极其自然的,也是笔者在本研究过程中反复自问的。所以这里有必要对此问题给出专门的探讨空间。

对这一问题的探讨可从二个层面予以展开。首先,这一疑问的产生是以一个基本的前提假设作为逻辑基础的,那就是:人性有善有恶,恶是天性中的一种事实存在。我们的分析先从这一"前设"开始:"恶"真的是人类天性中的一种确凿无疑的事实存在吗?虽然人有时表现出恶的一面,但是不是因为具有外部表现,就一定具有内部根据呢?"恶"真的确定是来源于内部之自然天性,而不是另有出处?这当然不是一个顷刻就能做出回答的问题。在人类的思想史上,除了

---

① 吴式颖,任钟印.外国教育思想通史(第六卷)[M].长沙:湖南教育出版社,2002:457.
② [意]蒙台梭利.童年的秘密[M].马荣根,译.北京:人民教育出版社,2005:47.

各执一词的简单的"善恶两分论",关于善恶的辩证法或许能给我们带来更为广阔的思考空间。"对大多数泛神论体系而言,恶都只是被理解为善的缺失或者彰显更大善的环节。它是不具有实体性的。"①"恶是事物的不正确的使用。互相对立的事物是通过对方而存在,正如黑暗是通过光明而被知晓。正如黑色只是白色被混入了其他颜色。任何真正合乎自然的事物都是本质上完美的,恶是善的匮乏。"②"恶是一种毁灭性的力量。恶从来不产生或生成存在,它只是毁坏和减损。也就是说,恶是对善的损坏,善的减少就是恶。恶不是自然,恶只是善的缺乏的一种命名。因此,没有恶,善可以存在,但是如果没有善,恶则一定不能存在。因此,当我们称一件事为善,我们是在称赞它的固有的自然;当我们称一件事为恶,我们责备的不是它的自然性,而是它的与自然相抵触的缺失。"③这些观点或许可以进一步演绎为,大自然或许正是十分明智和慈悲地把那些不完全表现为善的因素加进人类的天性中,以此反面的体验来加强对生命力的刺激以充实人类的精神活力,从而最终可以日益向人的善良本质不断地接近。这一观点看似玄想,但其实仅从我们自身日常的生活经验中就可得到一定验证:一个纯粹的恶人往往是没有幸福感可言的,而一个"善"行本身往往不仅带给别人以益处,同时自身也伴随着内在的充实感。纵使一个人可以不听控制地表现出恶的一面,但有哪一个人,从自己所做的任何恶的事件中得到了一种深刻的幸福体验?作恶之后更常见的是良知的本能性自责。苏格拉底就认为"无人自愿作恶"。④孟子也说:"恻隐之心,羞恶之心,人皆有之。""丧尽天良"才会行恶,从这句习语中也可略窥到"恶"只是"天良"的丧失与匮乏这一真理。反过来,如果自身的"天良"得到了充分的开显与实现并进入了人性之至高至深境界的人,比如宗教中佛陀与耶稣,哪一个最终还纠缠、自惑于性之恶?哪一个不是最终归于至善与大爱?"恶"对于他们来说都是早已跨越了的。而一个十足的恶人,纵使看上去可

---

① 一行. 论诗教[M]. 北京:北京师范大学出版社,2010:185.
② C. G. Jung. AION-Researches Into The Phenomenology of the Self. Routledge,1989:51.
③ C. G. Jung. AION-Researches Into The Phenomenology of the Self. Routledge,1989:50.
④ 陈真. 苏格拉底为何认为"无人自愿作恶"? [J]. 南京师大学报(社会科学版),2010(5).

以为所欲为,但在一定意义上不过是个精神严重患病的人,他们是没有真正的幸福可言的,在一定程度上甚至是个可怜人。总之,恶即使表现为外部存在,它也不具有本体性,它只是本质上完满的自然天性没有得到充分实现的结果,它只是自然天性被严重异化的一种可能表现,它在本质上是属于"病理性"的。正是在这一意义上,天性引领教育,通过教育达成人的天性的充分实现,同时这也具有根本性的道德意义,甚至是真实的"道德人"所生成的根本路径。

其次,"恶"在人的天性中不具有本体性这一点,也可通过天性分布样态的层级性得到一定的说明。如果我们试图对人类天性的分布形式做一个大致的描摹,我们所能借用的较准确的模型应该是具有层级性的"系统"这一概念。天性之分布既不是"豆子袋"式的,也不是"平铺陈列"的,更不是善恶二分的;而更像一个具有不同的层级,具有不同的"主辅"关系,具有不同的显现张力的各种倾向性的"综合"系统。事实上,人类的天性正是自然史所形成的地球上迄今为止最为复杂最为抽象的系统了。系统之为系统的一个重要指征,便在于所有系统的各部分之间都不是孤立的,而是具有错综的关联与制衡的。进一步说,在"人类天性"这一大系统中,恶的成分即使存在,相对于善而言,也是一个更具从属性、辅助性的子系统。"人的善良本性不是某种与生俱来的现成的东西,而只是一种发展的可能性,它只有在无限的进步过程中才能体现出来,而且是与人性中的恶做斗争,甚至借助于恶作为手段才表现出来的。"[1]或者干脆说,恶之显露正在于扬善不足。"假如他是坏人,那一定是使他成为好人的道路被堵塞了。"[2]作为一种极其复杂的系统,各因素之间的彼此依存对于我们理解天性中的善与恶有着更大的借鉴意义。"罗丹说:'恶是枯干'。"[3]一个饱满的人性,即使仍不能没有一丝恶的因素存在,也一定是无关大局的;而一个枯干的人性,却定会表现出恶来。这也就是说,问题的焦点与重点不在于"恶"是否存在,而在于它在天性的总系统

---

[1] [德]康德. 实用人类学[M]. 邓晓芒,译. 上海:上海人民出版社,2002:10.
[2] [瑞士]裴斯泰洛齐. 裴斯泰洛齐教育论著选[M]. 夏之莲,等译. 北京:人民教育出版社,1992:75.
[3] 顾明远,钱理群,江晓原. 现代教师读本(教育卷)[M]. 南宁:广西教育出版社,2006:51.

中的相对地位。

从相反的方面来说,恶难道一定是要决然消灭的吗?一个纯粹的好人真的是可能的吗?历来经典的文学作品有哪一个是以纯粹的高、大、全的好人形象而世代流传的?夺人心魄的常常是那些具有极大张力的人性世界。人不是作为纯粹的善而存在的,纯粹的善也不是"教育的妄为"所能达到的。纯粹的好人只是单薄的假人。让我们看一段中国当代诗人李森对人性"善恶"关系的形象而深刻的思考:"'猎手'的隐喻意味着人性对兽行的压制和消灭企图;而'猛虎'则是我们身上企图冲破任何教育驯化的野性、活力和生命意志。教育就是训练'瞄准',瞄准我们自己身上的'猛虎',然后开枪。于是,那'绝美的兽性'就消失无踪了,猎手大获全胜,而这胜利却是我们被'野蛮的人性'彻底埋葬。当然'人性'这一冠冕堂皇的墓碑上会有'不朽'之类的崇高封号,作为对朝自身开枪的'猎手'的道德封赏,但是,最高贵的坟墓都是冰冷的。'不朽',像米兰·昆德拉同题小说所揭示的那样,只是灵魂虚肿症患者的一个空洞手势……'人性'对'兽性'的胜利其实是同归于尽,因为失去了'猛虎'支撑的'人性'不过是奴性,是韦伯所说的'没有灵魂的专家',真正有意义的,或许是将教育的本质改造为对我们身上的人性和兽性的同时培育,每一个人都必须在自身中包含一头'猛虎',但同时自己也要成为驯虎人而不是猎手。这是一种自我看护、自我对话(人性与兽性的对话)的技艺。它体现并保持着生命与形式之间的紧张,但保持这种紧张为的是同时增加猛虎和驯虎人的力量,而不是使它们两败俱伤。"[①]另外,妄图以后天教育对人性的善恶进行包揽,甚至负全责,这其实也是不必要的。对具体的恶的限制与规范,也并不是教育的责任,起码并不是主责。社会不只有"教育"这一条人性的校正途径,社会的舆论与规范,乃至法律的保障,才是需要对人性之恶着力治理的力量所在。教育,不能也不必成为人性善恶的"无限"责任公司。

以上虽然对这一问题进行了初步的尝试回答,但对这一问题的争辩无疑是始终存在的。必须承认这一问题有一个极为悠久的"问题史",此处极微弱的一

[①]一行.论诗教[M].北京:北京师范大学出版社,2010:67-68.

个小篇幅当然是力不能胜任的,权且是为之做了一些辩护吧。但退一步说,在"天性引领教育"这一命题的论证中,这一疑问的存在确实为这一命题的被广为认可增加了路障,如果没有这一困惑,人们或许更容易地体认到天性对于教育的根本性意义。但是如果让这样一个基于二分思维模式产生的思想的绊脚石,在一定程度上遮挡了正确的教育路向的发现,这应该是一个颇为遗憾的事情,况且这一思想的"绊脚石"真的并不是人类自设的吗?

另外,值得一提的是,"听从天性"并不等同于对"任性"行为不管不顾。乔布斯曾说:不要让别人的意见左右自己内心的声音。但任性并不是自己内心的声音,它甚至与自己内心的声音无关。只有长久地在一件事情上平静地坚持方向才是坚持自己的天性,而任性则更多的是一种极短期行为,仅仅是在特定的情境下坚持自己的意向,甚至是妄图控制别人按照自己特定的意向行事。尤其是儿童的任性,基本上与他自身的天性的关联相当少。

通过以上对天性所具有的各种属性的分析和对一个特定问题的初步回答,不难看出:作为一种历史性、方向性、动力性、主体性的存在,天性无疑具备了引领教育活动所需要的基本品质。而在另一方面,它所具有的未完成态,则决定了它的实现仍然需要人类的自觉活动来辅佐它,来成全它,而教育正是这样的一种活动。天性引领教育这一命题之可能性与必要性,基本上可据此成立。

第五章　天性视阈中传统教育路向之省思

在物质主义与功利主义极度膨胀的社会大环境中,教育陷入了困境。它像一个被拖出自身运行轨道的"行星",成了只能围绕外部社会要求而旋转的"卫星",教育偏离其本真之追求已经太远。传统教育路向之形成固然主要是一种深陷困境的身不由己,但教育理论自身对社会功利的迎合也是一个不能不深究的原因。传统教育路向的理论基础究竟具有哪些基本的失当之处?本章的任务便是从"人类天性"这一概念所引发的特定视阈对此做出考察。

第一节　塑造人—成全人:两种教育路向之对比

传统教育的基本路向所指是对人的塑造。塑造知识人,塑造道德人,塑造全面发展的人,传统教育与塑造之间,有着不解之缘。天性引领的教育路向所指是对人的天性的呈现与实现。尊重天性,顺应天性,实现天性,彰显天性,天性是教育坐标中的光源所在。前一路向的基本追求是"塑造人",其逻辑设定是"以教育来引领天性之发展";后一路向的教育追求则是"成全人",其逻辑设定是"以天性来引领教育之活动"。"塑造的教育学"的基本取向是外部目的之达成,根据特定的目的来塑造合适的人;"成全的教育学"的基本取向是彻底的人本主义,从人自身的天性出发来成全真正的自己。两种教育路向之不同是显见的。

传统教育一直在为"塑造"而鞠躬尽瘁并以此满足社会之所需。在一定程度上，教育塑造几乎成为传统教育学的"公理"性命题——正如整个数学大厦的基础只是五个自明性的数学公理，其他的所有数学命题，都不过是从这五个命题逻辑推导而来一样——传统教育学的诸多分命题，也都是基于"教育即人的塑造"这一元命题的逻辑推演。因此，这里不妨以对"教育塑造"这一命题的理论审视，作为对传统教育路向考察的基本切入点。

诚然，儿童是未完成的具有可塑性的人，这是一个不容否定的基本常识，但可塑性是否足以涵盖人性形成的全部领域呢？对这一追问的回答可从人性与天性这两个概念的辨析起步。告子云："生之谓性。""人"这一物种生来具有的性质或状态不妨笼统称之为"生性"——也就是广义的"天性"。但人生来即具的"生性"总是要在后天的生活中继续发展而不可能一直停滞在"生性"的原初层面上，因此人性不仅指"生性"，更含有"从社会获得的行为模式、态度和思想等"。也就是说，人性是一种涵括了先天"生性"和后天发展的"综合之性"。虽然广义上的"天性"与"生性"基本上是等同的，但从概念史的角度看，天性却又逐渐演化成了一个更为狭义的概念：它不仅泛指大自然所赋予的，人性所赖以形成的全部"生性"，它更专指自然天成、相对固定、独立于人的后天经验而存在、表现为特定的心理或行为倾向性而不易被改变的那部分"生性"。基于这种简单的辨别，不难推出一个初步的结论：人性是可塑的，但并不意味着全部的生性（广义的天性）都是可塑的，更不意味着天性（狭义的天性）也是可塑的，这里存在几个需要区分的概念与命题。

人性是可塑的，天性是不可塑的。那么，在不可塑的天性之上又如何能塑造出人性呢？这里似乎存在难以克服的矛盾。首先需要说明的是这里的天性是取其狭义的（前文已有所交代），是特指的。而在广义的"生之谓性"的意义上讲的"天性"中当然含有可塑的部分。也就是说，从人性的构成来说，既有可塑的部分也有不可塑的部分。其实，在"可塑"与"不可塑"之间也并不具有明显的分水岭，而只是一个程度和等级的问题。"人性好像一个从天性的潜力中所产生出来的颇为微妙的蒸馏物，从天性转换到人性所造成的浓淡等级几乎无从辨认。"[1]的

---

[1] 李树青.天性与人性[J].江苏社联通讯，1983(3).

确,从天性(取其广义)到人性,这中间不是一个可以笼统言之、一概而论的简单转换,而是具有不同的"浓淡等级"。在转换发生最淡的地方,便出现不可塑之"天性"。换句话说,在人性整体系统的形成中,有些部分取自后天因素的比重更大些,具有强烈鲜明的转换痕迹;而有些部分,则在更大程度上保留有先天的样态,具有较淡的转换痕迹;当然也会有一些部分原样保留,几乎不受到外界经验的冲击。与此类似的思想,在遗传学的领域里已经形成为一个专门的概念来表达:"遗传率"。"遗传率"的概念以量化的形式描述了不同的性状在多大程度上取决于先天遗传,多大程度上得自于后天获得。不同的性状之遗传率的大小是不一样的,遗传率大,则取自先天的比重较大;反之,则取自后天的习得更重些。同样的,在人的天性(广义)系统中,可塑的部分与不可塑的部分之区分,也只是一种二分的极粗略的描述,严格说来它们只表达了分布于极端的两种情况。皮亚杰曾提出一个深刻的论断:人类"意识"赖以形成的"认识"机制,与人类的"本能",甚至与人类物化的"器官"之间,具有基本的异质同构,具有"同型性",它们都是认识在不同的水平的表现。"本能是认识的特殊一支。"[①]"本能是器官的逻辑,器官是行为的物化。"[②]换言之,"天命之谓性,率性之谓道","道"成肉身,"道"成本能,"道"成可塑的意识,它们只是在形态上或形式上具有不同,它们之间本是一道连续的谱线,就像从"可见光"到"不可见光"之间本是一道连续的谱线一样。首先映入人们眼帘的当然是那"可见光",是那容易被人类所把捉、所塑造的"部分"人性,这是有其内在原因的。

而对人性基础中的不可塑造的人的天性领域,传统教育采取的基本姿态则是漠视和压制。事实上,自然天性作为难以塑造的部分人性,总是以教育塑造的"逆概念"出现的,以一种与教育相对立的力量而出现。本来,教育活动应该比任何其他人类活动都更直接地关联着人的天性,因为没有天性的逻辑先在,根本就无从教育,然而现在它竟然沦落为教育塑造过程中所要克服的一方力量。因此,

---

① [瑞士]皮亚杰. 生物学与认识[M]. 尚新建,等译. 北京:生活·读书·新知三联书店,1989:217.

② [瑞士]皮亚杰. 生物学与认识[M]. 尚新建,等译. 北京:生活·读书·新知三联书店,1989:228.

这样的教育理论仅仅从逻辑上看也具有一定的难以"自洽性",这样的教育路向一定是有其严重的理论局限的,那么,这种局限何在呢?

教育塑造所着眼的只是人性之可塑部分,那只是人性之"局域",而绝非"全域"。教育塑造与不可塑的人类天性之间,尚存在巨大的没能弥合的理论裂沟。天性需要表达,天性不应塑造,如果天性得不到充分表达或被扭曲地表达,那"教育塑造"这一本来被合理设计的建筑最终也会坍塌在人性的废墟上。更令人担忧的是,"塑造人"与"改造人"之间其实仅一线之隔、一步之遥。"由于传统教育理论对教育概念的这种狭隘理解,在人们的教育观念中,长期以来一直存在着一个'工业隐喻(metaphor)',把教育过程解释为一部分人改造另一部分人的过程。譬如,把学校比喻为'人才工厂',把学生比作'教育的产品'等。"①值得一提的是,这样一种教育隐喻并不是没有由来的:人不仅能够认识自然,更重要的是人还能改造自然,这在刚刚过去的一个时代中,是曾经为人们所熟悉所高举的时代强音。在这样一个时代的主流意识形态之下,一个关于人的推论似乎成了一个最自然不过的结果:人,不仅能为人所认识,更应能被人所改造。当然,教育学是不宜于将其直呼为"改造"的,于是,"塑造"作为一个美好和合理的名词就堂而皇之地成了教育学的核心理念。教育塑造最终沦为教育改造,并非是危言耸听,它其实是教育场域中经常发生的现象,具有日常的常态性。但当"教育塑造"演变为"教育改造",教育已经成了一种"异化人"而不是"成全人"的力量,"教育异化"便也由此形成。虽然教育塑造并不直接等同于一般的社会异化,它是一种被美化了的名正言顺的异化,但究其实质它仍然属于异化的范畴,塑造与人的异化之间,实在是相隔不远的近亲。当教育成了"改造人"乃至"异化人"的社会工具,便已完全扭曲了自身的本真使命。

基于塑造的传统教育关注的是人性中可塑的层面,它关注的是人的工具性价值,天性引领的教育则并不从对人的塑造这一"观测点"上去探寻教育对于人生的意义,而是从人的存在性的角度去成全人,它关注的是人的存在性价值。

这种关注之转变,不是无来由的。在一定程度上,它是时代潮流的自身方向

---

①项贤明.泛教育论——广义教育学的初步探索[M].太原:山西教育出版社,2001:40.

所内含所预示的一个必然的前景。二十一世纪一门最不能被忽视的科学便是生命科学与基因科学。遗传学曾经一直被作为教育学的或隐蔽或公然的"逆学科"而存在，但这种关系设定并不是一种理想的理论状态。这两种学科恰恰不应是一对逆向行驶的列车，而应是需要联手前进的朋友。甚至，教育学应是遗传学的子学科与下属学科。人类是遗传的产物，教育是对这一产物的继续给力与支持，教育的目的是为了显发这一产物本身的价值，而不只是"利用"这一产物创造出功利性价值。况且，作为一种自然界的遗传性存在，能够接受塑造的只是这种遗传领地的一个局域，而不是全域，更进一步说，在前文"心性"分辨的研究基础上，可塑造的只是"认识心"，而不是践履态的狭义"天性"。遗传学，尤其基因科学的进展对教育学的冲击是巨大的，教育学再也不应局限在自己想当然的狭小学科领域中，抱着一厢情愿的"塑造"目标踟蹰而行了。教育应以人为本，不仅在方法论的层面，更应该贯彻到目的论的层面，否则最终依然会殊途同归。

更为重要的是，人类的"道德"——人性之树上这一枚最鲜亮最有价值的果实——从根本上说只能从不可塑的"性体"里"催生"而来，而不能通过"心体"塑造而来。道德不由外部"塑造"而来，道德的"种子"早就潜藏于人的天性中，它需要的是"萌发"，需要的是适宜的条件来"支持"它的萌发，而不是外部道德说教和道德规范的"输入"。德育的根本路径不是"外部塑造式"，而是"自我生长式"。由初始的"几希"，到"於穆不已"，最终达到它的"超越态"。道德所以可能的根据在于人自"天"而得的"性"，没有内蕴于天性中的"道德种子"，超越态的"人类道德"便不能生成。就像人类认识所以可能的内在根据在于人所拥有的先天理性，没有这一种天性形式，人类的认识根本不能发生，甚至认识的对象都无从"显现"给人类。

教育最终成全的应是人性的解放。解放一个人就是把他从各种外在障碍当中解放出来，从而真正地成全人，最大限度地实现人性自身潜存的各种宝贵的资源，这才是教育更深层的使命所在。塑造人，只是"教育"这一人类活动的低阶发展阶段，它无疑也拥有一定的合理因素，但人类教育不可能一直滞留于此，人类教育应向更深远的目标挺进。更深远的教育是"开发"，但不只是实用工具的开发，教育更应该是"人性的大开发"。在深度开发的人性中，所有的美德，像金子一样，终会呈现于光天化日之下。而所有"能"开发"需要"开发的"领地"，都将被圈定在一个基本概念之下，那就是人的"天性"。

"天地至广大，何惜遂物情？"人，作为天地之精华，仅仅成为工具人，绝不是人这种生命存在物的最后旨归，也绝实现不了人之为人的全部价值与全部意义，人不仅应成为工具人，更应朝向"是其所是"的"天地人"的方向而努力。

第二节 传统教育路向人性假设之窄化

哲学史上对"人"之存在的追问有两种不同的方式："人是什么"和"人是谁"。"在柏拉图和亚里士多德那里曾经问过这种问题：'人是什么'？奥古斯丁（在《忏悔录》中）则问：我是谁？这个转变是有决定性的。"①"人是什么"的追问在哲学史上广为人知，也最终产生了一个广为人知的答案：人是理性的动物。对"人是谁"的追问与前者相比则相对失色得多，远没有引起人们足够的重视。"是什么"是对本质特点的追问，"是谁"则是对来源历史的考察；"是什么"以相对成熟稳定的成人状态为参照，"是谁"则必须涵盖人生所经历的时间维度的考察；"是什么"追问人的最高能力是什么，"是谁"则兼问具体的个人从哪里来。海德格尔认为，西方哲学传统所遵循的"人是什么"的提问方式，其实在提问之时就有了问题的答案，人是理性动物这一答案不过是依此问题所框定的方式给人下的定义，对人做出的概念规定。② 换句话说，这一追问方式具有其自身的自限性，是一个封闭而非开放的追问方式。任何时候，人都不能被简化为概念，用概念与定义这一抽象化的方式来理解人，必将造成对人的复杂性与真实性的消解。"人是谁"的追问则相对克服了这一内在缺陷，对人乃至人性的"全域性"的追问由此才成为可能。

---

① [美]威廉·巴雷特.非理性的人——存在主义哲学研究[M].杨照明，艾平，译.北京：商务印书馆，1995：95.

② 王为理.人之问——思与禅的一种诠释与对话[M].上海：上海三联书店，2001：84-85.

这两种基本的追问方式深刻地影响了后世的哲学、心理学乃至教育学。事实上,以这两种不同的问题取向来尝试勾勒传统教育与现代教育人性假设之间的根本不同或许不无可能。这一转变的起点首先是从心理学开始的。心理学是一门年轻的学科,它从其哲学母体中分离出来并没有太久的时间。哲学中"是什么"问题的"理性人"答案显然深度影响到了心理学的学科路向的形成,科学心理学正是在此意义上逐渐限定其研究范围并以此脱颖而出的。"所谓科学心理学,就是要使用物理科学、生理学等自然科学的方法,以自然科学的思维方式探讨精神领域的问题……心理学定位于'心智'的研究。"①科学心理学主张应以"意识"或"意识经验"为研究对象,心理学家的任务在于分析"意识"的内容,而对于不属于意识之列的众多复杂的心理现象,比如人的潜意识、本能等,科学心理学实际上把它们自动排除于外了,也由此把人的"灵魂"拒之门外了。"19世纪中期创建一门有关灵魂的科学的伟大尝试彻底失败了,把灵魂当成一门科学来研究的梦想彻底破灭了。尽管我们今天通常把这些尝试看成是形而上学的而不是自然主义的或科学的体系。"②换言之,灵魂与人的天性这类很难呈现为科学形态的人性的复杂构成,被"科学思维至上"的研究路线所拒绝了,也就是把与灵魂与天性紧密相关的人性学狭窄为"心"理学。"新心理学把以往称作灵魂的东西分成了三个部分:心理、无意识和身体。……一旦心理科学敢于跳出个人经验内容之外——因为这些内容太不完整、太神秘了,或者无论出于什么原因——它就不可能再讨论经验的意义了。……但愿能够开创一个重新评估心理学的使命的时期,甚至导致浪漫主义所梦想的一门有关灵魂的科学获得再生。"③科学心理学名正言顺地成了"无灵魂的心理学"。虽然灵魂一词的清晰含义难以界定,但它的源头无疑扎根于人的"性体"也就是人的自然天性之中,而不是理性之中。

科学心理学对自身研究领域(意识与心智)的自觉限定其实使它仅仅成为

---

①叶浩生.西方心理学中的具身认知研究思潮[J].华中师范大学学报(人文社会科学版),2011(4).

②[美]爱德华·S·里德.从灵魂到心理[M].李丽,译.北京:生活·读书·新知三联书店,2001:113-114.

③[美]爱德华·S·里德.从灵魂到心理[M].李丽,译.北京:生活·读书·新知三联书店,2001:235-236.

"心"理学,而不是关于人性的全部的学科。总之,"心理学的产生过程实际上是一个研究范围不断变窄的过程,心理学正是将其研究对象从'灵魂'转变为'心理',才取得了今天的地位,被承认为一门科学"。① 但正是心理学的这一科学化的历程蕴藏了日后发展的深刻危机。"西方心理学是从西方文化的母体中降生的,西方传统思想中科学与人性的分裂成了心理学的原罪。心理学的悖论在于:如果它是人性的就不是科学的,如果他是科学的就不是人性的。这就是西方心理学的悲剧:它在科学的路上进步愈大,它离人性就愈远。"② 表现为"心智"形态的人类"意识"现象不过是人这一物种内在适应机制的一部分,"意识"水平上的适应才是一种最高级最灵活的适应,"意识"也因之能够存在并高高挺立于"适应"总系统的金字塔尖。但人之存在还具有另外一个更为潜隐的领域,这一发现缘起于精神分析心理学对人性的深度探索:任何一个个体都先天携带着种族亿万年生活经验的积淀。弗洛伊德在这所宫殿里发现了心灵世界的新大陆——潜意识王国,从而确认了"意识"只是人性海域之"冰山一角",只是人性中可见的一个层级,而本能、潜意识、前意识、无意识等正是"意识"在其"阈限"之下未能浮出水面的广大部分。精神分析心理学对人性的这一解读具有不言而喻的意义:如果把人性看成一个复杂的系统,那么"意识"只是其中的一个子系统,而另外一个更为广大的子系统,一直在作为意识的基础性设施而存在。科学心理学,正是在这一意义上与人的天性愈来愈难以相融。而精神分析学,这一更扩大视野的基于人的全部人性或者说全部天性的心理学,在很长的一段时间内是被科学心理学所排斥,以至无法登上心理学的主流殿堂的,甚至至今这种遗迹也仍然并未全然消失。

当教育学被确认为一门"科学"之后,科学心理学便不可避免地成了它最紧密的基础学科。科学心理学对人性的学科偏视,必然强烈地影响到教育学的人性假设。诚然,"科学教育学"使教育脱离了陈规陋习和全凭偶然的经验领地,而

---

① [美]爱德华·S·里德. 从灵魂到心理[M]. 李丽,译. 北京:生活·读书·新知 三联书店,2001:4.
② 郭斯萍. 人性:西方心理学的误区与中国文化的解读[J]. 南京师大学报(社会科学版),2000(9).

成为具有特定目的和过程的有意识的活动,这对一门正规学科的创立无疑有着巨大而深远的意义,它的时代功绩是永不能抹杀的,但科学教育学过分夸大了人的有意识的作用,夸大了人的理性的作用,这便埋下了其日后内在的理论危机。"我们的神'逻各斯'可能并不十分强大,也许只能实现他的祖先许诺的事情的一小部分。"①"近代心理学所确立的一个真理,即无意识的现象不仅在机体的生命中,而且在智力的活动中也具有极为重要的作用。有意识的心理活动比起无意识的心理活动来说,只占有极其微弱的地位。"②将心理学尤其是科学心理学——这门无灵魂的学科——作为其指导性学科的科学教育学,将自己的重心仅仅建立在人的理性与"心智"之发展上,从其学科视野上看是有其根本局限性的。"心理学的无灵魂"直接导致了"教育学的无灵魂"。但是,"教育是人的灵魂的教育,而非理智知识和认识的堆集。通过教育使具有天资的人,自己选择决定成为什么样的人以及自己把握安身立命之根"③。更进一步说,只有心理而没有灵魂从根本上说是无法"进入"世界而只能是"观审"世界的。"认识世界与拥有世界在意义上是相距甚远的,因为前者只是理解他所旁观到的过程,后者却参与了这一过程。"④人的自然天性即是一部自然史,只有通过这部自然史,人才能深刻地"进入"世界。教育学不能仅仅以理性、认知、心智等作为自身的人性基础,而应该具有更广泛的基础,这一基础必须能够把人性的全幅都涵括进去。"在人类智慧的光谱上,这个问题的答案有两个端点:一个是理性,另一个是非理性。无数答案分布其间。我们过去的教育理论过于重视这理性的一端,而对那非理性的一端却有程度不同的忽视,因此,这种教育理论往往片面强调人在理性方面的发展,忽视情感、意志、信仰、直觉等非理性方面。完整的人的存在是理性与非理性的统一。教育要同时从这两个方面来'为了人'。"⑤教育,不应只具有认识论意义上

---

① [奥]西格蒙德·弗洛伊德. 论文明[M]. 徐洋,何桂全,张敦福,译. 北京:国际文化出版公司,2007:55.
② [奥]西格蒙德·弗洛伊德. 论文明[M]. 徐洋,何桂全,张敦福,译. 北京:国际文化出版公司,2007:144.
③ [德]雅斯贝尔斯. 什么是教育[M]. 邹进,译. 上海:上海译文出版社,1991:4.
④ [德]康德. 实用人类学[M]. 邓晓芒,译. 上海:上海人民出版社,2002:2.
⑤ 项贤明. 泛教育论——广义教育学的初步探索[M]. 太原:山西教育出版社,2001:525.

的狭义,它必须具有全幅人性之展开的广义。

总之,依托于科学心理学的科学教育学,从一开始就没有面向人性的全部,它高举了重点,却遗弃了全面。甚至,它高举的也并非是人性的重点。孟子云:"心之官则思"(显然这里的"心"不宜理解为实际的器官心脏,因为随着现代科学的进展,思考的器官早已被确认为"脑"而不是"心")。其实,我们仅从"心"理学的命名上也可以看出它只是对人性中认识"心"的侧重,而对人性中的"性体"却并不涵盖。而"心""性"合一历来是中国哲学的特质:从孟子的"心性之学"到宋明理学的"心性论",中国传统哲学中对人性系统中的"性体"一直给予了充分的关注。作为源自西方的科学"psychology"在其传入中国时,经由中国文化的视阈而被翻译为"心"理学,无疑是给了它一种比较中肯的定位,而它的确就只是"心"理学,并不包含"性"理学。人性是一部"心"与"性"合一的统一存在,"心"理学却遗漏了其中极为重要的一部分——以"天性"为主体形式的"性体",而这正是一个通向内部的,不假于经验而生成的,因此也是无法被塑造、被改变的部分,这一融合了本能、潜意识、集体无意识和道德之发端的巨大的人性的领域,就这样被科学心理学,也被科学教育学所湮没了。因此,教育即塑造——传统教育学的这一学科性"公设",在其起点处就不是一种基于全部人性的教育,在一定程度上,它只能导向一种"半人"的教育学。

第三节 传统教育路向教育重心之偏置

传统教育的重心定位于人的认识理性之培养[①]。作为第二章的研究结论,前文曾指出,广义上的天性概念包含两个相对独立的层面,一是认识理性,一是自然天性[②]。依此而言,理性只是广义天性的一部分,自然天性则是广义天性的另

[①] 此处理性,是指广义而言的理性,也就是认识理性,而不是区别于感性而言的狭义理性。
[②] 天性之狭义。

外一部分，而且是其更重要的"主体"部分。传统教育所秉持的理性主义路向，不仅在人性假设上是窄化的（把人的非理性形态的自然天性摈除于外），其在重心设置上也是失当的，尤其是对于幼儿教育而言，这样的教育重心事实上是主次颠倒、严重偏位的。

传统教育的这种"重心偏置状态"不是偶然的，而是具有理论层面的内在原因的。作为人的广义天性的一部分，理性这种天性形式是人所拥有的杰出"能力"的主要标志。正是因为"理性能力"之拥有，人类才最终傲然于普通动物之列。"能力"是从事"有效活动"的重要条件，作为一种"能力性"存在，认识理性的价值主要体现在"工具价值"层面，技术成为理性的物质化身，理性常呈现为"科技理性"。科技理性以无可比拟的优越性为人类生存的物质条件之进步做出了巨大的贡献，这种强大的工具性使理性被明确化为"工具理性"。"工具理性"的功利价值无可救药地吸引了人类教育对它的顶礼膜拜，以社会功利为引领的传统教育"选择了"或"被选择了"理性主义路向，进而以"工具理性"的培养与发达为其基本的重心所依，这是不足为怪的。以"工具理性"尤其是科技理性为主导的"有用性"渐渐在人类生存的意义世界中取得了霸主地位。而理性的产品——知识——也同样以其"有用性"而成了"教育市场"上主打的"推销品"与"畅销品"。理性及随其而至的知识，最终通过"教育"之门成功地进入了人类物质再生产的重要环节。

但是人性的再生产在哪里？天性的再生产在哪里？这是一个伴随物质再生产的过程愈来愈被荒漠化了的领域。"知识在很大程度上充实了人的钱包，却很少充实人的心灵。"①事实上，在物质追求的大潮中，最现实的头脑总是那些最理性的头脑，最现实的人也总是那些离灵魂最远的人。因为"知识并不能把光赐给一个原来没有光的灵魂，或者令盲人可以看见……"②科技理性成为精神领域的统治者，科学化、合理化和技术性成为现代性的标志，人们根本排斥甚至开始忘记了人类悠久的精神传统。在这种科技理性的统治下，精神家园被毁，人类的灵

---

①瑜青.蒙田经典文存[M].上海：上海大学出版社，2002：224.
②梁克隆.西方哲人论儿童教育[M].北京：中国社会科学出版社，2007：71.

魂被迫离家出走……"①虽然,"人是一棵会思想的芦苇","理性人"或许具有一种想象中的高贵,但那只是"芦苇"的高度,拔地而起却没有宽度。没有灵魂的人性不过是没有"根"的"树",不以天性为依托的理性不过是被"拔了根"的"树"。"人类拔根的力量来自于科技理性提供的武器,以科技理性武装起来的公众意见使人们更有理由地起劲拔根。"②人之"根"并不在于人的理性,而在于人的灵魂,人的灵魂之根深植于人的自然天性之中。

与人的理性相比,人的自然天性并不标明人的"能力"之高强特殊,而只标明人之为人的一种事实上的自然存在。如果说理性主要表现为一种"工具性价值",自然天性则主要表现为人的"存在性价值"。人的存在性价值在工具理性的强大的工具性价值面前,似乎是不堪一击的。在这种强势排挤之下,人类的自然天性在教育活动中日益隐身了,或者处于一种严重的偏位状态。这种偏位状态,即便为物质文明带去了所谓的功绩,但它给人性的文明,给"人的教育"所带来的,却绝对不是福音而是灾难!

理性主义教育的知识化过程将不可避免地导致"完整的人"的丧失与解体,因为知识的世代积累导致了它在数量上的激增和领域的专门化。在现代社会中已经没有任何一个人能够覆盖知识的全部领域,绝大多数人终其一生都是在某个相对狭窄的知识领域中沉浮。只有这样他才能成为一个专门的社会人才。"理性至上""知识至上"的教育把人解构为"专一化"的社会工具,从社会价值上说这种工具或许提供了更大的社会便利,但却招致了人之所以为人的价值流失。这种现象不管是在生理层面还是在社会层面都具有内在的统一性。"部分的分化同时意味着专一化,从形态学上说,可称为'分工'……唯有专一化才使有机体各种功能的增强和完善成为可能;但另一方面,专一化必须为此而付出代价……这个原理,可以通过社会学的类比得到最好的说明。在野蛮时代的原始公社里每个人同时是农民、工匠、战士、猎人。只有当行业团体的成员实现专业化时,才有可能取得文化技术的进步。但这时,专业人员变得必不可缺,同时他在自己日

---

① 张志伟.是与在[M].北京:中国社会科学出版社,2001:32.
② 张志伟.是与在[M].北京:中国社会科学出版社,2001:51.

常职业之外比原始的个人更加无能。"①当专门性的职业成了人的主要标志,"完整的人"的退隐是必然的。"所谓'人'并非只是指一个农夫,或一位教授,或一位工程师,而是他们全体的相加。……在分裂的,或者说是社会的状况下,上述的职能被分派给每一个人,而他们中的每一个都致力于完成共同工作中分派给他的定额。……社会正是这样一种状态:其中每一个人都好比从躯体上锯下的一段,它们昂然行走,形同怪物——一截手指、一个头颈、一副胃肠、一只臂肘,但从来不是完整的人。'人'于是演变成为某一样东西,或许多种东西,农夫很少感受到他职务的真正尊严,并为之欣喜,因为他不过是'人'分派到田里收集食物的一部分。他只看见他的箩筐与大车,此外一无所视,于是他降级为一个农夫,而不再是农场上的'人'。"②

理智的一切启蒙仅仅由于它们都回溯到人的天性才值得尊重。"几百年来,人的理性的发展是人的最大成就之一,而且这一成就仍在进行中,……使人成为人的并不是他的理性。"③只是在二十世纪,我们才通过现代心理学知道,理性对于人生的控制是多么不稳定。雅斯贝尔斯说,真正的教育是"人对人的主体间灵肉交流活动",而不是"理智知识和认识的堆集"。人性应该首先烙印在人的自然本性上,而不应该仅仅把人性变成了人的知识的一种印记。人类不应仅仅混同于纯属知性的恶劣制品,因为人类具有丰富得多的人性。知识教育,这一理性主义教育之树上的一个必然果实,致力于培养人的知性,却把更深广的人性尤其是人的自然天性,远远地"抛掷"到它的视野之外,而这才是真正的教育本应发生的主要领地。

传统教育的理性主义路向对教育尤其是幼儿教育所带来的理论误区更是致命的。因为儿童期是理性的睡眠期。④ 理性生活充其量只是成熟的成人才可能具有的生命状态,这一状态与儿童尤其是幼小儿童的生活状态之间是有相当大

---

① [奥]路德维希·冯·贝塔朗菲.生命问题——现代生物学思想评价[M].吴晓江,译.北京:商务印书馆,1999:49-50.
② [美]爱默生.爱默生集[M].范圣宇,主编.广州:花城出版社,2008:4.
③ [美]巴雷特.非理性的人——存在主义哲学研究[M].杨照明,艾平,译.北京:商务印书馆,1995:274.
④ [法]卢梭.爱弥尔(上)[M].李平沤,译.北京:人民教育出版社,2001:118.

的距离的。"一开始就重视理性灵魂的训练,孩子普遍地缺少玩耍、活动、野性、清新、舒缓、浪漫与原始生命力的勃发……从'理性灵魂'开始的教育严重地违背了教育的基本规律。"①"如果我们称成人的心理为意识心理,那么我们就必须称儿童的心理为无意识心理。但这种无意识心理未必低劣,无意识心理可能是最富于才智的……儿童正是具有这种无意识类型的智力,而且这就是儿童取得惊人发展的原因所在。"②理性这一传统教育的支点从根本上是转不动儿童教育的地球的。这样的教育与儿童的鲜活生活是隔膜的,理性主义引领的教育路向从根本上说是不适宜于儿童的成长的,甚至是与之相左的。

理性主义教育从理论根源上导致了幼儿教育的"学习"取向而不是成长取向。学习取向的幼儿教育是一种"自外而内"的教育,从本质上说是一种"接受性"教育。这是由于理性自身形成的逻辑过程所决定的。因为理性虽然有别于感性,但它却是从感性发展而来的。通过感官来输入感性信息材料是发展理性的必不可少的外在条件,虽然理性具有先验性,但是没有外部经验的刺激,先验的理性认识是难以形成的。正是理性形成的这一经验路径,决定了"理性之眼"始终是"向外"看的。对外部世界的驾驭,从经验驾驭到理性驾驭,从而最终实现人对外部环境的有效控制,这是理性的基本职能之一。人的基本生存必须要借助于外部世界的经验及供给,这是一个基本事实。那么,由此出发,一个幼小的儿童,一个生存能力尚十分有限的幼儿,紧密追随由外部学习而来的生存经验,就成为一种几乎不假思索的教育方向,学这或学那,取得一个个"学习"的成就的确也是幼儿生活中的一项重要内容,再加上幼儿模仿性学习能力的巨大,幼儿的生活以"学"为主,似乎是天经地义的,如幼儿的各种游戏活动,很多情况下也不过是以游戏这种形式来承载内隐的学习任务,不管是社会性学习,还是知识学习,"学"会原来所"不曾"会的,始终是幼儿教育不肯放弃的主方向。如何能尽量地直接学习非感官经验而得来的书本经验之内容,似乎成为幼儿学习更值得追求的高级形式。

---

① 柯领.中国的孩子全部输在起跑线上.新浪网:http://blog.sina.com.cn/kelingrdu
② [意]蒙台梭利.蒙台梭利幼儿教育科学方法[M].任代文,译.北京:人民教育出版社,2001:355.

这里并不想否认学习之于儿童的重要性，但在此有一个基本的质疑不容回避：是否有必要让"学"——不管哪种形式的学——"经验的学"或者"书本的学"，成为幼儿教育生活的主导内容？或者更进一步说，当这种基于"学"的生活在幼儿的生活中占据了主导地位时，对于幼儿的身心发展是有益的还是有害的？——蒙台梭利反复论证了幼儿心理的胚胎性，"胚胎学能够为我们指明方向，它成了灵感的源泉"①。幼儿不仅身体尚处于"幼体"状态，其心理甚至连"幼体"阶段都还没有达到，而是处于一个"类胚胎"的状态，蒙台梭利称之为"精神胚胎"。把幼儿的心理发展样态，用"胚胎"一词描述之是有其深意的：胚胎的成长过程显然不是基于"学"而完成的。因为，作为常识，谁都明白身体的胚胎在母亲子宫中的成长过程，那是任何一个人都无法干预也不应该干预的过程，尊重它自身的过程是一个基本的条件。"心理胚胎"需要人们给予同样方式的保护与对待，这应该也是不言而喻的。"学"这种生活，并不能也不应成为幼儿心理发展的主渠道。而对幼儿的自然天性的养护，通过其天性对周围环境的"自然吸收"，才能促使其心理胚胎的自主建构与成长。一言以蔽之，学习取向的教育理论的逻辑原点在于人类对理性的过分重视。这种以理性主义为逻辑原点的教育对幼儿教育的误导是必须引起深思的。

总之，传统教育路向的重心设置从根本上说是偏位的，它没有把人作为主体而存在的"自然天性"纳入应有的"正位"上去。"自然天性"应该代替"理性"而成为教育尤其是幼儿教育的重心所在。理性主义主导下的传统教育没有真正探讨教育的基本问题，也就是如何"养性"进而"成人"的问题，而是打偏了的靶子。人的自然天性而不是工具理性，才是教育学尤其是幼儿教育学所应聚焦探讨的基本理论议题。

---

① [意]蒙台梭利.蒙台梭利幼儿教育科学方法[M].任代文，译.北京：人民教育出版社，2001：376.

第六章　幼儿教育变革：路向之辨明

"我坚持任何教育改革必须依据人的天性。人本身必须成为教育的中心。"①"幼儿被赋予一种他们所特有的心理天性，这就为教育者指出了一条新的教育路径。这种心理天性是某种异乎寻常的至今仍未被认识的东西，然而它对于人类却是至关重要的……几千年来它一直被忽视。就像人类一直在地球上生息耕作却没有注意到在地球深处埋藏着巨大的宝藏一样，我们今天的人们在文明生活中取得了一个又一个成就却没有注意到埋藏在幼儿精神世界中的宝藏……这些能量一直被压抑，被废弃。"②什么才是教育真正的使命、真正的责任？当我们确信我们要对与我们无关的事负责，并自欺欺人地认为我们正在完善那些能够独立于我们而自我完善的事情……当我们像公鸡一样相信只因自己的啼叫太阳才升起，当我们头脑清醒的时候，我们将发现什么责任呢？将有什么样的渎职罪需要我们承担呢？③作为几乎无人出于其右的现代幼儿教育改革的理论家和实践家，蒙台梭利关于幼儿教育的这些惊人之见，却至今也不见得为广大教育者所熟知、所认可、所践行。正如上一章通过对传统教育的省思所发现的那样：我们现行的主流儿童教育实践与蒙台梭利上世纪初所倡导的教育理念之间仍有相当遥远的距离；儿童的天性还远远未居于教育坐标的中心；与儿童天性背向而行的教

---

①[意]蒙台梭利.蒙台梭利幼儿教育科学方法[M].任代文，译.北京：人民教育出版社，2001：340.

②[意]蒙台梭利.蒙台梭利幼儿教育科学方法[M].任代文，译.北京：人民教育出版社，2001：336-337.

③[意]蒙台梭利.蒙台梭利幼儿教育科学方法[M].任代文，译.北京：人民教育出版社，2001：624.

育观至今仍在大行其道;功利价值取向下的知识教育仍严重地压抑遮蔽着儿童的自然天性;我们的儿童仍在背负着严重超载而并不见得有用的各种教育重担艰难而行……我们需要一场根本性的、具有转型意义的、彻底的幼儿教育变革!试行于新世纪伊始的《幼儿园教育指导纲要》指导下的幼儿教育改革已实施了十多年,无疑取得了巨大的成就,但我们的路向仍需进一步辨明,我们的实践仍需进一步深化。改革无尽头,观念的持续深化将始终是教育改革中一个探讨不尽的核心议题。因为"新的儿童观将引领新的教育观,新的教育观将引领新的儿童教育,新的儿童教育将培养出新的儿童,他们将成长为新人,而新人构成与建设的是新民族、新国家、新社会"。① 因为"对于一个民族来说,没有任何事物比儿童及其成长更重要……幼儿园也能改变中国!"②

第一节 天性为本——幼儿教育须秉持"自然法"

幼儿是生活于"天真世界"的自然人。

幼儿生活于特殊的"天真"世界。天真世界蕴藏着人类"性智"之源头。"天真"之本意就是身处于"天性之真"。"天真"世界即是由自身天性而生发出的真实世界。"天真世界"与"经验世界"相对。天真世界拥有广阔无边的疆域,而经验世界则是相对有限的世界。"人类往往将经验世界的规则强加给天真世界,使得人类难以接近和感知天真世界。"③"天真世界"并不是幼稚浅显的世界,而是具有比经验世界更根本性的意义和价值,天真世界里有大智慧,因为天真世界的源头直通人类古老悠久的自然智慧之结晶:人类天性。生活于天真世界的每一个

---

① 刘晓东. 中国需要一场现代教育运动[J]. 幼儿教育(教育科学),2010(27).
② 刘晓东. 论儿童教育的出路[J]. 幼儿教育(教育科学版),2008(11).
③ 周维贵. 天真世界与经验世界:论劳伦斯动物诗的存在主题[J]. 重庆科技学院学报(社会科学版),2011(8).

儿童都是"天"才,每一个儿童"天才"都会通过一些特有的远离现实生活的"天问",而初步走上人类的"爱智"轨道。儿童的自然天性正是其天才的容纳之所。"他不知道法则,不知道虚弱的拐杖和倒错的严师,仅仅由自然本性,即本能,他的守护天使引导着,镇静而安全地穿过虚伪审美趣味的一切罗网……他并不按照已认识的原则行事,而是按照突然产生的思想和感情行事……"①儿童行事的方式不正是如此吗?不可否认,虽然经验之门也已经在幼儿的生活中渐渐打开,但一个并不由经验决定,而是由其天性决定的"天真世界"仍主导着幼儿的大部分生活。

　　幼儿是自然之子。只有与自然的充分相处与交融才能使"性智"充分显发。与成人相比,童年是人类最接近自然状态的人生阶段。即便儿童注定将在其长长的一生中逐渐成长为文化之子,但是从根本上说,"人类的文化世界,不过是由人所创造的。它仍然是自然的一部分,因为它还是人所创造的而不是任何超人的,或超自然的存在……在人创造它之前,它是不存在的,因而它又在根本上是自然性的,因为它不过是自然的一种新的形式。所以,文化是一种自然的创生现象,而不是自然的对立面"②。事实上,只有在根本上与自然精神不违背的文化才具有更长久的生命力,而给人的自然天性带来异化的文化则不具有真正的价值。因此,不管文化对儿童的熏陶作用有多大,儿童首先毫无疑问的是以"自然人"的面目而登上人生的初始舞台,"自然人"而不是"文化人"才更是儿童的本色所在。

　　作为天真世界的自然人,儿童的天性是"珍藏"于儿童身内的"自然法",是主导儿童生活的根本大法,幼儿教育必须秉持这一"自然法"不动摇。

---

①[德]弗里德里希·席勒.审美教育书简[M].张玉能,译.南京:译林出版社,2009:158.
②Lawrence K. Frank. Nature and human nature. London:Rutgers University Press, 1951:84-85.

一、天性引领教育：让孩子真正不输在"起跑线"上

作为一种广为认同的教育招牌——不能让孩子输在起跑线上，强烈刺激着国人望子成龙、望女成凤的集体无意识，成为幼儿教育实践中一道难以攻破的心理挡箭牌。因此，虽然极其疼爱孩子，却又不得不为本已严重超载的知识教育与应试教育加油助阵，乃至助纣为虐，这是普遍存在于家长与社会中的一种纠结。但是怎样才算真正不输在起跑线上？这里尝试从"天性引领教育"这一命题出发做些探讨。

旅美学者柯领通过对中西教育比较后说："中国的孩子全部输在起跑线上。"①

"如果把人生比喻为万米赛跑的话，中国的教育体系是从理性灵魂开始的，重视逻辑把握的训练，刚开始就起跑快，拼命往前冲，也许会赢前面的 3000 公尺，但由于过早地耗散了孩子的元气与能量，就多半会输掉后面的 7000 公尺；西方的教育是从'躯体—情感意志'开始的，也许刚开始跑得慢，会输掉前面的 3000 公尺，但由于打好了人生的基础，就多半会赢后面的 7000 公尺……中国的教育是先快后慢的教育，中国的教育体系过早地耗散了孩子的元气，是给孩子'放气'的教育……为儿童安排过度的学习，是摧垮儿童身心的罪魁祸首……中国的孩子全部输在起跑线上。"②

周国平先生说："在今日中国，教育是最落后的领域。它剥夺孩子的童年，扼杀少年人的求知欲，阻碍青年人的独立思考，它的所作所为正是教育的反面。我们的教育在做着与常识相反的事情。"③

刘晓东教授说："目前学前教育界存在着怪现象，一些人在鼓吹学前教育的

---

① 柯领. 中国的孩子全部输在起跑线上. 新浪网：http://blog.sina.com.cn/kelingrdu
② 柯领. 中国的孩子全部输在起跑线上. 新浪网：http://blog.sina.com.cn/kelingrdu
③ 周国平. 向教育提问. 新浪网：http://blog.sina.com.cn/zhouguoping.

重要性、鼓吹早期教育、早期潜能开发的名义下将小学的学习内容和学习方式提前到学龄前,致使学龄前儿童已经开始提前上学……也许有人会说,难道学前儿童没有学习能力吗?当然有。但是我们不能因为他有初步的学习能力,就让其负担大量的学习任务;不能因为他有初步的学习能力,便堂而皇之地使种种学习任务生硬侵入学前儿童的生活。道理很简单:不能因为儿童会走路,就让他日行千里、夜行八百。"①

那么,当今的教育为何会成为"摧垮儿童身心的罪魁祸首"?为何会成为"与常识相反的事情"?又为何非要"让儿童日行千里、夜行八百"呢?

应试取向的教育使孩子全部输在起跑线上。知识取向的教育使孩子全部输在起跑线上。功利取向的教育使孩子全部输在起跑线上。严重超载的教育使孩子全部输在起跑线上。

所有上述取向的教育总起来说都是一种"输入"式的"塑造"教育,它们的根本立足点,都是通过外部力量来规划、形塑,乃至改造儿童,从而使儿童为了特定外部目的而"受"教育,"受"教育成为儿童的"义务",这样的教育实际上不是在教育儿童,而是在"绑架"儿童。被教育绑架的儿童即使被逼站在起跑线上,他们能开始真正的起跑吗?被推动而不是自主地起跑,又能领跑多远?"过重的工作,将使自然不再工作。"②过度的外部要求与塑造,也会使一个孩子天性的光芒无法散发,孩子不应该成为"年纪轻轻的博士和老态龙钟的儿童"③,那样的起跑线已经变成了终点。试设想一下,假如一个孩子不会根据自身的本能自己走路了,却只会根据外部指令来走路,不管这指令是多么详细与周密,那其实是多么可怕的一幕。上述的教育从根本上说都不是为了儿童自身的成长,因而都忽视了儿童自身内在的力量,甚至以压制儿童自身的天性力量来提高外部成效,这样的教育与儿童的天性是分隔的。

天性赋予儿童力量。天性赋予儿童内在的、无穷的、宝贵的生命成长力量。天性是生命成长的动力源头。只有内蕴于儿童自身的天性才使儿童能够真正步

---

① 刘晓东. 中国学前教育需要革命性变革[J]. 教育导刊,2005(7).
② Noam Chomsky. On Democracy & Education. London: RoutledgeFalmer, 2003:163.
③ [法]卢梭. 爱弥尔(上)[M]. 李平沤,译. 北京:人民教育出版社,2001:88.

入人生的起跑线。儿童的天性需要发展,儿童的天性必须得到发展。"孩子们不仅没有多余的力量,甚至还没有足够的力量来满足大自然对他们的要求;因此,必须让他们使用大自然赋予他们的一切力量。"①天性里蕴藏着成长的力量,天性里蕴藏着智慧的另一种基本形态——性智,天性里蕴藏着人成为主体的根本内核,只有充分彰显儿童的天性,才能拉响儿童生命起跑的发号令。

另外,教育的起跑线不同于人生的起跑线。教育的起跑线是对于一个特定的教育体系中的既已存在的特定轨道而言的,这种"既定"在当今的教育中具体表现为幼小衔接,表现为小升初,表现为中考、高考……以及将来无穷的"考"。某种特定的并不见得合理的外部教育轨道完全不同于人生的起跑线。输赢姑且不论,起码应让孩子站在正确的、真正属于个人的专用的起跑线上,而不是站在错了跑道的起跑线上。只有儿童自己的天性才能把他带到自己人生的正确的起跑线上。

幼儿教育不应成为既定教育轨道的起跑线,而应成为儿童一生成长的起跑线。只有以儿童内在的天性引领儿童教育,让孩子按照其天性自由地生长,让孩子充分迸发天性内在的力量,才是真正地为了儿童,才是让儿童站在了实实在在的起跑线上,这样的起跑线才能带领孩子真正走上属于自己的生命轨道,才能赢得一个快乐、有价值、有意义的童年,才会真正不输在起跑线上。

二、幼儿教育应为儿童天性成长保驾护航

天性引领幼儿教育,首先意味着教育要为儿童天性成长创造条件。因为天性的显发与成长并不能在任意的、偶然的环境中实现,而只能在与自身相适宜的环境中达成。

---

①[法]卢梭.爱弥尔(上)[M].李平沤,译.北京:人民教育出版社,2001:55.

蒙台梭利说:"自然总是任意使儿童受到保护。"①她这句意味深长的简短之语意在指出,大自然其实以各种形式体现了"为保证幼小生命的自然成长不被打扰"而做出的保护性设计。大自然的这种"设计"在人类幼体成长的三个关键阶段都有很好的展示:当人的生命形式尚处于受精细胞的阶段时,"这一细胞独立于它的先祖而发展。因为它被一种被膜所保护和包围。被膜把人的生发细胞从生发细胞的成人体隔离出来。每种动物都是这样。由于生发细胞与其亲体相隔离,因此它所形成的生物确实是生殖细胞本身的产物。这是一个多么令人深思的不可穷尽的论题啊!"②显然,在蒙台梭利看来,此处"被膜"的存在是大有深意的,这实质上意味着大自然在生命体的初始阶段就把它同其周围的环境做了保护性隔离。这一现象同时也表明,是生命体自身而不是母体,主导与造就了生命的成长过程。可以说,蒙台梭利全部幼教思想的焦点,都无不根源于这样一种具有深意的对生命胚胎学深义的体认与领悟。同样的,在生命被"孕育"的整个阶段,母亲的子宫实际上也为"人之初"提供了一个源自亿万年进化的独特环境,这一环境是如此独特,以至即使在试管婴儿已经广泛存在的今天,也无法为先进的科学技术所模拟所取代。换句话说,即令人类已经掌握了生命的人工产生原理却还无法为之提供它所需要的早期的独特的生存环境,环境在这里比生命的产生本身都显示了更大的难度。人类的胚胎只是在母亲的子宫里才被严密地隔离于各种偶然而充满风险的外在环境,即便对孕育它的母体虽然以脐带与之息息相关却也实际上处于一定的隔离状态。至于到了出生后的幼年阶段,这种保护相对来说无疑是隐而不易见了,但它仍然以另外的方式定然地存在着——在生命的头两年,幼儿还无法接受通常意义上的外部教育,但这恰是"大自然为了保护儿童免受成人经验的影响而给予能促进儿童发展的内部教师以(the inner teacher)优先权。在成人的智力能够影响和改变儿童之前,儿童已有机会建筑起

---

① [意]蒙台梭利. 蒙台梭利幼儿教育科学方法[M]. 任代文,译. 北京:人民教育出版社,2001:362.
② [意]蒙台梭利. 蒙台梭利幼儿教育科学方法[M]. 任代文,译. 北京:人民教育出版社,2001:368.

完整的心理结构"①。总之,在上述三个生命阶段中,大自然实际上都以各种特定的方式,在一定程度上为儿童"屏蔽"了外界风险,从而保护了儿童。

幼儿是需要保护的,任何一种物种的"幼体"都是需要特殊保护的,幼体的健康成长只有在"适宜"的环境中才能达成。而幼儿一出生便降生于其中某个当下的世界,无论如何对他来说都具有偶然性。作为一种偶然性的环境,一种并不是专门为其创设的环境,无异于一颗草籽落于或土壤或荒原或沙漠之中,因而大多是与其自然天性并不相容的环境。"新生儿在出生时没有进入一个自然的环境,却进入一个已完全被人改造了的环境。人们为了使自己有一个更安逸的生存方式,抛弃了自然的环境而造成了一个与之相反的环境。"②幼儿需要与其自身相适宜的保护性环境,只不过这种保护的范围,往往被我们人为地狭隘化了,它被仅仅限定在了生命安全的狭义领域。"正在实体化的儿童是一个精神的胚胎,他需要自己的特殊的环境。正如一个肉体的胚胎需要母亲的子宫并在那里得以发育一样,精神的胚胎也需要外界环境的保护;这种环境充满着爱的温暖,有着丰富的营养,在这种环境中所有的东西都倾向于欢迎它,而不是对它有害。"③保育是幼儿工作的重要组成部分,保育不应局限于幼儿生活照顾的层面上。幼儿不仅应受到身体的保护,他(她)更应该受到精神的特定保护,因为出生后他(她)的身体即已相对完满,基本全具了各种结构与功能,而他的精神则还处于"胚胎期"。为幼儿的"精神胚胎"之成长提供一个适宜的环境,这是幼儿教育区别于普通教育的特别之处。因此,幼儿教育应该以其创设的良好环境给幼儿以保护,就像大自然曾经为儿童设计的那样,就像母亲曾经为儿童所提供的那样。

保护幼儿的重任在今天其实面临着比以往的任何一个时代更大的严峻性。因为相对于古典生活的缓慢节奏和自然状态而言,现代生活样态可能是一个更不适宜于儿童精神成长的环境,它的生态合理性遇到了空前的挑战。现代都市生活中的孩子,没有动物和植物陪伴,甚至没有阳光、星星和月亮,在快节奏的生

---

① [意]蒙台梭利. 蒙台梭利幼儿教育科学方法[M]. 任代文,译. 北京:人民教育出版社,2001:338-339.
② [意]蒙台梭利. 童年的秘密[M]. 马荣根,译. 北京:人民教育出版社,2005:36.
③ [意]蒙台梭利. 童年的秘密[M]. 马荣根,译. 北京:人民教育出版社,2005:48.

活方式和严重污染的环境中,连呼吸都是一个问题。同时,很多孩子生活在破碎的家庭里,生活在祖父母家里被溺爱,或由于父母工作忙经常看不到父母亲,或生活在极度贫困的环境里,很多这样的孩子因此而失去了自然的成长环境。幼儿需要的仍然主要是原生态性质的生活环境,而不是如今高度文明但却同时也往往是高度异化的现代生活。幼儿教育应力求为儿童专门创设出一个适宜其成长的教育环境,应该创设出一个把社会风浪和风沙污染拒之于外的美丽岛屿。保卫童年,这一有识之士所提出的教育口号,也应成为社会基本的良知。创设出一种适宜于儿童天性成长的环境,而不是让儿童的天性在各种偶然的不相宜的环境中被风吹雨打,这是幼儿教育的首要职责,即便不是全部职责。保卫童年,幼儿教育责无旁贷!

三、幼儿园应真正成为儿童天性成长的"乐园"

作为最重要的幼儿教育机构,幼儿园应该为儿童的天性成长提供基本的环境支持。这种环境,既是物质上的,也是精神上的。幼儿园不是学校,幼儿园应保持基本的"园林""园地""家园"之形态。"幼儿教育之父"福禄倍尔把他创设的世界上第一所幼儿教育机构命名为"幼儿园",这其中是有深意的:他把园圃里的植物当作幼年儿童的象征,他认为儿童应在同大自然密切联系中成长起来,他把幼儿园比作花园,把幼儿园教师比作园丁,把幼儿的发展比作培植花草树木的过程。① 幼儿园只有守护其"园"的本性,幼儿教育才有可能真正走上天性引领的教育之路。

大自然是儿童天性成长的必不可少的重要环境。幼儿园应当成为自然之园林。大自然既是养育全人类的天赐之地,更是儿童成长的首要环境。大自然是一本世界上最奇妙和最全面的书:它是健康之源、语言之源、音乐之源、诗之源、

---

① [德]福禄倍尔.人的教育[M].孙祖复,译.北京:人民教育出版社,2001:10.

知识之源……是生命之源，是精神之源。无论多完美的文化环境也不能完全取代自然环境在儿童成长中的重要作用。"人总还是属于自然，特别当他在孩童时期，更必须从自然中获取力量以发展其身心……必须把自然本身作为大部分教育工作，这好像不要突然强制把小孩从妈妈那里夺走送进学校一样。"①"人，尤其是儿童，与自然具有同一与统一的辩证关系。大自然对儿童的熏陶远远高于学校对儿童的教育影响。"②大自然对儿童具有重要的教育和发展价值。"春天树林的律动，胜过一切圣贤的教导，他能指引你识别善恶，点拨你做人之道。自然挥洒出绝妙篇章，理智却横加干扰，它毁损万物的完美形象，剖析无异于屠刀。"③人类不应该反自然，对自然的反抗改造并不是人类文明成就的标志，更高的人类文明应当促使人最终理性地归于自然，与自然一体。人永远都是一自然的存在，而自然界则永远都是人类的最终家园，不管是物质的还是精神的。人，不能没有自然的环境。大自然是幼儿的生态襁褓，成人无权剥夺。我们给孩子各种玩具，却将他们从太阳、月亮、动物、水和石头上引开，而自然中的这一切才是真正的玩具。因此，教育竭力要做的，应该是"让孩子们在没打开书本去按音节读第一个词之前，先读几页世界上最美妙的书——大自然这本书"④。大自然才是儿童的主课堂、首要课堂。

毋庸讳言，对于现代城市生活而言，充分地融入大自然，确实有其难以克服的困难。但即便我们不能为幼儿提供大自然，至少也要为之提供小自然，起码可以在幼儿园内为他们开辟出小自然。小小的种植农场，不仅对于儿童了解基本的农业知识是必要的，而且还具有更深刻的意义。"既然儿童的肉体生命需要大自然的力量，那么他的精神生命也需要使心灵与万物接触，以便直接从生动的大自然的造化能力中吸取养分。达到这一目的的方法是让儿童从事农业劳动，引

---

①[意]蒙台梭利.蒙台梭利幼儿教育科学方法[M].任代文，译.北京：人民教育出版社，2001：159.
②刘晓东.儿童是自然之子——兼论自然界对儿童的教育功能[J].教育导刊，2005(9).
③转引自刘晓东.儿童是自然之子——兼论自然界对儿童的教育功能[J].教育导刊，2005(9).
④[苏]苏霍姆林斯基.把整个心灵献给孩子[M].唐其慈，等译.天津：天津人民出版社，1981：34.

导他们培育动植物。……"①所以,"幼儿园要种植,不能让水泥阻止植物的存在。同时,幼儿园的种植不能以'绿'为标准……幼儿园必须超越绿化,应将种植放置于幼儿园课程的框架中加以考虑"②。但是,看一看我们的幼儿园,虽然设施日渐丰富而高档,但里面还有"园地"吗?种植性的"园地"在幼儿园中能占有多大面积比重?当然,也有一些幼儿园已经开始了这种有益的努力与尝试,但却是为数不多的。而著名的华德福教育早就孜孜追求于此:"华德福教育针对孩子应如何的自然成长,常常是把学校建立在郊外,让孩子有宽阔的地方奔跑;养一些小动物创造机会让孩子学会关爱生命;种花种菜,让孩子感觉到生命的欣欣向荣。"③这里是具有重要的借鉴意义的。

游戏是儿童的天性,幼儿园应当成为儿童的"游戏之园"。"只有当人是完整意义上的人时,他才游戏;而只有当人在游戏时,他才是完整的人。"④游戏是人类的天性,游戏更是幼儿的天性、天能,亦是幼儿的天权。游戏是幼儿教育中不可或缺的重要内容。游戏只呈现给最纯真的心灵,最具纯正天性的人最懂游戏,人类的童年最具诗性的游戏情怀。"对于孩子来讲,游戏是最严肃的事情。世界在游戏中向儿童展现,儿童的创造性才能也是在游戏中显示的。没有游戏,就没有也不可能有完满的智力发展。游戏犹如打开的一扇巨大而明亮的窗子,源源不断的有关周围世界的观念和概念的湍流通过这窗子注入孩子的心田。"⑤需要指出的是:游戏的实质在于游戏就只是游戏,没有任何任务担当,才称得上为游戏。以游戏为途径的教学,重心仍然是教学,游戏只是装饰,游戏的本质已经悄然流失。仅仅以游戏为方式和手段,来变相地以游戏促学,是不彻底的游戏,是不真实的游戏,是游戏中的赝品。游戏需要宽阔的户外场地。如果我们的幼儿园主

---

① [意]蒙台梭利.蒙台梭利幼儿教育科学方法[M].任代文,译.北京:人民教育出版社,2001:160.

② 虞永平.从物质环境中感知幼儿园课程文化[J].教育导刊,2008(7).

③ 黄晓星.迈向个性的教育——一位留英、美学者解读华德福教育[M].广州:广东教育出版社,2002:11.

④ [德]弗里德里希·席勒.审美教育书简[M].张玉能,译.上海:上海人民出版社,2003:48.

⑤ [苏]苏霍姆林斯基.把整个心灵献给孩子[M].唐其慈,等译.天津:天津人民出版社,1981:115.

要是楼宇,它就没有达到一个幼儿园最基本的游戏设施要求,即便这在现今的城市生活中是一个奢侈的要求。幼儿园应尽量提供宽阔、吸引人的"游戏场所"而不是"教学空间"。幼儿园应具有广阔的"游戏空间",这一"游戏空间"不仅仅是物理意义上的广延的空间,更应是精神层面的宽松无负的游戏空间。幼儿园应成为游戏的神圣场所。幼儿园应成为幼儿的"游戏之园"。

幼儿园应成为儿童的快乐家园。快乐幸福的童年生活,比任何知识获得都具有更根本性的生命意义,对于儿童而言,快乐生活就是道德生活。"过道德的生活就是过幸福的生活。(to be moral is to be happy)因此,自然而然的,应该尽一切努力以确保孩子的幸福。"①一个成功童年的首要标准就是"是否快乐",快乐是幼儿健康成长的重要标识。幼儿的快乐生活首先建立在"无负"之上。幼儿,从生命的广义上说,就是人类的幼体,既然确认为"幼体",那就要首先明确:幼体只有一个任务,那就是自身的成长。除了它的生命当前所需要的学习,他不应再被设定更多将来的学习任务。幼儿园不是学校。学前教育不是学业教育。这是一个自明的,不需要任何论证的学科公理。可是,在教育实践中,这却是一个屡屡乃至时时被践踏、遭挑战的、被大胆超越的命题。幼儿园的小学化现象即是这种"超越"的一种集中表现:"幼儿园小学化有显性和隐性两种表现方式。所谓显性的表现是指幼儿园教师在教育过程中的表现与小学教师无异,幼儿在学习中的表现与小学生无异。最典型的表现就是幼儿端坐静听,教师始终处于讲解的状态……除了这种典型的、显性的'小学化'现象外,还有一种'小学化'现象相对隐蔽,是隐性的。这种隐性的'小学化'现象的表现有可能是间歇性的,其典型特点是教师的教育行为中存在着违背幼儿身心发展规律的现象,幼儿失去了学习的主动性和积极性,失去了应有的自由,教育过程失去了应有的趣味和快乐。"②幼儿园的小学化现象其实是幼儿园课程严重超载的一个缩影。幼儿的幸福快乐首先建立在无负之上,守护儿童的快乐童年,我们的确需要这种教育的"乌托邦"。何况这也并不是天方夜谭的教育乌托邦,发起于德国并已在全球广布的华

---

① Thomas Davidson. Rousseau and Education According to Nature. New York:Charles Scribner's sons, 1900:114.
② 虞永平. 幼儿园"小学化"现象透视[J]. 教师博览,2014(11).

德福教育已经为我们提供了有益的借鉴,华德福幼儿园的设计和布置很接近家庭的设计和布置。"华德福幼儿园教育不提倡低年纪那样的'正规学习',不教孩子读书、写字和算数,而是注重孩子的健康成长,给予儿童温暖和爱是幼儿园教育的主要内容。"①幼儿教育应该减载而行、轻载而行,甚至无载而行! 这对人类尚处于心理襁褓中的,因而还完全不需要有任何生活担当的"幼体"而言,并不是一个神话,而是既具有理论的合理性亦具有实践的可行性。幼儿园应成为儿童的快乐之园。

第二节　幼儿教育应坚守其学科形态的独立性

　　从学科性质上来说,幼儿教育是科学还是艺术? 或者直接地说,人类所从事的幼儿教育活动,更应该遵循艺术活动之规律还是科学活动之规律,才更能实现其本真的使命? 提出这样一个敏感而易引起争论的问题实在并非轻松之举,但又确是"天性引领教育"这一命题之下的必须探讨之题,因为这一问题与幼儿教育的根本路向问题密切相关、互为表里。作为艺术形态的幼儿教育与作为科学形态的幼儿教育具有相对不同的路向所指。这是由幼儿自身的生活特点所决定的。

---

　　①黄晓星.迈向个性的教育——一位留英、美学者解读华德福教育[M].广州:广东教育出版社,2002:11.

一、幼儿是"性情人"而非"理智人"

幼儿是性情中人。性情中人就是以自然性情为其生活主导的人,是率性而为、以个人的真切体验而不是理智思虑来主导其生活方式的人。性情之人广布于人的幼年阶段。幼儿所处的特殊"天真"状态决定了其大多以性情人的面貌而出现。

性情人不同于理智人。性情人生活的内在尺度在于其自身所拥有的"性"与"情",而不是中规中矩的"合理"的"道理"。性情人更多地听命于个人的独特直观体验,并以这种强烈的体验而非思辨来表达其内在精神世界。性情人以至情至性的生活方式更深刻、更真实、更完整地拥有了自己。如果把理智人称为"思人",性情人则更类同为"诗人"。"诗人是一种特殊的代表。他是鹤立于庸人之中的完人,……绝大多数人似乎都没有真正长大成人,他们都没有真正拥有自己,或者说,他们都是喑哑的,他们不能将他们与自然的交谈复述出来。"①这里的"完人"并非指通常意义上的道德"完人",而是指一种深刻实现了自己内在天性的"完全之人",因为只有他们才算"真正长大成人",也就是"真正拥有了自己"。当海德格尔说"人应该诗意地栖居在大地上",他显然不仅仅是说我们要像诗人那样浪漫地而非现实地栖居在大地上,而是以此指示着人之存在的一个极为深刻的命题,指示着一种生活于天真的"性智世界"而非"理智世界"的人之存在方式。

幼儿是"性情人""诗人",而不是"理性人""思人"。苏霍姆林斯基说:"每一个孩子就其天性来说都是诗人,……教育者要让他心里的诗的琴弦响起来。……"②"诗"之智有别于"思"之智。诗性智慧的基本形态是体验性的"性智",而不是基于逻辑思辨的"理智";诗性的原则是"美"而不是"合理";诗性生活遵循的

---

①[美]爱默生.爱默生集[M].范圣宇,编译.广州:花城出版社,2008:116-117.
②顾明远,钱理群,江晓原.现代教师读本(教育卷)[M].桂林:广西教育出版社,2006:200.

是"体会之应当"而不是"理智之应当"。林语堂先生在读书做学问这类所谓最"严肃"的事情上也彻底遵循了性情之道:世间根本没有什么一个人必读之书,更无人人必读之书,只有在某时某地,某种环境,和生命的某个时期必读的书。纵使某一本书,是人人必读的,读这种书也有一定的时候。当一个人的思想和经验还没有达到阅读一本杰作的程度时,那本杰作只会留下不好的味道。① 他的总结是令人深思的。仅仅从读书学习的原则上说,幼儿教育难道不正应该遵循此道吗?幼儿生活最重要的原则不是要"合理",而是要"合性"。

二、"幼儿教育"必须相对独立于"普通教育"之外

幼儿教育不是普通教育的低幼版。虽然一直以来普通教育(general education)②以"教育科学"自居的主流局面早已形成,但普通教育作为一门彻底的科学的合法性仍一直处于不断地被质疑之中。何况,即便普通教育作为一门科学于事实上合法成立,也绝不意味着幼儿教育同样地非科学莫属。幼儿教育具有其自身的不同于普通教育的根本问题。幼儿教育不应以普通教育的路向所指为追随和效仿,而应拥有自己的独立品性。幼儿教育——作为"学前"教育——从根本上是有别于普通教育的。"学前"一词,正是作为一道基本的分水岭对这种"不同"进行了不容争辩的标识。

"学前"教育,顾名思义是一种"学"之前的教育形态。那么,什么是"学"之前呢?这里不妨对其作逐层分析:"学前"当然首先指"上学"之前,这也是英文"preschool education"所蕴含的基本之意,但这实际上只表达了"学前"这一概念

---

① 林语堂. 林语堂散文[M]. 杭州:浙江文艺出版社,2000:197-198.
② 赫尔巴特的代表作《普通教育学》被视为第一部具有科学体系的教育学著作,时至今日我国的学校教育基本上是以赫尔巴特所奠定的教育科学理论作为基本的理论基础,而学校教育也是教育的最一般的形式。因此这里的"普通教育"在此意义上主要指以科学教育学为理论导向的学校教育。从而以此为基础,进而论述学前教育与之的区别。

的表层含义,因为毕竟"上学"的深意绝不仅仅局限于"go to school"这样一个特定场所之指向,而在于学校教育事实上所从事的基本活动和教育重心所在。但即便这表层的意思,也还是以一种隐含的方式,初步标定了学前教育的重心一定不同于学校教育的重心,不仅"不同于",还应该与之具有根本的区别,否则是不能也不必称其为"学前"教育的。

那么,学校教育的重心何在?学前教育的重心又何在呢?这就牵涉到"学前"之"学"的第二层含义:"学习"之前的教育。虽然学习这一概念在最广泛的意义上几乎涵盖了后天习得的各个方面,但学校教育场域中的"学习"之意仍然主要是指其狭义即:正规学习也就是我们通常所言的"书本"学习。学校教育显然已经具备了"正规学习"的基本形态(课堂),并以学习人类世代积累下来的经验结晶(知识)为其工作重心所指。虽然基础教育改革对此多有激烈批判,但这一形式及它们在学校教育中的中心地位从来没有被动摇过。事实上,在普通"学校教育"的意义上,教育与学习在日常生活中几乎成为两个互为表里的概念,"教学"一词便是这一意义不断演化的结果,"教与学"始终是学校教育工作的核心阵地所在。通过"教学"而教育,这也是学校教育一直在遵循的基本教育理路,"教学的教育性"——这一出自赫尔巴特教育理论的一个基本命题,在学校教育的场域中是一个极为关键的命题,如果这一个命题不成立,"教学"在教育活动中的核心地位,就应该成为一个不得不去质疑的问题。无疑,"教学"这种教育形式中当然也含有一定的教育性,但是,任何时候,教学都是一个比教育狭窄得多的概念。它在整个教育领地里的范围应该是相当有限的。

分析至此,一个基本的疑问已经浮出水面:学习之前的教育,或说不以"学习"更不以"教学"为其重心的教育,这将会是一种怎样的教育形态呢?不以学习为使命的"学前"教育,它的教育重心何在?

学前教育如果不完成对这一问题的回答,它便无法确立自己的独立于普通教育的地位所在,或者说它的学科路向所指仍是模糊不明确的。当然另外一种想法与顾虑或许同时也会自然浮现:一种排除了"学习"与"教学"的教育还能称其为教育吗?这样的教育还有必要存在吗?这里并不需要高深的理论,我们只要想一想一个基本的事实——幼儿从事"正规学习"的能力的有限性。如果不以学习为使命教育便不能立存,那如此一来,幼儿教育是否有必要存在便也成为一个疑问了。但深究一下,这一疑问虽貌似严重其实不过是误入歧途之疑问——幼儿教育早已具有百年历史,它集中承载了人类对幼儿的不容推卸之责任,怎么可能会没有存在之理呢?从另一思路上来说,把教育的含义紧紧依附于或束缚于"学习"概念之上,难道这不正是对教育概念本身的狭窄化吗?以普通教育路向为其追随的学前教育,具有其自身无法克服的理论误区。学前教育不应去追随普通教育的路向而应与之保持起码的张力。

如果说以"学习"与"教学"为其安身立命基础的学校教育主要表现为一种"心智"教育,那么幼儿教育的重心,将在于"性智"之彰显而不在于"心智"之发达。不管是狭义的书本学习还是经验学习,由"学"而来之"智"只是人类智慧的一种形态而不是唯一形态,只是一种来源而不是唯一来源。人类尚具有另外一种相对独立天成的智慧形态:性智(关于"性智"概念的理论基础已于第三章专门论述),而这一智慧形态在人类幼儿的生活中一直居于主导的地位。低龄而学力有限,使幼儿的"心智"并不足以成为教学的主战场,教学将在此领域无功而返。幼儿是"诗"人而非"思"人,仅仅从"思"之智慧获得出发的幼儿教育学是一种迫不及待的教育学,定位于"心智"之教的幼儿教育始终都传递着一个或隐或显的渴望与导向:尽快去教,尽早去教,尽力去教。它将自己的教育视线密切聚焦于儿童"思维"阶段的可能性,只要有了可能就要抓住时机,甚至对不能为之事也要尽力去为。但自然规律在这里已经对人类的这种不恰当热望给予了警醒。学前教育,从它的最初起源上说,无论出于何种对儿童的关心与保育,也无法抹杀一个基本的事实,那就是,因为不能"学"也无法"教",所以不能入学,不能进行正规教育从而被另立为学前教育。也就是说,六岁之前的儿童,正是因为不具有明显的思之智慧的发展价值,不被排斥于正规的学校教育之外的,但这种排斥与抛弃又何尝不是儿童的幸运之所在呢?大自然正是使儿童以"不能"的形式而受到了自然的保护,从而使儿童在自然成长之前免于受到成人的不合适的教育侵袭。幼儿教育实践的误区虽然自有其万千复杂的社会原因,但理论上的失误也应有不容回避的责任担当。定位于"心智学习"的幼儿教育正是学前教育的一个理论误区所在。

事实上,定位于"心智"之教的幼儿教育不仅不具有充分的可能性,同时也不具有足够的必要性。因为幼儿教育本可以在与"心智"不同的"性智"领域大有作为。人类的"性智"之树上曾结出了无数丰硕之果。人类艺术之成就,在一定程度上即是源于"性智"而非"理智"。艺术,作为人文精神的制高点,在人类整体的精神成长中或许具有比科学更为深远的意义。幼儿教育应立足于儿童"性智"之养成,只有确立这一根本的立足,学前教育之"学前性"与"教育性"才能真正彻底地并存不悖,学前教育才可能真正摆脱"教学"的附魅,学前教育才可能具有自身相对独立的存在样态:作为艺术形态的幼儿教育。

三、作为艺术形态而非科学形态的幼儿教育

长此以来,在众多的学科之林中,教育学如同它的基础学科——心理学一样,是随着其科学化历程才取得登堂入室的资格的。教育科学,在当前的学术环境中,也几乎是一个不具有任何反思合法性的概念,它在一定程度上是被作为一个不容置疑的公理而得到接受的,它早已成了一个"独断"的概念。作为艺术形态的教育无疑是一个难以轻易获得认同的命题。蜀道之难难于上青天,的确,在一个唯科学是尊,唯科学方法是尊的现代境遇中,本该远远超出科学范畴的人类教育,却别无选择地"被"科学化,这难道不是一种命定的必然?但人不是物,教育学成为科学乃至完全意义上的科学,这是教育的荣誉还是可悲?幸运还是不幸?我们果真能够而且必须在实践中做到教育活动的完全科学化吗?尤其对于幼儿——尚未发展出逻辑思维的性情中人而言,果真也能以科学之"理性"精神来促进一种事实上的"性智"之教吗?

艺术在我们常规的学术环境中常常被赋予一种轻飘飘的浪漫色彩,它似乎很难担当起人类教育的重大使命。但最伟大的科学家爱因斯坦却不无公正地说:"一切宗教、艺术、科学都是同一株树的各个分枝。所有这些志向都同样是为着使人类的生活趋于高尚,把他从单纯的生理上的生存境界提高,并且把个人导

向自由。"①"爱因斯坦的空间并不比梵·高的天空更真实。科学所取得的光荣,并不在于其真实性比巴赫或托尔斯泰的真实性更绝对化……科学家的发现是对无序的混沌状态实施他自己的秩序,就像作曲家和画家在白纸上安排他们的秩序那样;一种秩序永远只涉及显示的一个有限的范围,并且同观察者的参考系有关联。……"②换言之,艺术与科学提供了不同的人类经验层面,两者都以它们自己的方式为人类文明做出了贡献。

真理不只有科学之唯一形式,艺术同样是真理呈现的基本形式,甚至是更为根本更为深刻的真理形式。"把艺术与真理关联起来,这其实是一个惊人之举。为何艺术是'真理'?又是何种'真理'?"③这是一个具有极深意蕴的哲学命题。认识性真理不过是人类先天理性这一面特殊的"认知镜"与外界事物相作用而形成的"表象",认识真理不是真正的本体意义上的真理,康德哲学早已对这点做出了明辨细察因此无须再多言。但艺术,根源于人性之幽深本体而仅仅从事人类心灵之"表现"与"呈现"的艺术,实际上却是对本体的尝试触碰,海德格尔的艺术现象学正是对这种极尽呈现的"技艺"做了幽深的探索然后得出一个断然的结论:艺术即真理。④但艺术中的真理不是一种"理",而是一种"道",是一种率性之"道",而非科学逻辑之"理"。以"艺术之道"而非"科学之理"来承载幼儿教育之舟,或者说作为艺术形态的幼儿教育,并非一个碰触不得的学术雷区。

事实上,"幼儿教育之父"福禄倍尔在其幼儿教育思想的基本隐喻中,就是把儿童作为一个自然的"艺术作品"来比拟的⑤,正是在此基础上,福禄倍尔极力阐述了一个基本的教育理念:教育是基于内启的,教育是基于呈现的,教育不是由外而内的嫁接与灌输,这与艺术的表现性原理是不谋而合的。裴斯泰洛齐也说:"人只有通过艺术,才能成其为人。"⑥而在教育实践领域,德国人智学理论的缔造者史缔夫·斯坦纳所倡导的华德福教育更是强力推行幼儿教育的艺术化:"华德

---

① 李建盛. 艺术·科学·真理[M]. 北京:北京大学出版社,2009:1.
② 李建盛. 艺术·科学·真理[M]. 北京:北京大学出版社,2009:111.
③④ [德]马丁·海德格尔. 依于本源而居[M]. 孙周兴,编译. 杭州:中国美术学院出版社,2010:5.
⑤ [德]福禄倍尔. 人的教育[M]. 孙祖复,译. 北京:人民教育出版社,2001:111-123.
⑥ [瑞士]裴斯泰洛齐. 裴斯泰洛齐教育论著选[M]. 夏之莲,等译. 北京:人民教育出版社,1992:75. 这里的艺术,是指教学或教育的艺术。

福教育的教育艺术并非仅仅是指艺术课程和艺术教育,而是指整个教育过程是艺术化地进行。"①

那么,作为艺术形态的教育到底意味着教育的何种具体形态呢?这只能由艺术本身的特质得到回答。但艺术是什么?这实在是一个不敢姑妄言之的问题。这里姑且借助众多艺术思想家的隽永之言以观其约略与大概。叔本华说:艺术即展现;海德格尔说:艺术即真理;西奥多·阿多诺说:艺术即自由;莫里斯·魏兹说:艺术即无定义。② 克罗齐说"艺术即直觉";柏拉图则说"艺术更多地唤起情感而不是激发理智"。我们还可以接着补充说:艺术指向意义;艺术体现心灵;艺术的基本原则是个体性原则;艺术基于"证悟"而不是"证实";艺术不能制作只能创作;艺术显现真理而不是制造真理。这些表达或许是零乱无章的,但一个基本的倾向仍可以据此导出:艺术绝不是归纳的、逻辑的、演绎的、机械的、规则化的。艺术是对活生生的生命与心灵的自由展现与表达,艺术的源泉基于天性之实现,而不是天性之规驯。艺术产生自人的"性体"而不是"心体",艺术基于人的"性智"而不是"理智",艺术是人类"非理性智慧"之结晶。

艺术的这些特质与幼儿教育之间的学科共通是不言而喻的:首先,幼儿的自然天性中所蕴含的智慧方式与艺术家的智慧方式之间具有基本的相通:"成熟艺术家跳动的生命力和创造潜能,与儿童没有理性保护网的无所顾忌的游戏和永不满足的好奇心,存在着不可分割的天然联系……儿童和艺术家有着同一血脉,他们都是缪斯本能的承载者,他们都本能地感受到能够激起缪斯天性的内在迫切冲动。这些在儿童那里自然地发挥作用,并且在诗人、画家、雕塑家和作曲家身上艺术地表现出来。"③毕加索这样的艺术巨人就曾说:"学会像一个6岁的孩子样作画,用了我一生的时间。"④幼儿是以其自然天性为生活主导的性情中人,

---

① 黄晓星.迈向个性的教育——一位留英、美学者解读华德福教育[M].广州:广东教育出版社,2002:52-53.
② [美]沃特伯格.什么是艺术[M].李奉栖,张云,胥全文,等译.重庆:重庆大学出版社,2011.
③ [挪威]让-罗尔·布约克沃尔德.本能的缪斯——激活潜在的艺术灵性[M].王毅,孙小鸿,李明生,译.上海:上海人民出版社,1997:273.
④ [挪威]让-罗尔·布约克沃尔德.本能的缪斯——激活潜在的艺术灵性[M].王毅,孙小鸿,李明生,译.上海:上海人民出版社,1997:270.

他们尚未发展出成熟的理智能力,自然天性正是以其非理性的形态与艺术具有基本的相通。另外,艺术的表现性原理也很好地适用于幼儿的性智之显发,没有天性的充分彰显,便无法充分地生成"性智"。教育即人的发现,教育即人的天性的不断发现与实现。人类的各种自然天性,并不都像"露天"煤矿,它更多的时候也分布于不同深度的精神"地壳"之中,甚至它还经常处于一种"虚显"的若有若无的状态,教育就是要充分发现并"实现"这些或露天的,或深埋的,或"虚显"的天然之"性",使这些天性最终能输出表现为一种智慧形态:性智。而发现与表现也正是艺术家的拿手绝活,不是缺少美而是缺少发现美的眼睛,伟大的艺术家无不是心灵表现的丹青妙手。举例来说,梵高的所有作品都是他自己活生生的心灵与情感的展现,他在每一件艺术作品中都投放了至极的生命真我,他不惜被人误解为孤僻:"要干我这一行,最好我就是我。"①他把那个特殊的"我"极尽所能地置身于他的作品中,吴冠中先生曾说:"古今中外有千千万万画家,当他们的心灵已枯竭时,他们的手仍在继续作画。言之无情的乏味的图画汗牛充栋;但梵高的作品几乎每一幅都显露了作者的心脏在跳动。"②这是梵高的作品之所以深深打动人的原因所在。没有伟大的心灵,根本不可能有伟大的艺术,艺术是直通心灵的。同样,教育应该是直通天性的。心灵只能存在于人的天性中,它不可能来自后天的学与教。如果没有对人的天性的触及、发现与呈现,教育如何能达到"人性"的养成、"心灵"的培育?不触及人的心灵的再多的外部知识,与人性的形成也是于事无补的。最后,艺术是基于直觉的,而不是基于理智的。直觉是基于"体验",基于"体悟"而不是基于"证实"的。儿童的"性智"主要是一种直觉智慧。"审美直觉是一种前认知的基本知识类型。"③作为一种并非成熟理性的智慧形态,儿童的智慧是一种审美直觉而非一种理智思虑。"一个科学作品和一个艺术作品的区别,即一个是理智的事实,一个是直觉的事实。"④儿童的直觉智慧与艺

---

① [荷]凡·高.凡·高自传——凡·高书信选[M].[美]欧文·斯通,吉恩·斯通,编.澹泊,徐汝舟,周良仁,等译.长沙:湖南文艺出版社,1994:127.
② 顾明远,钱理群,江晓原.现代教师读本(艺术卷)[M].桂林:广西教育出版社,2006:97.
③ [美]托马斯·亚力山大.杜威的艺术、经验与自然理论[M].谷红岩,译.北京:北京大学出版社,2010:12.
④ [意]克罗齐.美学原理:美学纲要[M].朱光潜,等译.北京:人民文学出版社,1983:8.

术中的直觉智慧一样具有非同一般的重要价值。"直觉知识并不需要主子,也不要依赖任何人;她无须从旁人借眼睛,她自己就有很好的眼睛"[①]"直觉既在自身中表现,又是为了表现自身"[②]直觉智慧乃"诗"之智。诗之智乃一种深刻、强烈,乃至神圣的体验,常常非逻辑性的语言所能传递与描述——当无限的体验被承载在非逻辑、非概念性的语言之中,语言遇到了挑战,因而这种承载常常并不是足够胜任的,最好的诗常常在众人眼里是晦涩的。艺术的其他形式同样亦如此。以旋律承载体验的音乐、以色彩承载体验的绘画、以空间形式承载体验的雕塑,无不如此。它们承载的都是同样的并非逻辑之思而是直觉体验之结晶。它们都不是源自思之智慧,而是来自诗之智慧。用科学的语言和科学的思维是无法驾驭这样一种智慧形式的。

作为艺术形态的幼儿教育不仅应遵循科学规律,更应遵循美学规律。幼儿教育的根本不在于为科学之"用"立言,而在于为艺术之"美"立言。幼儿教育不应该定位在"大用",而应该定位在"大美"。因为,如同存在自然界的科学规律一样,美同样也是"宇宙的一种表现"[③]。艺术的本质是基于审美的,正像科学的鹄的是基于实用的。审美比"合理"具有更根本的性质,而终极的科学必定也会表现出美。席勒曾对"什么是美"这一命题做过精彩的阐述:在审美的世界里,每一个自然的产品都是自由的公民,它同最高贵的公民拥有相同的权利……白桦、松鼠树、白杨,当它们匀称地向上生长时是美的;橡树,当它弯曲时是美的;原因在于,后者生来就要弯曲,而前者反而爱好笔直生长。因此,如果橡树是细长匀称的,白桦树是弯曲的,那么它们二者都不美,因为它们的生长趋向显示出异己的影响,显示出他律……艺术家为了在风景画中画上树,最乐意选择什么树呢?肯定是那种树,它既有自己结构的一切技艺,又运用着它应有的自由,它不奴隶式地向自己的邻树看齐,而敢于显示自己与众不同的个性,不受整齐一律的束缚,执着地向四处伸展,尽管因此在这里会形成缺陷,在那里会由于狂风暴雨而陷入杂乱无章。相反,艺术家将冷漠地走过凝固在单调方向上的树,尽管它的品

---

①[意]克罗齐.美学原理:美学纲要[M].朱光潜,等译.北京:人民文学出版社,1983:7.

②[美]托马斯·亚力山大.杜威的艺术、经验与自然理论[M].谷红岩,译.北京:北京大学出版社,2010:13.

③顾明远,钱理群,江晓原.现代教师读本(艺术卷)[M].桂林:广西教育出版社,2006:7.

种赋予它的东西比自由多得多;它的树枝胆怯呆滞在队列中,仿佛在依墨绳看齐。① 从中不难看出:只有合乎自然的,合乎本性的,才可能是美的;任何异己的,扭曲的,则无法成为美的。只有张扬了自身的个性的,才可能是美的;任何束缚的,成规的,则无法是美的。基于天性的儿童教育,由天性引领的儿童教育,难道不正是在同样的意义上应该遵循审美的法则吗?只有适宜于儿童的自然天性的,只有表现了儿童天性的,只有最大化地实现了个体的天性差异的,才可能是美的。每一个儿童都是美的,每一个真性情的儿童都一定是美的,即便他的行为并不合"理",但一定是合"美"的。应该从美的角度去理解儿童,而不能仅仅从合理的角度去规驯儿童,不仅要按照科学的理路使儿童成为"合理"的存在,更要助儿童成就"至性"的心灵——这便是作为艺术形态的幼儿教育的应有之意。反过来,大一统的,仅仅基于认知而非体验的,合乎逻辑却未必合乎性情的科学法则,却不一定是美的。据此,审美的法则难道不是比科学的法则更适宜于幼儿教育吗?事实上,席勒关于美学的伟大思想,并不是孤零零的无针对性的玄思,而正是面对科学一统天下的"现代性"困境,因为这些,他才想到了艺术,倚重于审美。"席勒坚信:只有通过游戏性的审美,才能改变人的异化状态……韦伯说,在越来越理性化的世界中,艺术承担了将人从理性主义压力中解脱出来的'救赎';阿多诺说,审美乃拒绝同一性的有力手段。……席勒所说的审美教育绝非一个技能性或知识性的传授过程,而是一个哲学精神层面的教化和升华。"②科学既是人类认识理性的产物,也服从于理性自身的规律。以科学作为教育学的学科归属,其关注的重心必定只能是理性的运作与发展,而对人类非理性形式存在的天性,则难以驾驭和束手无策。心智关涉科学,事实上科学正是心智运作的结晶;性智关涉艺术,艺术是人类灵性的表达。心智长于器物制造,而拙于精神抚慰。以天性引领的幼儿教育,以"性智"而不是"心智"为其重心的幼儿教育,应该拥有自己特殊的学科形态——作为"艺术形态"而非"科学形态"的幼儿教育。

---

① [德]弗里德里希·席勒.审美教育书简[M].冯至,范大灿,译.上海:上海人民出版社,2003:133.
② [德]弗里德里希·席勒.审美教育书简[M].冯至,范大灿,译.上海:上海人民出版社,2003:2-3.

第三节 幼儿教育应重在"养性"之道

如果说"心智之教"通过"教"与"学"方能实现,"性智之教"则通过"养"与"育"而得以发展。幼儿尚处于人生的起步期,对自己的天性所在尚处于无意识状态。幼儿既无心为自己的天性发展权利向成人提出辩护,更无力为自己天性之满足去创造乃至寻觅合适的条件。幼儿的天性尚处于稚嫩的萌芽期,它还不具有足够的力量以对抗外界的考验,它需要的绝不是来自成人的塑造与改造,它需要的是成人为其提供足够适宜的环境,使其得到顺畅的发育、发扬和发展。作为人生的奠基教育,幼儿教育应着眼于对幼儿的"养性之道",也就是对幼儿的天性进行细致而专业的"保育",而非"教育"。

一、幼儿教育乃"不教(jiāo)之教(jiào)"

倚重于"性智"之显发的幼儿教育从根本上来说是一种"不教之教"。关于不教之教,陈桂生先生曾有专文论述:"所谓'以不教为教',意思是不以教(音交)的方式(实指说教)而使人真正受到教育影响……'教学'与'教育'(狭义)原是相关而又有区别的两个概念。'教学'之'教',原为'教'(音交)弟子学,什么东西非教不可呢? 自文字发生以后,因有传承文字及由书面语言所表达的间接经验的必要,才导致教学以至学校的出现。本来意义的'教育',则是指善的影响,所谓'影响'……即荀子所谓如'影'随形,如'响'应声。这便是儒家的'教化'之说。也是

'影响'一词的出典……庄子所谓'不言之教',也把此意表达得很清楚明确。"①由此不难看出:教学,不管是狭义上的正规的课堂教学,还是宽泛意义上的各种形式的"教"与"学",都只是对人的"教育"的"一种"途径,一种本来普普通通的有限途径,但这一途径一直被放大,直到它几乎成了"教育"的代名词,几乎掩盖了"教育"的所有其他途径。以至于一个误入歧途的理论命题已达至根深蒂固:没有教,没有学,就没有教育之发生。或者说,除了"教"与"学"之外,教育便几乎不再有其他的可作为空间。在教育实践中,以教学取代教育所造成的危害是相当严重的,陈桂生先生提出"不教之教",对于重新探讨教育的更广阔的途径具有极为重要的价值。尤其是对于幼儿教育这一"学龄前"教育而言更是如此。

幼儿的天性是不分科的。教学尤其是所谓高效的分科教学,不管任何形式的或明显或内隐的分科教学,都绝不是幼儿教育的适宜途径。张雪门先生说:"在幼稚园时,各种科目都变成儿童生活的一面,不能分而且不必分,不独这科与那科不分,有时候甚至一种科目当作儿童自己生活之表现,科目与人都无法分了。"②分科之内在依据不过是成人的,不仅仅是成人,更是成人中的成熟理性的认识形态所决定所形成的,它从根本上与幼儿是不相宜的。事实上,分科教学这种方式对儿童来讲不仅无益而且有害:"每当教给儿童某种东西,就会遏止儿童去创造这种东西,……因为'创造'是在多学科中自由活动。"③固然,教学能够导致知识的高效传递从而成为人类社会进步的捷径,而个人的独自重新摸索则是一种精力上的浪费,但这一捷径得到的是社会意义上的知识财富的积累,牺牲的却是教育的意义。儿童不是知识传递的工具,教育应当为了儿童自身而存在。其实,允许儿童自我发现,独立摸索,即使缓慢也是全无妨碍的。因为儿童的成长并不遵循效率规律,对成长而言,低效就是高效,慢就是快。总之,在幼儿教育中应以教育的理论为先,以教学的方法为后,教育与教学大有区别,不可混同。

幼儿教育应以"养性"为主,幼儿教育不应以"教学"为主。蒙台梭利曾鲜明

---

① 陈桂生.话说"以不教为教"[J].教育学术月刊.2011(2).
② 王春燕.张雪门幼稚园行为课程及其现代意义[J].华东师范大学学报(教育科学版),2008(4).
③ 顾明远,钱理群,江晓原.现代教师读本(教育卷)[M].桂林:广西教育出版社,2006:44.

提出:幼儿的精神发生尚处于胚胎或类胚胎阶段,胚胎当然只能"养",而不能"教"。关于教与养的关系在幼儿阶段的表现与处理,华东师大华爱华教授曾发文指出:"近二十年来,在世界早期教育潮流的感召下,托儿所也开始了'教',并有了教的大纲。但是,'教'毕竟需要对教育对象的心理基础的依赖,这一心理基础又是神经生理成熟的结果,由于这些年来,对这一年龄阶段的婴幼儿的脑生理原理的陌生,对婴幼儿学习的心理基础的无知,所以为迎合早期智能开发而对三岁前婴幼儿实施的'教',乃至'教'的效果,也就处于一片茫然。我们认为,婴幼儿历来是讲'养'的,现在要纳入'教',那么对'教'与'养'关系的把握则理应是首当其冲的。随着年龄的增长,'养'的成分和'教'的成分比例会发生变化。年龄越小,教与养越不能分离,2岁之前的婴儿教育应当完全融于养育的行为,它们是同一个过程。随着年龄的增长,思维的出现,'教'与'养'才有相对独立的可能性,这时在以养为主导的活动中渗透教育因素,在以教为主导的活动中渗透养育因素(幼儿园阶段),最终将走向专门进行教育的可能性(学龄阶段)。但在整个儿童发展时期,养的任务始终存在。"[1]这里,应当指出的是,"养"绝不只意味着"幼儿保育"意义上的"养","养"应该具有更广阔更深刻的赋意——不仅身体需要"养",幼儿的精神"天性"更需要"养"。

　　总之,在整个学前阶段,即使已具备一定的可"教"性,也绝不意味着"教"可以超越于"养"之上。"不教之教"并非轻而易举消极无为之事,而是需要更为艺术性的"养性"之道。幼儿教育应把儿童天性的自然展现、尽情展现作为不教之教的重要指向:允许儿童乃至帮助儿童,去神游他们自己所特有的、宝贵的、不切实际的幻想与问题,而不是规约与压制之。儿童的这些"天问"正是他们以后走上人类的"爱智"轨道的开端,这些问题正是以后学科的基本的种子,而学科亦不过是这些种子的持续发育。这些"种子"是十分珍贵的,也是最容易自然流失的,我们必须在儿童期,多多在幼儿的心灵上"种草植树",防止这些种子的水土流失。

---

[1] 华爱华.论婴幼儿早期发展中"教"与"养"关系[J].华东师范大学学报(教育科学版),2009(2).

二、"对儿童天性的保育":幼儿教育的真正使命

"保育"本是幼儿教育不同于其他教育阶段的"特色"所在。幼儿教育不是全然的"教育",它必须包含"保育"的成分,这一点早已成为学界共识,本无需强调。但遗憾的是,幼儿教育中的保育,并非出于"幼儿教育学科定位"中的主动认定,而更多出于不得已而为之的无奈——离开家庭步入幼儿园的幼儿,年龄尚如此幼小,如果不为之提供专门的"生活保育",仅仅施行一般意义上的"教育"活动,那在一定程度上是无法想象的。因此,这里特别指出:对幼儿"天性的保育"与生活意义上的"身体保育"虽不无相通,但更有区别。"对天性的保育"显然并不属于针对幼儿身体成长的"生活保育"之范畴,而属于对无形的"精神保育"之范畴。更重要的,这种"保育"绝不是不得已而为之的权宜之举,而是一种极具根本意义的幼儿教育的核心使命。在一定程度上甚至可以说,它其实才是幼儿教育的真正使命之所在。幼儿教育应首先明确其"不教之教"的基本学科定位,然后以之为逻辑起点,对幼儿的天性进行精心与专业性保育。使幼儿的天性——这一幼儿从"自然之师"所秉承而来的潜在天赋,得以顺畅成长并发扬光大,这既是"不教之教"的分内担当,更是幼儿教育不可推卸的庄严使命。那么,如何才能深切践履这一使命呢?

(一)环境育人为主,教师育人为辅

对幼儿的天性实施服务性的"保育",而不是改造性的"教育",这是天性引领之下的教育的首要职责。对天性的保育显然不同于对身体的保育。后者是可见的生活照料,前者则属于无形的"精神保育"。"精神保育"不同于"身体保育",但却与之具有本质上的相通——成人只能通过保障幼儿的生活所需来实施保育,而无法直接告诉或指导幼儿"如何生长"。同样,"精神保育"之达成,也只能通过

"环境的间接作用"而不是"成人的直接指导"来完成。儿童的教育"或是受之于自然,或是受之于人,或是受之于事物……我们每一个人都是由这三种教师培养起来的"①。在人生的第一阶段——幼儿期,内发性的精神成长所经由的教育,首先是"受之于自然",也就是在"内部教师"亦即儿童的自然天性引导下的成长;其次则是"受之于事物",也就是通过在合宜环境中的活动来获得直接经验;"受之于人"的教育在幼儿期其实是三种教育中相较而言最弱的一种教育成分。前两种教育所共同需要的外部条件都是"环境"——高度符合幼儿内在需要的环境。正是在这一意义上我们说,"环境"而不是"教师"才是幼儿教育的首要因素。需要指出的是,这里的"环境"并非传统意义上"环境育人"之意义上的环境。两者的区别在于,前者强调的是幼儿需要和喜欢的环境,而后者则更多的是承担着成人潜在教育目的的环境。当然,这里的环境还应该不仅仅是适宜的、刺激丰富的、优质的,它还必须同时具备另一个重要特征——动态性。也就是说,它应该随着幼儿天性的动态生成而不断地予以调节和改变。这一点对于幼儿教育实践尤其意义重大。应当说,创设优质的幼儿园环境与班级活动环境,已成为一线幼儿教师的共识与追求。但环境创设中存在的"一劳永逸"积习,也就是环境缺乏对幼儿兴趣的动态追随这一点,却始终存在。如第四章在"天性的未完成性"中所揭示的,幼儿的天性绝不是一种静态的存在,而是一种动态的显现。只有能够"动态"地追随幼儿"兴趣"的环境才是一个胜任"天性保育"的环境。另外,教师退后绝不意味着教师作用和地位的降低。很显然,符合幼儿需要的环境并不会现成存在,它需要具有极高专业素养的教师才能被创设出来。也就是说,在这一理念下,幼儿教师绝不是无可作为,而只是发生了作为重心的转移。创设幼儿真正需要的活动环境绝非易事。如果说"身体的保育"尚且需要"育婴师""营养师"之类的资质,那么对于"天性"的合宜照料——精神保育,就更需要高级的专业资质了。幼儿教师应在环境的动态创设中持续用力,幼儿教师的专业发展亦应在此方向上不懈展开。

---

①[法]卢梭.爱弥儿(上)[M].李平沤,译.北京:人民教育出版社,2001:3.

（二）"同龄组班"向"混龄组班"过渡

对幼儿的天性进行保育，其所需要的环境，不仅仅指物质性环境，更包括人际性环境。就幼儿园教育而言，如何尽量提供一个为幼儿真实喜爱的多层次交往环境，而不是一个仅仅适用于教学与管理的人际环境，就成为一个不可回避的问题。以此反观幼儿园长期存在的"小班—中班—大班"这种组班方式，其中的逻辑矛盾是明显的。"同龄班级"本是为方便"集体教学"而存在。因高效地实现一次授课多人受益，同龄班级受到了教育界长期的青睐，以至于班级组织形式的"同龄化"几乎成了一个教育的铁律。但是，它不是不可变更的铁律。尤其，在学校教育中的"铁律"也绝不意味着在幼儿园教育阶段就必须奉为"铁律"。仔细考察之下，这样的"铁律"在幼儿园中存在的必要性其实非常之低。事实上，如果幼儿园教育的使命和性质从根本上不同于学校教育，其教育组织形态理所当然地也不必效仿学校教育的组织形态。因此，尽管同龄班级在任何其他学段都是一统天下的教学组织形式，但不以教学为其主要任务的幼儿园教育，却完全没必要沿用这种为高效同步教学而生的"同龄儿童组班"方式。幼儿园教育未能彻底厘清自己与小学教育的不同，在这个组班方式上，或许亦可见一斑。相反，混龄组班构成了一个幼儿成长的多层次生态环境。两三位成人教师与几十位同一年龄的幼儿所构成的人际环境，其单一性和单调性是明显的。混龄班级却能为幼儿提供不同层次的模仿、交流与参与机会。"混龄班级"将比"同龄班级"为幼儿提供更优的成长生态。"混龄班级"而不是"同龄班级"才更符合幼儿自由成长的内在诉求。如果说混龄组班类似于一个原生态的人际成长环境，同龄组班则是一个完全人工化的人际环境设计，两者的区别是显见的。一句话，实现幼儿"天性保育"的环境不止于教师创设的优质自然环境，还应该包涵一个具有丰富社会性刺激的人际环境。混龄班级正是这样一种可能的人际环境。

（三）自由活动靠前，指导活动退后

在适宜环境中的自由活动对幼儿的天性抒发与成长具有极为重要的意义。如果说儿童内在的自然天性是一座蕴藏丰富的无形宝库，"自由"则是开启这一宝库之门的钥匙，甚至是唯一的钥匙。有了这把钥匙，由天性来引领教育而不是由教育来改造天性就具备了基本的前提条件。只有在"自由"这条道路上，我们才有可能看见一个个本真的儿童。"每一个人的心灵都有它自己的形式……你必须好好地了解了你的学生之后，才能对他说第一句话，先让他的性格的种子自由自在地表现出来，不要对它有任何束缚。……"①只有在完全自由的活动中，幼儿才能发现与显现自己在当前环境中的真实兴趣；只有通过完全自主的活动，幼儿才能真正追随自己的真实兴趣。只有幼儿个体的"兴趣"引领而非教师引领下的活动，才是幼儿内在成长诉求的真切实现。其实，在这种方式下，幼儿教师也将大大地解放自己，从而更有可能专注于为幼儿创设最优质的动态环境。反之，过多的指导活动，甚至在幼儿的自由游戏中也念念不忘强调"教师指导"的做法，不过是那种"没有指导便没有教育"的定势思维之体现。"抛掉那种认为教育就是学习课程、约束儿童、塑造性格的想法吧。真正的教育只是放手让一个儿童在没有任何外部恐惧和焦虑的条件下，以他自己的方式，按他自己的时间进度而成长。"②事实上，以儿童的自由自主活动来统领幼儿园的一日生活并非不可想象：英国的夏山学校实行这样的教育已经一百年之久。"设想一所学校……在那里，爬树和建造城堡被认为与学习分数除法同等重要；在那里，如果你想，就可以对老师大声喊叫；在那里，日常生活的全部校规是由学校大会民主决定；在那里，只要儿童喜欢他们完全可以全天玩耍……"③"儿童的本性一定要受到最大的尊重，大人的干涉与指导，不过是在制造顺从成人的机器人。"④夏山学校极力避免成人

---

① 卢梭. 爱弥儿(上卷)[M]. 李平沤，译. 北京：人民教育出版社 2001：95.
② Richard. Bailey . A. S. Neill. London：Bloomsbury，2013：28.
③ Mark Vaughan. Summerhill and A. S. Niell. New York：Open University Press，2006：1.
④ https://en.wikipedia.org/wiki/Summerhill_School.

对儿童生活的各种有意无意、或隐或显的干涉乃至指导。在夏山,儿童的生活完全由自己主导和决定。这里的每一个儿童,不论年龄大小,都可以根据自己的喜欢与爱好来选择任何一天的活动,没有成人对其日常生活进行安排和督导,更没有强制。必须承认,在我国幼儿园中一个 40 人左右的班级仅有至多 3 位教师的师资配备处境下,过多的教师指导不仅收效极其值得怀疑,它也在事实上造成了幼儿教师的极大辛苦与承重。职业倦怠几乎对每位幼儿教师构成了潜在威胁。更可怕的是,当针对个体的指导几乎不可能,"集体教学"和"统一规训"就变成了在所难免,此时天性引领教育也就成了一句空话。

(四)"追随"并"发扬"幼儿的兴趣

"性"之所在往往也正是"兴"之所在。"追随并发扬幼儿的兴趣"乃"天性引领教育"的必然推论。兴趣乃儿童天性的外在表现,天性引领之下的教育,必然要强调幼儿教师对幼儿"兴趣"的捕捉、追随与发扬。甚至可以说,追随并发扬幼儿的兴趣,正是"天性引领教育"之宏观命题的微观表现形式。"我们还能看到环绕着轮流出现的'感受点'的心理器官的形成。这些感受点具有非常强烈的活动性……这些能力中的每一种都有其特殊的兴趣……任何一种感受性都不能占据整个发展时期。每一种感受性所持续的时间足以建构一个心理器官。这个器官一旦形成其感受性便自行消失,但是当它存在时就会迸发出不可思议的能量。"[①]蒙台梭利的这段话清晰地告诉我们:兴趣不是别的,恰是幼儿"内在感受点"——也就是幼儿内在的天性正在动态生成与表现的最直接的活动诉求!对幼儿天性的保育,其最基础性的任务就是去保护与抚养好幼儿的各种兴趣。另外,兴趣还是天赋的最好标识,也是能力的最佳生长点。在一定程度上可以说,兴趣之下所蕴藏的其实是巨大的智力矿藏。发现幼儿的本真兴趣,并为幼儿兴趣的进一步发展提供优良的支持环境,而不是诱导幼儿去形成符合成人期待的虚假兴趣,这一点对于幼儿教育至关重要。实际上,它比任何知识的获得和技能的形成都更重要。在人

---

① [意]玛利亚·蒙台梭利.蒙台梭利幼儿教育科学方法[M].任代文,主译校.北京:人民教育出版社,2001:382.

生的初期,最关键的任务是去形成一些日后会勃发而出的生长点,而不是直接建设任何可见的成果。一个人找到自己的"才能生长点"绝非易事,有多少人终其一生也未能找到。而这种寻找的失败,在一定程度上跟童年期所遇到的各种兴趣压抑密切关联。每一种兴趣,就是一扇朝向某一具体领域打开着的心灵之门——这扇打开着的门,欢迎更多的相关信息,充满着更多的发展动力,也意味着进一步的发展渴望,以及更积极的心理状态。尤其对于幼儿的小小心田而言,一粒具有潜在生命力的种子,一旦遇到合适的阳光雨露,就会在这样的心田上吐露生机、长出庄稼、形成森林,或产生任何其他发展可能。反之,急于在上面种植零星的庄稼(知识),急于进驻一些简单的农耕用具(技能),即便这工具的放置,是儿童自己亲自而为(通过直接经验),尽管它们确实不无重要性,但这些都绝非这块土地的最紧要之事。一块丰饶的心田,最重要的是播种下充满生机的种子,而不是任何其他。幼儿教育应从对各种形态"学习"的迷恋中抽身而出,服务于幼儿兴趣的发现、形成与发展。另外,幼儿的兴趣不仅需要追随,更需要发扬。事实上,"如何发扬光大幼儿的兴趣"这一点,才是幼儿教育学的真正难题。"天性引领教育"并不意味着教育只是被动地追随幼儿的天性便万事大吉,而是要为幼儿的天性或兴趣提供生成式、追踪式服务,使这种兴趣获得进一步的纵深发展。

三、聆听幼儿的"一百种语言":幼儿教师的必备素养

"兴趣"无疑是儿童"天性"的一种主要表现方式。但"兴趣"并不是"天性"的全部表达。在一定程度上可以说,兴趣仅仅是"在活动中展现"因而能为成人所观察到的那部分天性,它仅仅属于天性的可见部分。换言之,儿童的天性——这种内在的倾向与性好,并不一定都能外显于"兴趣"之中。尤其,对于幼小的儿童来说,由于其语言表达能力有限、参与活动范围有限,其内心的声音、内在的天性,更多的时候无从表现而处于隐蔽状态。所幸的是,瑞吉欧著名教育家马拉古

奇发现并向人们指明了存在于儿童身上的"一百种语言",这就为我们动用"一百种聆听"的途径来了解儿童的天性,开创了宽广的空间。

首先,这里的"聆听"不同于简单的"听见",它关涉到"听取的姿态"问题。

在当今国际教育大潮中,"发现儿童"与"聆听儿童"正愈来愈取代"教导儿童""规训儿童"而成为儿童教育学的时代强音。"儿童是自身事务的专家;儿童是有交流能力的主体;儿童应当成为权利的持有者;儿童本是真实意义的建构者。"[1]这些铿锵有力的现代教育论断无疑在向人们宣告——儿童纵然不是在社会生活事务中可以与成人一决高下的"专家",但他们却是对自己生活事务最有发言权的人;儿童纵然不是一个高超的"语言交流者",但他们却有无数潜在的非语言交流技能;儿童虽弱小,但他们作为一种"当下存在"的人,从根本上应该成为"自己如何生活"的权利持有者;儿童是自己学习和生活的积极建构者,他们可以与成人一起建构生活的真实意义,而不是仅仅从成人那里获得意义。一味地"让成人作为儿童的代言人"这一惯常做法其实缺乏足够的合理性。"研究表明,儿童有能力表达自己的想法和观点……这些表达往往和被请来'代表儿童的成人'的表述并不相同。"[2]儿童曾长期被成人视作能力匮乏者、帮助接受者、需要管理改造者、无法自主者……可是,一种明显的趋势是近现代的儿童观正愈来愈把儿童视作一个生机勃勃的富有的主体。我们为"另外一种儿童的诞生"提供了可能——这种儿童具有很多能力,有思想、有理论,值得我们从他的角度来倾听。[3]诚然,儿童显然在生活的很多方面能力不如成人,但是,这却绝不意味着他们不具有主导自己成长的内在力量。在自己的成长方面,他们比任何人都更了解自己的需要、动机和愿望。在教育生活的场域中,"儿童的看法和想法"是尤其需要

---

[1] Alison Clark. Listening to young children: a guide to understanding and using the Mosaic approach[J]. London: Jessica Kingsley Publishers Third edition, 2017: 20.

[2] Kelly Baird. Exploring a methodology with young children— Reflections on using the Mosaic and Ecocultural approaches[J]. Australasian Journal of Early Childhood, 2013(38):35.

[3] [加]冈尼拉·达尔伯格,[瑞典]彼得·莫斯,[英]艾伦·彭斯. 超越早期教育保育质量:后现代视角[M]. 朱家雄,王峥,等译校. 上海:华东师范大学出版社,2006:151.

"被听见"的声音。"把儿童的观点置于优先考虑的地位,这其中的价值不容低估。"①一个儿童可以过任何他自己想要过的生活,只要这种生活对于他本人具有真实的意义,就是值得去过的生活。民主不仅仅意味着社会生活中的决策性民主,这只是一种宏大主题中的民主,它还应该深切地指向一种平凡生活层面的民主——让每个儿童都能按照自己内在的声音去生活。这是儿童应该享有的最基本的权利和民主。服务于儿童天性成长的幼儿教育,理应以"聆听的姿态",而不是高高在上的权威姿态面向儿童。

其次,除"聆听"所关涉的"听取姿态"以外,它更指向一种专业的聆听素养与技能。

聆听幼儿的心声并非易事,它需要专门的方法与技能。近年源起于欧洲的"马赛克方法"(the Mosaic Approach),正是这样一种为"聆听的教育学"应运而生的专门技术。挪威学者艾莉森·克拉克(Alison·Clark)博士和英国学者彼得·莫斯(Peter·Moss)教授于2001年合作出版了《Listening to Young Children:The Mosaic Approach》一书。这本书标志着用于聆听幼儿心声的"马赛克方法"的正式问世。"马赛克方法"主要由三个环节构成:第一,反映儿童内心声音的信息生成与采集;第二,对各种不同渠道所承载的儿童心声的信息汇总与处理;第三,形成个体儿童的"心声马赛克"并据此进行教育反思与实践改造。②第一个环节的中心任务是利用各种可能的渠道来生成信息、收集信息,从而获得某一幼儿在某一方面的感受、想法、意见、经验、兴趣等。这里信息生成的渠道包括:观察、儿童访谈、儿童摄影及制书、游览及地图制作、游戏扮演、家长访谈、教师访谈等。其中,"观察"是指研究者到教育现场对儿童的可见行为进行实地观察;"儿童访谈"是指研究者在自己观察所见的基础上,就某一话题与单个儿童或儿童小组展开面对面的语言交流和讨论;"儿童摄影及制书"是指让儿童利用相机自由随心地拍摄一些自己喜欢的周围事物照片,然后选择其中的一些照片汇制成书;"游览及地图制作"是请幼儿带领研究者游览自己觉得有趣的地方,并把这些游览信息制作成简易样式的"地图";"角色扮演"则是通过幼儿在角色游戏中的表现来获得幼儿

---

①②Alison Clark. Listening to young children:a guide to understanding and using the Mosaic approach[J]. London:Jessica Kingsley Publishers Third edition,2017:1.

内心的某些感受和想法;家长访谈和教师访谈则是与幼儿生活中亲密而重要的"他人"进行沟通,了解幼儿更多的生活表现。上述渠道中有些信息属于直接采集,比如观察、儿童访谈、家长和教师访谈;有些信息则需要幼儿通过"参与"一定的活动才能生成,以此为基础才能完成"信息采集"工作。这后一种信息采集方法常被称为"参与性研究方法"。不管是"直接采集来的信息"还是"经活动参与后生成的信息",均被看成是构成一块完整"马赛克图案"的基本"马赛克单元"(unit),这些"马赛克单元"汇聚在一起,就形成了描绘某一儿童内心感受、想法、经验、愿望等的整体性信息图景——一片反映某一具体儿童心声观点的信息斑斓的"马赛克"。"马赛克方法"第二个环节的任务是对所收集到的各种信息进行汇总、整合与意义建构。信息汇总属于该环节中比较简单的工作,就是把源自不同渠道的"信息片"汇聚在一起,以形成一个"整体性拼盘"。但由于第一环节中信息来源的多样性,所得到的信息的形式也是各不相同的——如观察所得的是"行为信息",访谈所得的是"言语信息",儿童制作的书册地图等所提供的是"作品性信息",重要他人所提供的是"间接信息"等。要对这些形式多样的信息进行整合其实并非易事。尤其在一些原始性信息单元中,经常会有一些信息的清晰度不够完善,这就需要围绕这些主题进行更多的"信息补采"。对于清晰度欠缺的信息,"马赛克方法"采取了三条专门策略予以应对:一是采取"互证"的方法对来源不同的信息之间的"关联度"和"重复出现次数"进行列表确认,从而细致地揭示出某一条重要信息是否在其他渠道的信息中有所重复体现,然后再对这条信息做出最终的留用或舍弃;二是坚持"以儿童为第一主体的原则"对模糊性信息进行二次解释。比如,对于"儿童制书"所传递的信息进行意义提取时,并不是以研究者为提取主体,而是会听取儿童对这本书内容的进一步解释,从而再确定这本书所传递的信息意义。三是当不同渠道的信息之间出现矛盾时,比如当"研究者之所见"与其他信息出现不吻合时,让"儿童之所想"作为对这种意义建构的最终裁决。总之,"马赛克方法"始终把信息的解释权和意义的建构权紧密地赋予儿童。坚持这一做法的基本根据在于:"儿童的思维与成人大不相同,由成人解释数据容易导致对儿童看法的误解扭曲。"①总之,在信息获得与整合这两个基本环节中,儿童既是信息的直接生成者,又是信息的最终解释者,这就保证了最终得出的那一片具体的"马赛克图案"愈加接近于反映儿童的真实状况和想法。"马赛克方法"的第三个环节是从所得出的研究结论出发,对实践予以反思和整改。也就是根据"马赛克图案"中所反映的儿童的心声,对环境以及其他教育因素进行可能的改造。总之,"马赛克方法"的核心要义在于——聆听幼儿心声的途径不能仅限于"耳朵之听",而要根据幼儿的"一百种语言表达"创建出"一百种聆听的渠道"。

综上,一名优秀的幼儿教师,既无须成为知识上的专业人士,也无须成为教学上的专业人士,但必须成为一名多途径"聆听幼儿了解幼儿"的专业人士。深切聆听幼儿的心声,将为幼儿教师的复杂工作现场提供一份可靠的行动指南——当你不知道怎样的教育才更合理、正确时,请去深入聆听幼儿的声音,这些声音里一定或直接或曲折地隐藏了许多教育困惑的解决之道。教育如若要真诚接受儿童天性的引领,真正实行"不教之教",切实对幼儿的天性进行"保育",聆听——将理应成为幼儿教师必备的专业素养与专业技能。

第四节　幼儿教育应遵循"具身认知"的根本原则

幼儿的认知尚处于萌芽状态,天性引领的幼儿教育之重心并不在于"认识心智"之发达,而在于自然"性智"之养成。但是,通过第二章研究来看,"认识"仍然是人类天性的一种基本形式,没有人能够做到不去认识外部世界。更为重要的是,认识是一种承载着幼儿的好奇与探究的极为重要的天性形式,因而在任何时候也都是幼儿教育不能忽略的一个方面。那么,幼儿的认知教育具有怎样的特

---

①刘宇.儿童如何成为研究参与者:"马赛克方法"及其理论意蕴[J].全球教育展望,2014(9).

殊样态？又该遵循怎样的根本原则？这同样是本研究不能回避的一个基本问题。

一、幼儿认知的高"具身"性

"认知科学正经历着一种深刻的范式转变,即从基于计算隐喻和功能主义的第一代认知科学向基于具身认知观的转变。"[①]"具身认知"是当今认知神经科学的前沿研究领域。具身认知(embodied cognition)也译"涉身"认知,其主要观点为:认知是基于身体和涉及身体的,心智是具(体)身(体)的心智,认知是包括大脑在内的整个身体的认知,身体的解剖学结构、身体的活动方式、身体的感觉和运动体验决定了我们怎样认识和看待世界,我们的认知是被身体及其活动方式塑造出来的。身体在认知过程中发挥着极为关键的作用,对于智能而言身体是不可或缺的,身体不是一个麻烦的、仅简单地承载大脑的物质,它对于认知是必需的。大脑不是智能的唯一和中心所在,智能是遍布于整个身体的。[②] 近来这一具有高度抽象的观点得到了愈来愈多的基于神经科学领域的实证性证明。

作为一种新思潮,"具身认知论"或许并不见得具有解释一切认知现象的包容力,它对于人类高度成熟状态的抽象认知的解释力还是略显稚嫩的。"具身认知的研究方式实际上追溯了认知的初始状态,对于了解认知的起源是极其有帮助的,在解释感知等低级心理过程方面也具有积极的意义,但是对于抽象思维等高级心理过程的解释却显得不足。"[③]但是,即便"具身认知论"并不足以解释全部的认知形态,它起码可以很好地解释认知发生的初级阶段——幼儿认知所处的这一阶段。"具身认知发展的第一个水平就是感知运动阶段。在这一阶段,儿童

[①] 李其维."认知革命"与"第二代认知科学"刍议[J].心理学报,2008(12).
[②] [瑞士]Rolf Pfeifer,[加]Josh Bongar.身体的智能——智能科学新视角[M].俞文伟,陈卫东,杨建国,等译.北京:科学出版社 2009,14-15.
[③] 叶浩生.具身认知:认知心理学的新取向[J].心理科学进展,2010(5).

借助已有的图式,通过身体的动作和感觉运动系统的体验来认识世界,在这个过程中,身体的动作和活动扮演了至关重要的角色。"①其实,即便仅仅从日常经验上看,幼小的儿童的思维与身体活动也是难以分离的。对于幼儿而言,认知基本上是从属于活动的,只能通过活动而引发。幼儿的认知不仅需要身体的配合,还需要情感的配合,需要环境的配合,这些正是认知的具身性表现。因此,幼儿的认知比人类成熟的认知具有更高的具身性。

二、反对幼儿"离身认知"

"具身认知"是基于对传统"离身认知"观的辩证否定而出现的。离身认知也称为无身认知,是认知科学中对忽视身体在认知活动中的核心作用的各种理论的统称。离身认知观认为,认知是"大脑"内部的抽象符号加工过程,"身体"不过是心智的容器,"环境"也无非是心智的活动场所。"如果把大脑比作计算机的硬件,那么认知就是运行在这个'硬件'上的'软件'或'程序'。由于程序从功能上是独立于硬件的,那么从理论上讲,认知也独立于包括大脑在内的身体,于是就出现了所谓的'离身的'(disembodied)的认知或心智(mind)。"②也就是说,离身认知观认为认知虽然表现在包括大脑在内的身体上,但是却不依赖于身体,其功能是独立的。与之相反,"具身认知同传统认知主义视身体仅为刺激的感受器和行为的效应器的观点截然不同,它赋予身体在认知的塑造中以中枢轴的作用和决定性的意义,在认知的解释中提高身体及其活动的重要性"③。实际上,具身认知观对一个近乎天经地义的常识——大脑控制身体——提出了质疑,强调认知和智力活动不是头脑的孤立的计算,而是头脑、身体和环境的相互作用,生

---

①叶浩生.西方心理学中的具身认知研究思潮[J].华中师范大学学报(人文社会科学版),2011(4).
②李其维."认知革命"与"第二代认知科学"刍议[J].心理学报,2008(12).
③叶浩生.具身认知:认知心理学的新取向[J].心理科学进展,2010(5).

物体的身体塑造了他们的认知和智力。① 具身认知观在一定程度上其实还蕴涵了更深层的哲学命题:如果我们把"身"的含义理解并不仅仅局限于物质身体,而是拓展至更宽泛意义上的各种身体属性之上,那么"具身认知观"其实是在认知神经活动的层面,再一次把人类的认识理性同人类的非理性形式比如各种本能、潜意识以至物化了的身体之间的关系提交了出来。认识理性并不能单独存在,不仅它的动力,甚至连它的形式本身也是与人的各种非理性存在水乳交融,它是非表征的,而是具于身内的。认知是具于身体之行动的,认知的根本目的是指导行为的,认知是行为的工具而不是行为的控制者。在一定程度上甚至可以说,没有行为就没有认知。

"具身认知论"具有丰富的教育学蕴涵,尤其对于幼儿教育而言。传统教育无疑是主张甚至推崇"离身认知观"的。传统教育的一个基本理论假设为:要获得真正的知识必须摆脱身体的桎梏,身体不仅不是获取知识的前提,而且是获取知识的障碍。因此传统教育主张,认知时身体最好处于相对静止甚至绝对静止的状态,以"静下来"作为集中注意进行认知的前提条件。静是学的前提,因此"课堂"这一基本的教学组织形式首先是置于一种"肃静"的纪律要求之上,然后才可在此基础上进行所谓"顺利"的教学。只有静坐下来才能很好地学习这一教育理念同样波及幼儿教育领域。但传统教育所推崇的这一认知方式在幼儿阶段却遇到了几乎难以克服的困难,因为离身认知首先要求认知者能有效地控制自身的注意力。"年幼儿童的注意力——这是难以对付的'玩意儿'。我觉得它像一只胆怯的小鸟,你刚想接近它的窝,它就飞开了。当你终于抓住了这只小鸟,你只能把它捧在手里或放在笼子里。如果它觉得自己是一个囚徒,那你别想听到它的歌声。幼小的儿童的注意力也是如此:如果你把它当作囚禁的小鸟似的死死抓住,那它是不会好好帮你忙的。"②事实上,不管怎样的耳提面命,常常都是无济于事的。让幼儿的身体静下来以提高注意力,这几乎是一种妄为,因为幼儿

---

① [瑞士]Rolf Pfeifer,[加]Josh Bongar. 身体的智能——智能科学新视角[M]. 俞文伟,陈卫东,杨建国,等译. 北京:科学出版社 2009,译者序.
② [苏]苏霍姆林斯基. 把整个心灵献给孩子[M]. 唐其慈,等译. 天津:天津人民出版社,1981:145.

的天性即是爱动的,甚至是必须不停地进行活动的。为了所谓的"学习"极力地对幼儿的身体活动进行限制乃至抑制,这不仅是对幼儿自然天性的残酷伤害,从具身认知论的观点看,在理论上也是大错特错、劳而无功的。

离身认知观所带来的教育误区是深重的。美国人本主义心理学家罗杰斯曾批判美国的学校全力进行的是"脖子上教育",……传统教育最大的问题导致学生认识与身体的分离、认识与情感的分离。[①] 这样的教育戏言并非言过其实。根据具身认知的原理,这种仅仅基于"脖子上"的头脑心智教育,不仅仅具有教育目的上的狭隘和短视,它同时也存在着方法论上的无知与浅陋,它实际上是对人类"认知的具身性"的盲视。这样的教育看似硕果累累,看似便捷高效,其实只是一种不彻底的认知。因为经由这样的方式而带来的认知,不管是从结果还是从过程上看都是"离身"的,它从根本上没有真正地嵌入人的身心。没有身体的参与从而很难有切己的个体体会的任何知识都不过是一种教育装饰,在一定程度上可以说是一种伪认知。另外,根据具身认知论的基本观点,人的"身体"本来就能知道很多"头脑"并不能知道的事情。或者说有很多意识观念只有在"与行为共舞"的时候才可能顺利产生。举例来说,跳舞的时候,不以跳的动作而进行便很难领略到舞之韵律;太极这种中国经典的健身活动也只有在身体的各种"招式"配合之下才能完成其内在的运思;而在语言学习中,如若没有听与说,没有交流中的运用,纵是学会了所有的语法,也全然无法领会一门语言的风格、节奏与美。总之,认知应该与儿童的整个身心合二为一,具于身内,而不只是成为与儿童的身体经验相隔离的"观审"性活动。

对环境和情境的忽视是离身认知观审视下的另一种教育误区之所在。具身认知观的含义并不限于身体对认知的重要性,它还强调环境对认知的不可剥离性。人的认知不仅不能离开他的身体,也从根本上无法离开他的环境。人并不能超然于世界之外对世界进行认识,而只能在世界之中认识世界。具身认知研究中经常会提及"'行为给予性(Affordances)'这一概念,它是生态心理学范式组织结构的核心,行为给予性是客观环境提供给主体去利用、干预和活动的可能

[①] 吴式颖,任钟印.外国教育思想通史(第十卷)(下)[M].长沙:湖南教育出版社,2002:142.

性,它取决于主体的身体结构,能力和技能与环境自身所提供的行为相关属性的匹配程度"①。也就是说,当环境与幼儿主体不相匹配时,认知其实是难以真正发生的。当知识所发生的遥远的环境与幼儿当下的切近的环境缺乏基本的共通性时,这样的认知便是一种抽象的、不具任何情境意义的认知:"当师生被连根拔起,放置于教学的时空中,一个社会历史情境中的具体人变成了一个单纯、表浅的认知者。"②这样抽象的不仅"离身"而且"离境"的认知,其教育意义是足以令人担忧的。人的心智是大脑、身体和环境互动的结果。心智嵌入大脑中,大脑嵌入身体中,身体嵌入环境中。从环境中学而不是从书本中学,才是幼儿认知发生的主渠道。切断了具体生活环境和具体活动情境的认知从根本上是不符合幼儿认知具身性之基本要求的。

三、不"做"不学

"I listen, I can't understand; I watch, I can't understand; I do, then I understand."虽然这几句简洁妙语所传达的意蕴,并不能倾尽杜威"做中学"学说的全部精髓,因而并不为杜威学说的研究者们所完全赞同,③但它仍无疑很好地说明了做与学的基本关系。从做中学——"这句格言的意思就是说理解和行动在性质上密切地联系着,……"④理论的论断一般应该在想象的经验背景上提出来,而不应该是纯粹逻辑的说明。即使思想飞翔到形而上学的高峰,它仍不能摆脱动作的束缚。因为思想须借文字的翅膀而飞升,即使最抽象的文字例如意向,最后也会和身体的动作有关。"⑤身体中蕴藏着智慧,当身体参与到认识中,就意

---

① 陈波,陈巍,丁峻.具身认知观:认知科学研究的身体主体回归[J].心理研究,2010(3).
② 顾明远,钱理群,江晓原.现代教师读本(教育卷)[M].桂林:广西教育出版社,2006:205.
③ 据威廉姆斯·多尔教授于2011年11月25日在南京师范大学讲学内容整理而来。
④ [英]沛·西能.教育原理[M].王承绪,赵瑞瑛,译.北京:人民教育出版社,2009:214.
⑤ [英]沛·西能.教育原理[M].王承绪,赵瑞瑛,译.北京:人民教育出版社,2009:213.

味着更多的智慧方式与力量被"提供"给认知过程。在"做"的伴随下,所有感官都被参与进来,就像动用了全副武装的警力,自然比仅仅头脑具有更大的功力。何况幼儿的头脑尚只有限的运思能力,对于幼小的儿童而言,身体更不是认知中要束缚的东西,它恰恰是应该全力借助的东西,这是由幼儿认知的强具身性所决定的。其实,杜威"做中学"的认知观无疑是隐含了心智具身性之思想的,或者说具身性认知观在一定程度上可理解为经验主义认知观的进一步发展。

"做"与"学"的关系还不止于"做中学",它还可以有更进一步的延伸:"学"其实是"做"的副产品,"认知"其实是"活动"的副产品。不仅仅是通过"做"来学、"做"上学、"做"中学,"做"不仅仅只是学的方式、手段和路径,在一定程度上"做"还是"学"的前提。《后现代课程观》的著作者多尔教授说:"活动开始于认识之前,认识只是活动的副产品。"①也就是说,活动是首位的,是主导的,没有活动,就不会产生认识的需求和动机,而如何认识也是与活动的方式密切相关。反之,如果仅仅把活动作为认知的手段来看,则活动的引发和动机的促成似乎又成了外在的被动的环节。幼儿的活动是不需要成人以特定方式去刻意引发的,幼儿的天性本身自会表现为各种自发性活动,幼儿天然地生活于活动中,是根本不缺活动的,教育不过是在这些自发的各种活动中,顺应这些活动的进程,去发现教育的时机。"儿童始终是一个有他自己的活动的人,他的这些活动都是属于当前的、急迫的,并不需要去'诱导''逗引''开发'等;教育者的工作就在于查明这些活动,给这些活动的开展提供适当的机会和条件。"②认识是从属于活动的,这一现象在幼儿的学习领域是普遍的。其实推及更广阔的层面上,这一观点也是成立的,人类的"活动"也是逻辑先在于人类的"认识"的,人类整体的"生活"不过是发起于活动,而认识与理性只是长久活动发展而形成的一种功能。大而言之,人类的非理性以活动的方式或活动的倾向而存在,而理性只是活动的反思,虽然理性最终表现为"观审",表现为一种跳出活动之外的观审,它仍然与非理性的活动密切相连,只不过这种联合,在成熟的理性形式那里更加隐而不现罢了。而"活动"无疑是基于身体的。认知无须以束缚身体为代价,恰相反,身体是真实认知、

---

①据威廉姆斯·多尔教授于2011年11月25日在南京师范大学讲学内容整理而来。
②虞永平. 实习场与幼儿园课程[J]. 幼儿教育,2007(1).

高效认知的基本前提,无"做"即无"学",无"体"即无"认",尤其对于"前认知阶段"的幼儿而言更应如此。

四、不"体"不认

"人以'体认'的方式认识世界,心智离不开身体经验……我们的范畴、概念、推理和心智并不是外部现实客观的、镜像的反映,而是由我们的身体经验所形成,特别是与感觉运动系统密切相关的。"①"一切清楚明白的东西,不是基于理性的推理,而是基于人内心无法抗拒的体验的印证。"②没有身体的参与,自然不会有体验、体察、体会、体认乃至体悟,这类心理活动仅仅从它们的词语构成上也可看得出它们都是基于"体"的。

幼儿认知的基本原则应以"体"为先,遵循无"体"不认的原则。人必须成为认知的主体,只有高扬了主体之地位,才可能重视体认之价值。没有个人真切体验的知识,仅仅转"学"那些产生自别人体验的知识,对个人而言,最终不过是一种并不具有内在生命力的假知识,从根本上说只具有装饰的性质,而完全不能成为自身的一部分。卢梭曾对此有形象而中肯的针砭:"教育孩子,在表面上看来好像很容易,而这种表面的容易,正是贻误孩子的原因。人们不知道,这样的容易其本身就是他们什么也没学到的证明。他们的光滑的头脑可以像一面镜子似地把你给他们看的东西都反射出来,但并没有留下任何深刻的印象。孩子记住了你所说的话,但是把观念却反射掉了;听他说话的人都能明白他那些话的意思,而不明白那些话的意思的,恰恰就只是他自己。"③"你以为你已经教他明白了地球是什么样子的,其实仅仅使他看到了一些地图。"④"我对书是很憎恨的,因为

---

① 叶浩生. 具身认知:认知心理学的新取向[J]. 心理科学进展,2010(5).
② 吴式颖,任钟印. 外国教育思想通史(第六卷)[M]. 长沙:湖南教育出版社,2002:245.
③ [法]卢梭. 爱弥尔(上)[M]. 李平沤,译. 北京:人民教育出版社,2001:118.
④ [法]卢梭. 爱弥尔(上)[M]. 李平沤,译. 北京:人民教育出版社,2001:121.

它只能教我们谈论实际上是不知道的东西。"①不以真切的个人体验为基础的教育，从根本上是伪教育。经济领域需要打假，教育领域同样需要打假，甚至应该是一个打假的主战场，因为儿童被伪教育害得太苦了。儿童被灌输进了太多并没有个体体验、体会和体悟参与的"离身性"知识。这些仅仅具有"装饰性"的知识根本不能促进儿童的成长，反而是束缚了自由的思维，给儿童带来了沉重的负担。对于幼儿而言，没有身体经验的参与，没有个人自身的体会，根本就无须去"认领"那些间接的知识，即便强行认领了，认领而来的也只是一种冒牌性知识。这种知识的"假认领"现象贻害无穷，但却建立在一种"貌似合理"的基础之上：幼小的儿童的"学习"能力是巨大甚至惊人的，能"学"会的东西是很多的，教育绝对不能让这惊人的学习能力白白浪费掉，而要大加特加利用，这种"貌似合理"其实是不堪一击的。

事实上，不仅对于幼儿教育而言，这种现象在普通教育的整个阶段都是惊人存在的：我们学了大量的惊人的所谓基础知识，却就是没有基本的创造力，一个重要的原因便在于：我们在获得知识的路径上"个人体验、体会、体悟"严重匮乏，我们大量认领了太多自身并没有切实体验的思想、观点与结论，我们始终在说着自己没有彻底理解的别人的观点。即使对这些产生自别人的体验的"知识"发生了一定的理解，至多也只是大概的。我们"知道"了很多却"懂得"很少，这是一种经常的现象。学了很多零碎的知识，对于最基本的概念却并不能建立起真正的深刻切己理解，仅仅记住一个道理或仅仅从逻辑上弄懂一个命题，自身却并无任何体验在其中，没有在其中搭载上自己的任何生命体验，这样的"无体"之"知"远不能算真知。蒙田曾说："我宁愿通过自己而不愿通过西塞罗了解自己。我认为只要我善于学习，我自身的体验便足以使我变得聪明。"②

传统教育中离身认知之所以具有强大的吸引力，其根源在于通过这种方式所完成的知识的快速便捷的传递，但它牺牲的却是对于个体的真正的教育意义——教育不只是知识之传递。实际上，知识究竟能否传递本身也是一个问题，当传递只是一种约略意义的大概传递，也许是貌似可以传递的，但不是通过个人

---

① [法]卢梭. 爱弥尔(上)[M]. 李平沤,译. 北京：人民教育出版社,2001:244.
② 转引自吴式颖,任钟印. 外国教育思想通史(第四卷)[M]. 长沙：湖南教育出版社,2002:492.

体验的，没有个人体验为其基本承载工具，知识仅仅从一个头脑到另一些头脑之间的"全息"传递却是令人怀疑的。具身认知理论实际上对这种传递的可靠性与精确性引发了基本的质疑，因为从人类认知的具身性来看，真正有效的知识之生成主要不是以"传递"而是以个体自我活动自我体验为基本路径的。认知不是头脑的认知而是整个人的认知。认知的"根"在于个人的身体，而离身认知却把身体做了牢狱般的处理，还妄图以此来提高认知的效率，这种主张即便仅仅从理论上看也是南辕北辙的，更不要说实践层面的变本加厉地无穷放大了。对于幼儿而言，这种知识传递中的虚假性与肿胀性就更非同一般了，因为幼儿最主要的智慧形式在一定程度上只是一种纯粹的"个人体验""个人体悟"性的智慧，也就是第三章研究所发现的"性智"，这一与"心智"具有区别的智慧形态，正是通过"体验、体会、体悟"，而不是"实证、逻辑证"而得到显发的。因此，认知的"具身性"原则正是"性智"之实现的基本要求。"纸上得来终觉浅，绝知此事要躬行"，仅仅头脑性地知道，只是一种大略的知，逻辑的知，理解的知，而无法上升到体验的知；通过身体的参与才能实现"体验"一词的原本内涵，只有体验的知对个人而言才是真知，才具有真实的教育意义。总之，在幼儿认知的全程中，必须始终坚定不移地贯彻"体验—体会—体认—体悟"的"无体不认"之路线。

结　语

　　统观以上各章节,有两根并不十分明朗的主线一直彼此交织,它们构成了"天性引领教育"这一命题的双重蕴含。一是在广义的"天性"概念(既包括认识理性也包括非理性)之下,"天性引领教育"这一命题,主要对抗的是"政治引领教育""经济引领教育"等来自教育外部的力量对教育的干预、控制与绑架,从而申明教育应彻底地服务于"人"的成长;二是在狭义的"天性"概念(仅指那些主要以非理性形态存在的先天倾向性)之下,"天性引领教育"这一命题,主要对抗的是幼儿教育中对"认识理性"发展的过度重视和对"自然天性"生发的严重忽视,从而申明幼儿教育的办教方向不能由"认识理性"来引领,而必须由儿童的"自然天性"(狭义的天性)来引领。也就是说,"天性引领教育"这一命题的意蕴其实分属于两个不同的层面:一是作为社会大系统中的一个"子系统",教育要具有自身的独立追求,而不能过分受制于其他更为强势的社会"子系统";二是作为教育体系中的一个特殊学段,幼儿教育必须明确自身相对独立的分支学科使命,而不能过分依赖于学校教育的办学路线。

　　幼儿教育是人生的奠基教育,是整个教育体系中的"排头兵",它的深远独立价值必须得到充分揭示。只有这样,幼儿教育才能承载起它本该承载的重任。我国幼儿教育需要根本性变革。知识取向、应试取向、功利取向的幼儿教育必须得到彻底纠正。作为每个家庭最受珍视的成员,尚处于"精神胚胎期"的幼小的儿童不应生活在人类"自设"的重负之下,教育不应成为儿童的义务,而应为儿童的健康成长保驾护航。教育变革固然是涉及千头万绪的庞大复杂的社会性问题,但在所有的复杂之中,变革的根本路向问题却始终是一个至为紧要的问题。这一问题如不能得到辨明或者说不能得到持续性辨明,那么所有教育变革物力与人力的投放,就都潜存着不堪进行价值深究的隐患。

中国幼儿教育变革的路向在哪里?这是幼儿教育理论研究的根本性问题。这一问题关涉着幼儿教育的价值论和目的论。因此,本研究从哲学、生命科学和心理学等众多学科的进路对这一根本问题进行了探讨。本研究以"天性引领教育"这一命题作为基本的统领,主要论述了以下几个分论题,结论如下:第一,幼儿教育的根本路向应由什么来引领?幼儿教育应该由儿童的天性而不是外在于"人本身"的任何功利性目的来引领。幼儿教育不应在天性的方向之外另设方向,而应与天性指引的方向保持基本的同向性。第二,人类的天性从广义上说具有两种不同的形态:"观审态"的先天理性与"践履态"的自然天性,因而在天性引领的教育基本路向之下,仍具有两条不同的分支路向:一是认识理性引领的教育路向;二是自然天性引领的教育路向。对于幼儿教育这一特殊的教育阶段而言,以认识理性之发展来引领教育所具有的内在的局限性,这一路向并不适宜作为幼儿教育的基本路向。幼儿教育的重心在于狭义的自然天性之丰满实现,幼儿教育的路向应该由幼儿的"自然天性"来引领,幼儿教育的重心在于"性智"之实现而非"心智"之发达。第三,对幼儿教育的转型与变革路向进行进一步的辨明与厘定:幼儿教育须首先秉持教育的"自然法"——幼儿的天性,而不是"人为法"——外部的社会要求;幼儿教育应具有相对独立于"普通教育"的学科形态——作为艺术形态而非科学形态的幼儿教育;幼儿教育应具有基本的"养性"之道——聆听幼儿的心声,实现对儿童天性的保育;认知教育应位于其下并应坚持"具身认知"的根本原则——不"做"不学,不"体"不认。总之,幼儿自然天性的充分成长与生发为幼儿教育的重中之重,只有以自然天性来引领幼儿教育,幼儿教育才能实现其本真的使命,每一位孩子才能在真正的意义上不输在人生的起跑线上。遗憾的是,人类的哲学——不管是西方哲学还是中国哲学——都已经达到相当深入的程度,人类的教育学却始终不能在根本性的问题上与哲学研究的结论很好地对接。同样,生命科学的进展也是日新月异,但生命科学中的哲学意蕴也常常被教育学在根本性的问题上拒之门外,虽然在枝接问题上可能并非总是如此。

当今教育病理之根本症结在于:不仅仅是在教育实践领域,甚至于在教育理论的体系中,儿童的天性也始终占据不到一个它本应占据的中心地位,儿童的天性愈来愈被教育边缘化了。尽管天性的缺位与边缘化这一问题在整个教育阶段都不同程度地存在,但这一问题的尖锐性在幼儿教育阶段则得到了进一步放大,表现出更加刻不容缓的态势。因为处于生命起步阶段的幼小的儿童,其生活尚处于"自然"与"天真"状态,在这样一个阶段中,不论是作为种族的,还是个体意义上的自然天性,都在其生活与成长中居于主导性地位,在幼儿教育阶段更应坚持"天性引领教育"这一根本路向。作为"成人之学"的人类教育,其本真的使命就在于"人性建设",其本意就应是以人为本,以儿童为本的。儿童的天性就应是教育的逻辑原点之所在,它本来就应成为教育"舞台"上的"中心光源"之所在。这一问题本来是无须论证的,但是现实中它被遮蔽得太深以至积重难返,因而反而需要来大作论证了。诚如鲁洁先生一针见血所指出:"教育嫁给过政治嫁给过经济,却没有嫁给人。"教育在很多的田野上耕作过,却失落了自己的真正的家园。人类的天性,这是教育所得以存身与立命的最广阔、最神圣的家园,教育却弃之不顾。建设自己的家园,守护自己的家园,教育应该回到自己的原点。

  知无不言,即便并非言之充分言之有力,但求把自己切实体认的观点真实无遗地呈现出来,本研究的学术追求仅限于此。在学术史的追踪中,一种认识是愈来愈清晰的:自己所做的充其量只是把一条本来比较模糊,在当前境遇中又逐渐退隐,乃至被完全废弃了的教育之路,给它重新修整一下,做个比较正式的路标,并力陈恰恰是这条教育之路承载着教育尤其是幼儿教育的光明前途。这条路其实早已存在,只不过它先前更像一条条林中小路,零星地散布于不同学科的思想之丛中,自己所做的只是试图对它们进行一定的汇接与沟通,以便形成一条更清晰更宽阔的大路,从而供更多的车辆通行。正是这些不同学科中的互证和大量思想巨匠们的共识,才终于使我敢于确认:这并不是一条自己无中生有的、玄思奇想的、上不着天下不着地的路,众多的先贤才是这条路的开拓者、创立者、建造者,而自己至多只是一名修路人,不,应该是维修工,或许连维修工也算不上,只是一个"天性引领教育"路标的制作者。

参考文献

著作类：

1. 蔡方鹿.宋明理学心性论[M].成都：四川出版集团巴蜀书社,2009.
2. 陈炎.反理性思潮的反思：现代西方哲学美学述评[M].济南：山东大学出版社,2002.
3. 常若松.人类心灵的神化——荣格的分析心理学[M].武汉：湖北教育出版社,1999.
4. 冯友兰.中国哲学史新编(上)(中)(下)[M].北京：人民出版社,1999.
5. 傅斯年.性命古训辨证[M].桂林：广西师范大学出版社,2006.
6. 樊启昶,白书农.发育生物学原理[M].北京：高等教育出版社,2002.
7. 顾明远.教育大辞典(第一卷)[M].上海：上海教育出版社,1992.
8. 顾明远,钱理群,江晓原.现代教师读本(科学卷)[M].桂林：广西教育出版社,2006.
9. 顾明远,钱理群,江晓原.现代教师读本(艺术卷)[M].桂林：广西教育出版社,2006.
10. 顾明远,钱理群,江晓原.现代教师读本(教育卷)[M].桂林：广西教育出版社,2006.
11. 顾士敏.哲学人类学导论——从马克思·舍勒'人在宇宙中的地位'开始[M].昆明：云南大学出版社,2002.
12. 郭齐勇.熊十力思想研究[M].天津：天津人民出版社,1993.
13. 桂起权,傅静,任晓明.生物科学的哲学[M].成都：四川教育出版社,2003.

14. 胡自信.黑格尔与海德格尔[M].北京:中华书局,2002.

15. 胡文耕.生物学哲学[M].北京:中国社会科学出版社,2002.

16. 韩明友.先验心理——人类心灵深处的秘密[M].北京:科学出版社,2007.

17. 韩强.现代新儒学心性理论评述[M].大连:辽宁大学出版社,1992.

18. 黄晓星.迈向个性的教育——一位留英、美学者解读华德福教育[M].广州:广东教育出版社,2002.

19. 刘晓东.儿童精神哲学[M].南京:南京师范大学出版社,1999.

20. 刘晓东.儿童教育新论[M].南京:江苏教育出版社,1998.

21. 刘晓东.蒙蔽与拯救:评儿童读经[M].南京:江苏教育出版社,2009.

22. 刘小枫.诗化哲学[M].上海:华东师范大学出版社,2007.

23. 刘友红.卡西尔人学思想研究[M].南昌:江西人民出版社,2007.

24. 刘耀中,李以洪.容格心理学与佛教[M].北京:东方出版社,2004.

25. 林美茂.灵肉之境——柏拉图哲学人论思想研究[M].北京:人民出版社,2008.

26. 李其维.破解智慧胚胎学之谜——皮亚杰的发生认识论[M].武汉:湖北教育出版社,1999.

27. 李森.教育的危机[M].广州:花城出版社,2008.

28. 李建盛.艺术·科学·真理[M].北京:北京大学出版社,2009.

29. 梁克隆.西方哲人论儿童教育[M].北京:中国社会科学出版社,2007.

30. 牟宗三.才性与玄理[M].桂林:广西师范大学出版社,2006.

31. 牟宗三.心体与性体(上)(中)(下)[M].上海:上海古籍出版社,1999.

32. 牟宗三.生命的学问[M].桂林:广西师范大学出版社,2005.

33. 施春华.神秘的原型——心灵本体的探索[M].哈尔滨:黑龙江人民出版社,2002.

34. 田洺.未竟的综合——达尔文以来的进化论[M].济南:山东教育出版社,1998.

35. 田方林.狄尔泰生命解释学与西方解释学本体论转向[M].成都:西南交

通大学出版社,2009.

36. 仝允栩,王子仁.生命的迷宫——发育的秘密[M].长沙:湖南教育出版社,1999.

37. 王同亿.现代汉语大词典[M].海南:海南出版社,1992.

38. 王为理.人之问——思与禅的一种诠释与对话[M].上海:上海三联书店,2001.

39. 吴式颖,任钟印.外国教育思想通史 共十卷[M].长沙:湖南教育出版社,2002.

40. 魏屹东.认知科学哲学问题研究[M].北京:科学出版社,2008.

41. 熊十力.体用论[M].上海:上海书店出版社,2009.

42. 熊十力.新唯识论[M].上海:上海书店出版社,2008.

43. 熊哲宏.心灵深处的王国——弗洛伊德的精神分析学[M].武汉:湖北教育出版社,1999.

44. 徐复观.中国人性论史[M].上海:华东师范大学出版社,2005.

45. 徐献军.具身认知论[M].杭州:浙江大学出版社,2009.

46. 项贤明.泛教育论——广义教育学的初步探索[M].太原:山西教育出版社,2000.

47. 叶秀山,王树人.西方哲学史[M].南京:江苏人民出版社,2005.

48. 瑜青.蒙田经典文存[M].上海:上海大学出版社,2002.

49. 杨祖陶,邓晓芒.康德《纯粹理性批判》指要[M].北京:人民出版社,2005.

50. 姚维.才性之辨——人格主题与魏晋玄学[M].北京:人民出版社,2007.

51. 严春友.人:西方思想家的阐释[M].北京:中国社会科学出版社,2005.

52. 一行.论诗教[M].北京:北京师范大学出版社,2010.

53. 张志伟.西方哲学史[M].北京:中国人民大学出版社,2002.

54. 张志伟.是与在[M].北京:中国社会科学出版社,2001.

55. 朱智贤,林崇德著.儿童心理学史[M].北京:北京师范大学出版社,1988.

56. 张栗原. 教育生物学[M]. 福州:福建教育出版社,2007.

57. 徐志摩. 生命的信仰[M]. 北京:国际文化出版公司,1997.

58. 张庆熊. 熊十力的新唯识论与胡塞尔的现象学[M]. 上海:上海人民出版社,1995.

59. 张文立. 心学之路——陆九渊思想研究[M]. 北京:人民出版社,2008.

60. 张学强. 拒斥与吸收——教育视域中的理学与佛学关系研究[M]. 成都:巴蜀书社,2002.

61. [奥]路德维希·冯·贝塔朗菲. 生命问题——现代生物学思想评价[M]. 吴晓江,译. 北京:商务印书馆,1999.

62. [奥]埃尔温·薛定谔. 生命是什么[M]. 罗来鸥,罗辽复,译. 长沙:湖南科学技术出版社,2007.

63. [奥]西格蒙德·弗洛伊德. 论文明[M]. 徐洋,何桂全,张敦福,译. 北京:国际文化出版公司,2007.

64. [奥]贝内特,[英]哈克. 神经科学的哲学基础[M]. 张立,等译. 杭州:浙江大学出版社,2008.

65. [德]康德. 实用人类学[M]. 邓晓芒,译. 上海:上海人民出版社,2002.

66. [德]康德. 纯粹理性批判[M]. 蓝公武,译. 北京:商务印书馆,2009.

67. [德]康德. 实践理性批判[M]. 韩水法,译. 北京:商务印书馆,2009.

68. [德]叔本华. 作为意志和表象的世界[M]. 石冲白,译. 北京:商务印书馆,2009.

69. [德]叔本华. 自然界中的意志[M]. 任立,刘林,译. 北京:商务印书馆,1997.

70. [德]叔本华. 叔本华美学随笔[M]. 韦启昌,译. 上海:上海人民出版社,2009.

71. [德]叔本华. 伦理学的两个基本问题[M]. 任立,孟庆时,译. 北京:商务印书馆,2009.

72. [德]恩斯特·卡西尔. 人论[M]. 甘阳,译. 上海:上海译文出版社,1985.

73. [德]恩斯特·卡西尔. 卢梭问题[M]. 王春华,译. 南京:译林出版社,2009.

74.［德］恩斯特·卡西尔.卢梭·康德·歌德[M].刘东,译.北京:生活·读书·新知三联书店,2002.

75.［德］雅斯贝尔斯.什么是教育[M].邹进,等译.北京:生活·读书·新知三联书店,1991.

76.［德］汉斯·萨内尔.雅斯贝尔斯[M].北京:中国社会科学出版社,1992.

77.［德］胡塞尔.纯粹现象学通论[M].［荷］舒曼,编.李幼蒸,译.北京:商务印书馆,1996.

78.［德］埃德蒙德·胡塞尔.笛卡儿式的沉思[M].张廷国,译.北京:中国城市出版社,2002.

79.［德］海德格尔.路标[M].孙周兴,译.北京:商务印书馆,2009.

80.［德］海德格尔.在通向语言的途中[M].孙周兴,译.北京:商务印书馆,2009.

81.［德］海德格尔.面向思的事情[M].陈小文,孙周兴,译.北京:商务印书馆,2009.

82.［德］海德格尔.依于本源而居[M].孙周兴,编译.杭州:中国美术学院出版社,2010.

83.［德］福禄倍尔.人的教育[M].孙祖复,译.北京:人民教育出版社,2001.

84.［德］弗里德里希·席勒.审美教育书简[M].张玉能,译.南京:译林出版社,2009.

85.［德］莫里茨·石里克.自然哲学[M].陈维杭,译.北京:商务印书馆,2007.

86.［德］恩斯特·海克尔.宇宙之谜[M].郑开琪,等译.上海:上海译文出版社,2002.

87.［德］波佩尔·恩斯特.意识的限度:关于时间与意识的新见解[M].李百涵,韩力,译.北京:北京大学出版社,1995.

88.［法］帕斯卡尔.帕斯卡尔思想录[M].何兆武,译.武汉:湖北人民出版社,2007.

89. [法]让雅克·卢梭. 论科学与艺术[M]. 何兆武,译. 上海:上海人民出版社,2007.

90. [法]让雅克·卢梭. 论人与人之间不平等的起因和基础[M]. 李平沤,译. 北京:商务印书馆,2007.

91. [法]卢梭. 爱弥尔(上)(下)[M]. 李平沤,译. 北京:人民教育出版社,2001.

92. [法]卢梭. 社会契约论[M]. 何兆武,译. 北京:商务印书馆,2003.

93. [法]霍尔巴赫. 自然的体系[M]. 管士滨,译. 北京:商务印书馆,2009.

94. [法]孔狄亚克. 人类知识起源论[M]. 洪洁求,洪丕柱,译. 北京:商务印书馆,2007.

95. [古希腊]亚里士多德. 灵魂论及其他[M]. 吴寿彭,译. 北京:商务印书馆,2007.

96. [古罗马]玛克斯·奥勒留. 沉思录[M]. 南京:译林出版社,2009.

97. [古罗马]波爱修斯. 哲学的慰藉[M]. 代国强,译. 南昌:江西人民出版社,2007.

98. [荷]凡·高. 凡·高自传——凡·高书信选[M]. [美]欧文·斯通,吉恩·斯通,编. 澹泊,徐汝舟,周良仁,等译. 长沙:湖南文艺出版社,1994.

99. [捷]夸美纽斯. 大教学论[M]. 傅任敢,译. 北京:教育科学出版社,2001.

100. [捷]夸美纽斯. 夸美纽斯教育论著选[M]. 任宝祥,熊礼贵,鲍晓苏,等译. 北京:人民教育出版社,2005.

101. [美]罗伯特·所罗门. 大问题——简明哲学导论[M]. 张卜天,译. 桂林:广西师范大学出版社,2009.

102. [美]撒穆尔·伊诺克·斯通普夫,詹姆斯·菲泽. 西方哲学史(第七版)[M]. 丁三东,等译. 北京:中华书局,2008.

103. [美]休斯敦·史密斯. 人的宗教:人类伟大的智慧传统[M]. 刘安云,译. 海口:海南出版社,2006.

104. [美]爱默生. 爱默生集[M]. 范圣宇,编译. 广州:花城出版社,2008.

105. [美]巴雷特. 非理性的人——存在主义哲学研究[M]. 段德智,译. 上海:上海译文出版社,2007.

106. [美]恩斯特·迈尔.进化是什么[M].田洺,译.上海:上海科学技术出版社,2003.

107. [美]杰拉尔德·埃德尔曼.第二自然——意识之谜[M].唐璐,译.长沙:湖南科学技术出版社,2010.

108. [美]爱德华·O.威尔逊.论人性[M].方展画,周丹,译.杭州:浙江教育出版社,2001.

109. [美]洛伊斯·Z·玛格纳.生命科学史[M].刘学礼,主译.上海:上海人民出版社,2009.

110. [美]C·丹尼斯,R·加拉格尔.人类基因组:我们的DNA[M].林侠,李彦,张秀清,译.北京:科学出版社,2003.

111. [美]罗伯特·索拉索.21世纪的心理科学与脑科学[M].朱滢,陈恒之,等译.北京:北京大学出版社,2002.

112. [美]尼古拉斯·魏德.造化之极:大脑[M].张旭东,译.长春:长春出版社,2001.

113. [美]安东尼·史蒂文斯.二百万岁的自性[M].杨韶刚,译.北京:中国社会科学出版社,2003.

114. [美]D.M.巴斯.进化心理学:心理的新科学[M].熊哲宏,译.上海:华东师范大学出版社,2007.

115. [美]安乐哲,江文思.孟子心性之学[M].北京:社会科学文献出版社,2005.

116. [美]莱斯列·斯蒂芬森,大卫·哈贝曼.世界十大人性哲学[M].施忠连,译.上海:复旦大学出版社,2007.

117. [美]爱德华·S·里德.从灵魂到心理[M].李丽,译.北京:生活·读书·新知 三联书店,2001.

118. [美]卡尔·萨根.神秘的宇宙[M].周秋麟,吴依悌,等译.天津:天津社会科学院出版社,2006.

119. [美]普拉特纳.卢梭的自然状态[M].尚新建,余灵灵,译.北京:华夏出版社,2008.

120. [美]马尔库塞.单向度的人——发达工业社会意识形态研究[M].刘继,译.上海:上海译文出版社,2006.

121. [美]沃特伯格.什么是艺术[M].李奉栖,张云,胥全文,等译.重庆:重庆大学出版社,2011.

122. [美]约翰·杜威.民主主义与教育[M].王承绪,译.北京:人民教育出版社,2001.

123. [美]约翰·杜威.我们怎样思维·经验与教育[M].姜文闵,译.北京:人民教育出版社,2005.

124. [美]约翰·杜威.杜威教育名篇[M].赵祥麟,王承绪,译.北京:教育科学出版社,2006.

125. [美]托马斯·亚力山大.杜威的艺术、经验与自然理论[M].谷红岩,译.北京:北京大学出版社,2010.

126. [美]威廉姆斯·多尔.后现代课程观[M].王红宇,译.北京:教育科学出版社,2000.

127. [美]迈尔.生物学哲学[M].涂长晟,等译.沈阳:辽宁教育出版社,1992.

128. [美]巴格莱.教育与新人[M].袁桂林,译.北京:人民教育出版社,1996.

129. [美]汉娜·阿伦特.精神生活·意志[M].姜志辉,译.南京:江苏教育出版社,2006.

130. [挪威]让-罗尔·布约克沃尔德.本能的缪斯—激活潜在的艺术灵性[M].王毅,孙小鸿,李明生,译.上海:上海人民出版社,1997.

131. [瑞士]卡尔·古斯塔夫·荣格.未发现的自我[M].张敦福,赵蕾,译.北京:国际文化出版公司,2007.

132. [瑞士]皮亚杰.生物学与认识[M].尚新建,等译.北京:生活·读书·新知 三联书店,1989.

133. [瑞士]皮亚杰.发生认识论原理[M].王宪钿,等译.北京:商务印书馆,1997.

134. [瑞士]皮亚杰. 皮亚杰教育论著选[M]. 卢濬,选译. 北京:人民教育出版社,1990.

135. [瑞士]裴斯泰洛齐. 裴斯泰洛齐教育论著选[M]. 夏之莲,等译. 北京:人民教育出版社,1992.

136. [瑞士]普法伊费尔,[加]邦加德. 身体的智能——智能科学新视角[M]. 俞文伟,陈卫东,杨建国,等译. 北京:科学出版社,2009.

137. [日]福泽谕吉. 福泽谕吉教育论著选[M]. 王桂,主译. 北京:人民教育出版社,1991.

138. [苏]苏霍姆林斯基. 把整个心灵献给孩子[M]. 唐其慈,等译. 天津:天津人民出版社,1981.

139. [英]罗素. 西方哲学史[M]. 何兆武,李约瑟,译. 北京:商务印书馆,2009.

140. [英]罗素. 人类的知识[M]. 张金言,译. 北京:商务印书馆,2008.

141. [英]约瑟夫·巴特勒. 自然宗教与启示宗教之类比[M]. 闻骏,译. 武汉:武汉大学出版社,2008.

142. [英]阿尔弗雷德·怀特海. 自然的概念[M]. 张桂权,译. 北京:中国城市出版社,2002.

143. [英]F·克里克. 惊人的假说[M]. 汪云久,等译. 长沙:湖南科学技术出版社,2007.

144. [英]达尔文. 人类的由来[M]. 潘光旦,胡寿文,译. 北京:商务印书馆,1997.

145. [英]恩里科·科恩. 基因的艺术[M]. 陈志夏,等译. 长沙:湖南教育出版社,2000.

146. [英]马特·里德利. 基因组:人种自转23章[M]. 刘菁,译. 北京:北京理工大学出版社,2003.

147. [英]T·A·布朗. 基因组[M]. 袁建刚,周严,强伯勤,译. 北京:科学出版社,2002.

148. [英]约翰·格里宾. 双螺旋探秘——量子物理学与生命[M]. 方玉珍,等译. 上海:上海科技教育出版社,2001.

149. [英]休谟. 人性论[M]. 关文运,译. 北京:商务印书馆,2004.

150. [英]劳伦斯. 现代教育的起源和发展[M]. 纪晓林,译. 北京:北京语言学院出版社,1992.

151. [英]沛·西能. 教育原理[M]. 王承绪,赵端瑛,译. 北京:人民教育出版社,2009.

152. [英]乔伊·帕尔默. 教育究竟是什么[M]. 任钟印,诸惠芳,译. 北京:北京大学出版社,2008.

153. [英]彼德·罗素. 地球脑的觉醒[M]. 张文毅,贾晓光,译. 哈尔滨:黑龙江人民出版社,2004.

154. [意]蒙台梭利. 童年的秘密[M]. 马荣根,译. 北京:人民教育出版社,2005.

155. [意]蒙台梭利. 蒙台梭利幼儿教育科学方法[M]. 任代文,译. 北京:人民教育出版社,2001.

156. [意]克罗齐. 美学原理:美学纲要[M]. 朱光潜,等译. 北京:人民文学出版社,1983.

157. [印]克里希那穆提. 教育就是解放心灵[M]. 张春诚,唐超权,译. 北京:九州出版社,2010.

158. Alison Clark. *Listening to Young Children:a Guide to Understanding and Using the Mosaic Approach*. London:Jessica Kingsley Publishers,2017.

159. Berger,Kathleen Atassen. *The Developing Person Through the Life Span*. New York:R. R. Donnelley&Sons Company,2005.

160. Brinich, Paul & Shelley, Christopher. *The Self and Personality Structure*. London:The Cromwell Press,2002.

161. Chomsky Noam. *On Democracy&Education*. London:Routledge Falmer,2003.

162. Cathy Nutbrown, Peter Clough. *Early Childhood Education:*

History, *Philosophy and Experience*. Los Angeles, London: SAGE, 2014.

163. Davidson, Thomas. *Rousseau and Education according to Nature*, New York: Charles Scribner's Sons, 1900.

164. Dean, Richard. *The Value of Humanity in Kant's Moral Theory*. Oxford: Oxford University Press, 2006.

165. Ehrlich, Paul R. *Human Natures: Genes, Cultures and the Human Prospect*. Washington: Island Press, 2000.

166. Frank, Lawrence K. *Nature and Human Nature*. London: Rutgers University Press, 1951.

167. Grunwald, Armin, Gutmann, Mathias, Eva M. *On Human Nature: Anthropological, Biological, and Philosophical Foundations*. Berlin: Springer, 2002.

168. Helen Penn. *Understanding Early Childhood: Issues and Controversies*. Maidenhead: McGraw-Hill/Open University Press, 2008.

169. Immanuel Kant, *Critique of Pure Reason*. Beijing: China Social Science Publishing House, 1999.

170. Joyce Richard. *The Evolution of Morality*. London: The MIT Press, 2006.

171. Jung C. G. *AION—Researches into the Phenomenology of the Self*. London: Routl-edge, 1989.

172. Kristen Nawrotzki, Kirsten Scheiwe, Harry Willekens. *The Development of Early Childhood Education in Europe and North America: Historical and Comparative Perspectives*. Basingstoke: Palgrave Macmillan, 2015.

173. Lopreato, Joseph. *Human Nature & Biocultural Evolution*, Boston: Allen & Unwin, 1984.

174. Nairne, James S. *Psychology: the Adaptive Mind*. New York: Von Hoffman Press, 1999.

175. Richard A. & Mahwah, Lippa. *Gender, Nature and Nurture*. London: Routledge, 2002.

176. Richards, Janet Radcliffe. *Human Nature after Darwin*. London: Routledge, 2000.

177. Roy Lowe. *The Death of Progressive Education ——How teachers lost control of the classroom*. London and New York: Routledge, 2007.

178. Stevenson, Leslie & David L, Haberman. *Ten Theories of Human Nature*. Oxford: Oxford University Press, 2009.

179. Vannelli Ron. *Evolutionary Theory and Human Nature*. Boston: Kluwer Academic Publishers, 2001.

180. Woodburne, Angus Stewart. *Human Nature and Education*, Oxford: Oxford University Press, 1926.

181. William Walker Atkinson. *Human Nature its Inner States and Outer Forms*. New York: R. F. Fenno & Co, 1910.

论文类：

182. 孔宪铎. 基因与人性[D]. 北京：北京大学, 2009.

183. 李颖. 教育的人性追寻——西方社会转型时期的教育转型及其启示[D]. 长春：东北师范大学, 2006.

184. 苗雪红. 论儿童的精神成长[D]. 南京：南京师范大学, 2008.

185. 庞庆举. 教育学的人性假设与理论构建的关系初探[D]. 上海：华东师范大学, 2008.

186. 刘素民. 烙在人性上的神之睿智——托马斯·阿奎那自然法思想研究[D]. 武汉：武汉大学, 2004.

187. 毕世响. 教育的根本："自然"与"人的天性"——教育有没有进化[J]. 江

苏教育研究.2009(28).

188. 毕世响.用人类的全部文化养育德性与智慧[J].江苏教育研究,2009(4).

189. 陈桂生.话说"以不教为教"[J].教育学术月刊,2011(2).

190. 陈桂生.教育价值的缺失与寻求[J].北京大学教育评论,2010(2).

191. 陈真.苏格拉底为何认为"无人自愿作恶"?[J].南京师范大学学报(社会科学版),2010(5).

192. 陈波,陈巍,丁峻.具身认知观:认知科学研究的身体主题回归[J].心理研究,2010(4).

193. 陈嘉明.从科学主义到非科学主义——现代西方哲学的范式转换[J].复旦学报(社会科学版),1995(2).

194. 冯建军.生命教育论纲[J].湖南师范大学教育科学学报,2004(5).

195. 范捷平,李其龙.人类遗传基因工程——人文主义和人文教育的终结?——德国理论界关于人文主义的大讨论[J].外国教育资料,2000(5).

196. 郭斯萍.人性:西方心理学的误区与中国文化的解读[J].南京师范大学学报(社会科学版),2000(5).

197. 高华.符合孩子天性的教育[J].教育导刊(幼儿教育),2006(5).

198. 华爱华.论婴幼儿早期发展中"教"与"养"关系[J].华东师范大学学报(教育科学版),2009(2).

199. 侯莉敏.幼儿教育:崇尚天性 回归自然[J].早期教育(教师版),2005(6).

200. 何静.具身认知的两种进路[J].自然辩证法通讯,2007(3).

201. 鲁洁.实然与应然两重性:教育学的一种人性假设[J].华东师范大学学报(教育科学版),1998(4).

202. 鲁洁.一个值得反思的教育信条:塑造知识人[J].教育研究,2004(6).

203. 鲁洁.教育的原点:育人[J].华东师范大学学报(教育科学版),2008

(4).

204. 鲁洁.超越性的存在——兼析病态适应的教育[J].华东师范大学学报(教育科学版),2007(4).

205. 刘晓东.论教育与天性[J].南京师范大学学报(社会科学版),2003(4).

206. 刘晓东.从学习取向到成长取向:中国学前教育变革的方向[J].学前教育研究,2006(4).

207. 刘晓东.中国需要一场现代教育运动[J].幼儿教育(教育科学),2010(27).

208. 刘晓东.儿童本位:从现代教育的原则到理想社会的生成[J].全球教育展望,2014(5).

209. 刘晓东.学前教育理论发展存在的问题与未来的路向[J].教育学报,2010(5).

210. 刘晓东.论儿童教育的出路[J].幼儿教育(教育科学版),2008(11).

211. 刘晓东.教育学是学科之林里的中心学科[J].教育科学研究,2010(5).

212. 刘晓东.论教育的本质[J].学前教育研究,1998(4).

213. 刘铁芳.从自然人到社会人:教育人性基础的现代转向[J].华东师范大学学报(教育科学版),2010(4).

214. 刘铁芳.文化破碎中的乡村教育[J].青年教师,2008(8).

215. 刘铁芳.教育是一种等待的艺术——由华德福教育模式谈教育的现代化问题[J].江苏教育,2009(5).

216. 刘铁芳,樊杰.古典传统的回归与教养性教育的重建[J].高等教育研究,2010(11).

217. 刘铁芳.从苏格拉底到杜威——教育的生活转向与现代教育的完成[J].北京大学教育评论,2010(2).

218. 刘旭东.论非理性教育[J].西北师范大学学报(社会科学版),1996(1).

219. 李树青.天性与人性[J].江苏社联通讯,1983(3).

220. 李社教. 从康德的"理性批判"到卡西尔的"文化寻根"[J]. 华中师范大学学报(人文社会科学版),2004(4).

221. 雷红霞,杨伟清. 休谟人性哲学的意义及困境[J]. 江汉论坛,2002(9).

222. 倪梁康. 心性现象学的研究领域与研究方法[J]. 华东师范大学学报(哲学社会科学版),2011(1).

223. 彭正梅,[德]本纳. 普通教育学的奠基之作——纪念赫尔巴特《普通教育学》发表二百周年[J]. 全球教育展望,2007(2).

224. 王春燕. 张雪门幼稚园行为课程及其现代意义[J]. 华东师范大学学报(教育科学版),2008(4).

225. 王坤庆. 关于人性与教育关系的探讨[J]. 教育研究与实验,2007(3).

226. 王慧. 工具人的退隐和目的人的浮现——中国教育本质研究60年[J]. 中国教师,2009(10).

227. 汪力. 论帕斯卡尔的上帝之赌[J]. 理论界,2010(2).

228. 王北生. 教育的人性基础与人性化教育[J]. 教育科学,2010(4).

229. 王琰. 从杜威的视角看赫尔巴特的"教育即塑造"[J]. 教学与管理,2007(36).

230. 吴康宁. 儿童的自主创新:天性、天能与天权[J]. 福建论坛(社科教育版),2009(7).

231. 肖绍明,扈中平. 教育何以复归人性[J]. 高等教育研究,2010(6).

232. 项贤明. 走向"成人"之学[J]. 南京师范大学学报(社会科学版),1998(4).

233. 虞永平. 实习场与幼儿园课程[J]. 幼儿教育,2007(1).

234. 虞永平. 幼儿园"小学化"现象透视[J]. 教师博览,2014(11).

235. 虞永平. 从物质环境中感知幼儿园课程文化[J]. 教育导刊,2008(7).

236. 叶浩生. 具身认知:认知心理学的新取向[J]. 心理科学进展,2010(5).

237. 叶浩生. 西方心理学中的具身认知研究思潮[J]. 华中师范大学学报(人

文社会科学版),2011(4).

238. 叶浩生.有关具身认知思潮的理论心理学思考[J].心理学报,2011(5).

239. 杨宁.进化、发展和儿童早期教育[J].学前教育研究,2009(9).

240. 杨子云,郭永玉.从行为遗传学看人格发展中的天性与教养[J].华中师范大学研究生学报,2004(1).

241. 周文杰,周红路.中国哲学研究的新课题——游戏哲学[J].江汉论坛,2011(6).

242. 周维贵.天真世界与经验世界:论劳伦斯动物诗的存在主题[J].重庆科技学院学报(社会科学版),2011(8).

243. 张盾,田冠浩.卢梭的问题 康德的回答——重思康德先验伦理学的动机[J].社会科学,2008(9).

244. Bryan J, Singleton, Andrew B. Nature versus Nurture:Death of a Dogma, and the Road ahead [J]. Neuron, 2010, 68(2).

245. Bass, Randall V, Good J. W. Educare and Educere:Is a Balance Possible in the Educational System? [J]. The Educational Forum, 2004, 68(2).

246. Deary, Vincent Johnson, Wendy. Looking for the Fundamentals of Human Nature [J]. Mental Health, 2009, 18(6).

247. Frank Miele. The Revival of Human Nature ≠ The Denial of Human Nurture [J]. Skeptic, 2004, 11(2).

248. Jai Sai Ram. On Educare [J]. Radiosai Journal, 2004, 2.

249. J. W. M. On the Word 'Educare' [J]. The Classical Review, 1921, 35(1-2).

250. Keohane, Mary. A. S. Neill:Latter-Day Dewey? [J]. The Elementary School Journal, 1970, 70(8).

251. Michel G F, Tyler A N. Developing Human Nature:"Development to" versus "Development from?" [J]. Developmental Psychobiology, 2007,

49(8).

252. Peter Moss. Power and Resistance in Early Childhood Education: from Dominant Discourse to Democratic Experimentalism [J]. Journal of pedagogy,2017,1.

253. Papastephanou,Marianna. To Mould or to Bring out? Human Nature, Anthropology and Educational Utopianism [J]. Ethics and Education, 2014, 5(23).

254. Robert,Jason Scott. The Comparative Biology of Human Nature [J]. Philosophical Psychology,2008, 21(3).

255. Rentzou, Konstantina. Greek Early Childhood Educators' Conceptualization of Education, Care and Educare Concepts [J]. Early Years, 2017, 9.

256. Thompkins, E F. The Money and the Cow [J]. Philosophy, 1992, 67(259).

附 录

附录一

educare：一个值得引入的幼教概念[①]

苗 曼

（江苏师范大学教育科学学院，徐州 221116）

[摘要] educare 一词在西方幼教界广为使用，在我国学界却长期不为人知。辞源学考察表明，educare 与 education 同源同祖，仅在精微层面含义有别。这两个近亲概念间的精微之别意蕴深远——它为进一步辨明幼儿教育的根本性质提供了独特视角。educare 语义表征下的幼儿教育与其他学段的教育在性质层面有大不同：幼儿教育的使命不在于任何形式的"自外而内的输入性学习"，而在于"对幼儿内发性精神成长的保育"。educare 概念的引入对我国幼教学科的理论发展和实践转向均具有重要意义。幼儿教育应勇于践履 educare 内涵指引下的本真使命。

[关键词] educare；早期幼儿教育；根本使命

[①] 本文刊发于《学前教育研究》2018 年第 12 期。

任何学科的发展无不依托于某个特定的"概念群"。"概念群"中的一个个"概念"既是构成该学科理论发展的基本砖块，同时也是形塑、规限乃至支配该学科理论建构的隐性决定因素。在一定程度上可以说，有什么样的"概念"体系，就会有什么样的"学科上层建筑"。新概念的不时引入对学科的发展具有重要意义。在国际学术交流愈来愈普遍化的今天，来自英语国家的许多教育词汇也基本上为我国教育学者所熟知。然而，有一个教育词汇却一直很少进入我国教育研究者的视野(这一点从《中国知网》的检索结果可知)，它就是"educare"。另外，更多的英文数据库搜索表明，"educare"一词出现的研究语境大多集中在幼教领域。2011年我国幼教学者秦金亮教授就曾敏锐发现："近年来，在相关文献中，'educare'一词出现的频率越来越高……"[1] 总体来说，相比于其他学段的研究者而言，该词往往更容易引起"幼教"研究者的注意。因此，在一定意义和一定程度上可以说，educare 其实是一个幼儿教育的专属概念。那么，该词的语言学来历如何？它的专属于幼儿教育这一现象有无特别深意？更重要的，幼儿教育不同于其他教育阶段的性质和使命，是否有可能通过考察这一概念而得到进一步彰显？还有，对于我国的幼儿教育实践而言，这一概念的学术性缺位意味着什么？这些问题构成了本文之考察重点。

一、educare 一词的词源追溯及现代蕴含

educare 并非一新兴词汇，而是具有古老的历史渊源。"大多数人都忽视了这一词汇，直到几年前斯瓦密(Swami)在探讨教育问题时首先使用了它。之后许多人便仓促下结论，说这是一个新词……其实并非如此……实际上，educare 是一个起源于拉丁语的古老词汇。"[2] 在拉丁语中，"educare 的原始意义很明确，就是指养育小孩子，其意思与 nurture 等同"[3]。不过，educare 并非一个孤立存在的词汇，而是与其他一些词具有密切的亲缘关系，西方学术界对这些关系的看法大致分为三种。

第一种观点认为：educare 的词根是 edu，它与另一个具有 edu 词根的单词 educere 比肩并存，类似于姊妹词关系。"在拉丁语中，educare 和 educere 是两个并列而立的词汇，没有任何一个是来自于另外一个。"[4] 也就是说，educare 与 educere 具有一定的伴生发展关系。不仅如此，这种伴生关系还直接促成了另一个以 edu 为词根的著名词汇——education 的生成。"英语单词 education 有两个拉丁词源，一个是 educare，一个是 educere，尽管两者意思有所不同，但这两个意思都被涵括在我们常用的 education 一词中。"[5] 以上研究表明，edu 是构成 educare、educere、education 这三个亲缘词之间的内在纽带，因而 edu 这一词根的蕴意——对内发性的无形精神生命的成长予以引导并使之外显化——在 educare 的构词解读中具有举足轻重的地位。至此，educare 一词的语言起源并不明朗。但是，也有学者提出："educare 是从 educere 转化来的，是 educere 的弱化形式。"[6] 这一方面可说明 educare 一词的由来，另一方面也有所表明：educare 和 educere 虽伴生发展，但两者之间仍存在微弱的语义之别。换句话说，它们在构成 education 的关键内涵时，其语义支持功能并非完全"同而无别"。这一判断将在下文中继续论证。

第二种观点认为：educare 其实比 educere 对 education 一词的词源贡献更大。"通常使用的 education 一词事实上来自于 educare。"[7] "educate 其实是 educare 的分词形式，其意思是养育、抚育幼儿或小动物；education 的意思还与 educere 有关，该词的意思是把内在的东西牵引或引导出来。"[8] 据此，一个重要的思路或可形成：在一对类似姊妹关系的伴生词汇中，educare 后来居上，渐渐超越 educere 而构成了 education 的语义母体所在（educate 是 educare 的分词形式，这表明两者本是一个词的不同时态形式而已），而 educere 仅仅着重贡献了 education 的局部功能，即"专门性的引导活动"（也就是把一种泛化形态的照料活动，变为一种渐渐具有专门目的和专业方法的活动，比如学校教育中目的明确的课堂教学活动）。另外，educare 与 educate 的基本之别在于时态层面，这一结论更进一步蕴示：educate 这类活动其实是 educare 在时态意义上的延展，两者之间具有时间上的延续与承接关系。考虑到"分词"主要用于"完成时态"这一语言学现象，更深入的推断或亦可生成：educate 其实是 educare 活动"完成"之后的活动形式，亦即 educare 乃 education 的先行或初期存在形态，而 education 乃是在 educare 基础上后续形成的功能专门化活动。由此，educare 仅用于幼儿教育阶段而 education 则通用于其后的所有正规教育学段，这一现象就不足为怪，并有了清晰的理解思路。当然，两者之间仍有极为密切的联系——如果在幼儿期没能受到优质的 educare，后续学段的 education 活动便难以顺畅展开。另外，两者之间的这种既有承接又有分别的关系，也可通过其在语用习惯上的渐渐分流而得以进一步确认："像大家通常所熟知的，education 主要用于为谋生而存在，而 educare 则是生命前行的指南针。"[9]换言之，如果说 education 仅仅主要关注"对谋生有用的知识学习"这一明确目的的话，那 educare 则更加宽泛地关注人内心力量的自然成长。综上，与第一种观点相比，第二种观点既深度揭示了 educare 与 education 的密切关联，同时也揭示了两者之间意蕴深远的精微之别。这一精微之别在一定程度上启示着幼儿教育与学校教育之别——幼儿教育比后续学段具有更为宽泛更为低调的教育定位——仅定位于对内在生命成长的关注，而非对任何"学习"性成果的关注。

第三种观点认为：educare 的真正词根是"duca"而不是"edu"，它其实与教育并没有太大关联，而仅仅指向对幼小儿童的生活照料。[10]"从词源上说，educare 并不是一个 edu 和 care 的复合词，而是 e-ducare 式构成结构"[11]"educare 一词并不可直接用于分析 educate 一词的意义。educare 的意思在比较中性的意义上，仅指养育、抚养、培育儿童、植物、动物等等。educate 是在后来的发展中才逐渐获得了更多的言外之意。"[12]这里的意思是说，educare 本身在初始时并不具有 education 中"对精神成长的专门化引导功能"这层意思，当今 educate 中所蕴含的这层重要含义，乃是其自身在后来的发展中逐渐形成的，而不是从 educare 处承继而来的。很明显，这第三种观点与前两种观点迥然有异。姑且勿论孰对孰错，仔细分辨之下，便会发现这一迥异之中仍有着清晰的共识，那就是 eudcare 的含义更加明朗——仅指对幼小儿童的照料性活动。更重要的是,这种迥异也使另一结论跃然浮现:educare 与 educaiton 之间具有比原来所能想象的大得多的距离——就像一条河流的发源,educare 与 education 之间虽具有不可割裂的源流关系,但两者其实具有截然分明的河段性质。前者是宽阔的,并没有特定目的和方向,后者则渐渐生成了各种不同的流向与目的。(固然,对幼儿的身体与精神力求进行好的照料,这本身也是一种方向性,但这一方向性不是成人设计的,甚至也不是稳定不变的,而是随时根据幼儿的需要而不断调整的,因而这样的目的不算是特定的。"照料"这个词汇本身的定位就是服侍,是根据主人的需要而提供服务,明确的方向性不是其内在属性。而学校教育则不然。学校教育固然有服务于儿童的发展这一内在目的,但从古至今,学校教育的外在社会性目的和功能都是明显的。)更进一步说,当教育并没有形成一种专门的活动(education)时,它只处于一种抚育照料的性质阶段,当然这种照料绝不仅限于狭义上的身体照料,而是涵括对更内在更无形的精神成长的照料。这种内在无形的精神之存在其实在现代生物学视野内亦有反映:"基因型(或遗传程序)是可以追溯到生命起源的历史产物。它体现了过去一切祖先的'经验',正是由于这一点使生物成为历史现象。"[13]借此,我们或可进一步厘清 educare 与 education 之间的意义分别:如果说 education 概念具有"教"和"育"之双重含义的话,那么 educare 其实仅涉及其中"育"这一层面。

总之,以上三种观点,虽各有不同,但却共同地蕴示或指向——educare 是与 education 含义有别的概念——这一重要结论。

词源史追踪之外,educare 在现代英语语言体系中的转义同样值得考察。任何一个古老词汇都难免会在长期的历史演变进程中或多或少地逐渐发生某些意义流转,一些"移植"进入新语言体系的词汇就更如此。educare 这一古老的拉丁词汇,当它在时间的长河中终于正式成为现代英语语言体系的一分子,其含义上发生一定的改变几乎是必然的。educare 一词在英语语言土壤中生成的新含义主要体现在以下两个层面:其一,在英语构词规律的隐形作用下,educare 在一定程度上具有了 edu+care 这一复合含义,亦即 edu 词根的内涵合并上 care 一词的内涵。"为了阐述教育与保育的整合,不同的词被创生出来。Caldwell 1989 创造了一个词 educare,用来阐述一种教育路径,该路径提供了一种发展适宜性的教育与保育……的可能结合。"[14](这里需要略作解释的是,作为一个拉丁词汇,educare 早已存在;作为一个英语词汇,educare 仅有一个短暂得多的历史。这里创造了一个词,是在 educare 成为一个英文单词的意义上而言的。)"Hayes 2007 年选择了'educare'这一术语来强调……幼儿是一个整全的人。"[15] 由此可见,educare 这一词汇在当今英语语言的语义范畴内承担着引领"保教一体"进程的隐含功能。另外,在诸多的幼教研究文献中,亦可经常见到"care、educare、education"三者并肩而立的现象,这也从侧面上显示了 educare 既不同于一般意义上的身体保育,也不同于一般意义上的教育活动,而是具有另外的可能内涵。应当说,educare 在英语语言中所实现的这一内涵的微小拓展,既不与其古老原意——养育照料小孩子——相冲突,又使这一词汇获得了更为深刻的语义内容——它隐约勾画了幼儿教育不同于一般意义上的 education,亦有别于身体保育的另外一种未知性质。(后续探讨将进一步指明,这一性质指向对幼儿内发性精神成长的保育。)其二,在现代英语中,educare 一词的 edu 词根含义逐渐发生了一定程度的弱化。这里是说,在 educare 作为一个英语词汇的身份中,"自内而外地牵拉引导"之意不再明显,却相对强化了其后半部分 care 的语义。这一判断可通过该词在日常生活层面的使用情况得以初步印证。在日常使用层面,educare 有时被用来命名一些提供教育性帮扶活动的教辅机构,而传统意义上直接开展教育活动的正规幼儿园,则不在此列。

综上,结合 educare 的词源历史及现代转义,作者认为,一个具有古老历史的拉丁词汇,之所以能够成功移植融入现代英语的语言体系,并在近百年乃至近几十年的时段内,被从事幼儿教育的人们较为经常地使用,这并不是偶然的,而是因为它的词义在英语语言体系内有其独立的存在价值,更重要的是因为它的词义内在地契合了现代幼儿教育所待求索的某种方向。具体来说,上述语言学追溯显示 educare 一词的基本蕴含如下：educare 与 education 具有密切关联，但却不像一般意义上的 education 那样具有明确教育目的，它仅指向对幼儿内在精神发育与成长的关爱、支持与照料。

二、educare 概念的引入对我国幼儿教育学科发展的理论意义

学科领域中新概念的引入，应首先服务于该学科重大理论问题的探明与解决。对 6 岁之前的幼儿所进行的"学前教育"——这一不管在"办学形态"还是"学科命名"上都显然有别于"学校教育"的特殊学段，究竟有无其独立的教育使命？如有，这一使命是什么？这一事关幼儿教育根本性质的重大理论问题，答案至今仍极不明朗。或许，在我国幼儿教育的既有学术概念群中，实在还没有任何一个现成的概念，足以应对这一理论问题的可能回答。在此意义上或许可以说，educare 一词恰是从"概念层"投向这一理论"黑洞"的一束光亮。

（一）幼儿教育本质上属于 educare 而不是 education

educare 与 education 在精微层面上含义有别——教育（education）在绝大多数情况下是一种由"明确目的"构成的活动，不管这一目的的出发点是什么。因而 education 名义下的各级各类活动，基本上都具有一定的外在目的指向性。但 educare 则不同。educare 所表征的只是一种跟教育有关的关爱、支持、保护与照料性的服务活动，因而它并不在"服务"之外设立另外的活动目的。换句话说，educare 并不像 education 那样服务于"外在生活之追求"，而是服务于"内在生命之成长"。因而生命本身之内在方向就是 educare 这类活动的方向，除此之外它并不会也不需要再另外确立自己的方向。不得不说，作为一个专门指称幼儿教育的词汇，educare 对幼儿教育性质的表征，远比笼统的 preschool education 清晰得多。事实上，这一表征不仅清晰而且意蕴深远：幼儿教育并不仅仅是与普通教育"同质"的预备阶段，而是另有其自身独特的使命。幼儿教育之根本任务，既不

在于使幼儿获得"教""学"层面上的"有用"知识,也不仅仅在于动用各种途径去发展幼儿某些具体的身心能力,这些都不是幼儿教育的根本使命之所在。因为,儿童自身本已具有巨大的建设能力。"承认自己不是建设者,而仅仅是这一建设过程的合作者,成人才能很好地履行其真正职责……儿童是在内部导引的保护下,在深奥的心理秘密深处进行这一(形成人)工作的。"[16]蒙台梭利关于幼儿教育性质的探察,与educare一词对幼儿教育的表征具有异曲同工之妙。正是在这种性质定位下,蒙台梭利极力主张幼儿的真正教师存在于幼儿内部,谓之"内部教师"。而幼儿的"外部教师"之责任仅在于"辅助"内部教师之工作。外部教师的这种辅助性工作,展开来看其实不就是educare所表征的这些内涵吗?——为幼儿的内发性精神成长提供非干预性的、服务性的、随动性的照料与护理活动。需要指出的是,这一辅助性、照料性任务之优质完成绝非易事。对于"无形精神"之保育,其中的难度绝不会低于"知识教育"乃至"能力培养"这类教育定位。幼儿教育完全不必东施效颦,非要像学校教育那样通过提供某些教学性劳动,才觉得自身的价值能够得以彰显。从福禄贝尔最初创立"kindergarten"之始,幼儿园的本意就是儿童的花园,亦即在成人educare之下的儿童成长的花园,而不是用于education的专门机构。遗憾的是,这一根本定位在现代教育的功利追求中正一步步趋于流失和异化。

(二)educare有别于care

在西方幼教学界,care一词对应于我国幼儿教育语境中的"保育",也就是主要指身体层面的保育。educare无疑亦属于广义的保育之范畴,但是它所指向的保育,却不同于通常的身体保育之内容。educare具有自身特定的保育内容,那就是对无形的精神成长的保育(这里"精神"一词同时涵括心理与心灵两个层面)。结合文章第一部分对educare一词的内涵解读,educare的根本指向是对内发性、自发性、自主性精神成长所提供的外部保护和关照。当然,该词的前半部分"edu"并无显性的"精神"之含义成分,但根据这一词根的核心内涵(把内在的东西引导而出），这里的"内在"显然不是指身体的内在成长，而是指向无形的精神层面。因而，我们姑且选用"精神保育"这一概念来简单指称 educare 之基本内涵。那么，何谓"精神保育"？应当说，这一术语在当前幼教学界，并不令人熟悉而亲切，而是多少有些陌生而唐突。

但有一位著名的幼儿教育家，在其丰厚的思想体系中，却为这一术语的提出奠定了潜在的理论基础——蒙台梭利认为"正在实体化的儿童是一个精神的胚胎，他需要自己特殊的环境。正如一个肉体胚胎需要母亲的子宫并在那里得以发育一样，精神的胚胎也需要外界环境的保护"[17]。也就是说，除了日常生活层面的身体保育的任务之外，幼儿教育还有一个更为重大的使命等待人们去认识和发现，那就是对幼儿内在的心理发生与精神成长进行精准的专业护理和照料。而这些无形的心理与精神的茁壮成长，正是日后关系到"education"成败的根基所在。更重要的是，根据蒙台梭利的卓越识见——幼儿"精神胚胎"的成长如同"身体胚胎"的成长一样，其强大的生命力和创造性是源自幼儿内部。因而，幼儿期的教育使命，并不是像 education 那样由成人来设定目的和任务，而在于为这样一种内在成长提供精心的、尽少干涉的、服务性的关爱与照料。当然，精神胚胎的成长与身体胚胎的成长亦有不同之处。身体胚胎是在一个封闭的特殊环境中发育的，精神胚胎却是在一个开放的、具有无限多样可能的环境中发育的。因而，研究幼儿的精神胚胎发育所需要的最合宜的环境并为之提供这样的环境，永远是幼儿教育的应有之意，其实也正是幼儿教育的最重要任务。正如现代心理学的最新进展所揭示，在幼儿期，除了处于敏感期之内的一些心理机能之发育对所需要的环境表现出了迫切的渴求之外，其实还有更多的高级心理机能正处于萌芽期。这种极为脆弱的处于萌芽状态的心理机能，正像植物的种子在萌发期一样，它们显然需要更为细心和专业的呵护与照料。因而，educare 绝非一个空头概念，而是具有实实在在的任务指向。

（三）educare 超越于"edu＋care"

educare 表征下的幼儿教育，具有不同于 education 和 care 的独立任务。众所周知,"保教结合"是我国幼儿园教育的基本办学模式。事实上它也是世界上许多其他国家的幼教模式,当然也有一些国家的幼儿园教育实行的是"保教分离"模式。在这些国家,对于保教是分离还是融合经常持有不同意见:"政府官员们似乎以为保和教是截然不同的两件事,但其实不然,它们是一币两面,不可分离的。"[18]这里且不管结合还是分离更优越,隐藏于这两种不同办学路径下的理论逻辑却是共同的:幼儿教育的基本任务由两大模块构成,一是对幼儿身体的保育,二是对幼儿所施行的教育。这一点从"学前教育"在很多英语国家的习惯表达——ECEC(Early Childhood Education and Care)亦可看出。不仅如此,如果细察这里的"教育"之意,可发现它基本上在沿用或类同于"学校教育"中"教育"之内涵,这种类同使幼儿园教育与学校教育之别仅体现在"施教的深度和施教的形式"(即通过"活动"而不是"课堂教学"来施行"浅显"的常识教育和能力培养)上。至于在"程度"和"形式"之外幼儿教育与其他基础教育学段的实质性区别,在这样的"保""教"二分的视野中,就是不易发现或不得而知的了。但如果我们仔细挖掘 educare 这一专属于幼儿教育而非其他学段的词语之深意,我们或许可以发现,它其实还具有"偏正结构"上的构词意蕴。而这一构词意蕴却有可能打开幼儿教育构成的"三分法"。如前文所探讨,educare 既不属于一般的 care,也不属于一般意义上的 education,但是它却内隐地具有一种"中间"指向,即"跟日后学校教育活动有关的那类事物发展的关照"。这里的"那类事物"在心理学层面可表征为众多心理机能的发育。直言之,幼儿的"精神胚胎"之发育是通过一个个"心理敏感期"的次第登台而有序展开,而每一个"心理敏感期"都在一定程度上对应着某一种或几种具体"心理机能"的发育。不过这些机能的发育,在教育学的意义上绝不体现为知识的增长、技能的提高,而是体现为更为潜隐的难以描摹的内在机能的形成,这一点正像摩天高楼的"地基"之形成与地面之上的第一层、第二层、第三层楼……之增长,并非具有同样的意义。后者是显性的数量增加,前者却是不显成效的默默奠基。"儿童不能分担成人的工作,但是,他有自己的困难,要完成重要的任务,即造就人的任务。"[19] educare 正是要照料和帮助这一重要任务之完成。

那么"造就人"的任务究竟意味着什么？"儿童的内部世界里到底发生着什么？它和外部世界事情的发生规律是否一致？……关于这一切，我们确知的其实非常有限。"[20]对于这一抽象而难以确知的内部精神成长过程，我们或许可以通过一个粗浅的类比来说明：我们可以把幼儿的各种内发性精神生命的成长比喻为一个个正在形成中的不具有固定形状甚至也不具有固定材质的"袋子"，而把人类既已产出的各类知识成果比喻为外在于幼儿的"袋子"的"货品"，再把货品"装入"袋子这一过程所需要的东西比喻为"学习能力"，那么，educare 所关注的，既不是知识（货品），也不是学习能力（如何才能最多最快地装入），而是那个"袋子"！（至于这里的"袋子"具体是什么，我们不妨举例加以说明：比如就幼儿的想象思维发展而言，幼儿"能够想象什么"取决于外源性生活经验；幼儿"如何进行丰富想象"属于想象能力范畴；而幼儿"为何能够进行想象而不能进行抽象"则涉及内源性"袋子"的发育问题。再比如，就语言这种人类普遍具有的能力而言，语言学家乔姆斯基曾明确提出，幼儿语言的生成过程其实就是一种精神器官的生成过程。[21]）也就是说，语言能力之所以能够形成，不仅仅是学习的结果，还是其背后有一种"精神器官的发育"在支持着它。这里的"精神器官"是一个非常值得重视的概念。本文的"袋子"之喻即与这些"精神器官"密切相关。）更重要的是，这些"袋子"不仅处于形成期，而且其形成的原动力主要是内源性的——蒙台梭利的"精神胚胎"和"内部教师"概念均指向了这些"袋子"形成的内发性。准确地说，这些袋子不是一个，而是多个，它们在整个幼儿期"此起彼伏"地处于不断形成中。而 educare 所能做的，就是对这些"袋子"的内源性成长予以呵护和照料。对前两者（知识和技能）的关注历来是 education 的中心任务，对后者（袋子）形成过程的保育，才是幼儿教育的不可替代的伟大使命——因为，只有在幼儿期，这些"袋子"才处于"急速形成期"，而这些"袋子"的质地优劣、容积大小，正是"决定"日后所有教育（education）类成就大小（知识获得和能力形成）的根本原因。造就一个个心理机能意义上的"袋子"正是"造就人的工作"的一次次具体分解。educare 所要"care"的,正是这些"袋子"的形成。至于"袋中物",因为这些"袋子"尚处于"形成期"中,所可能装入的有限的事物——不管它们是知识、价值观,还是行为习惯,都不是最重要的。真正重要的是这些"袋子"本身的顺畅生成,能够为这些日后具有装载力的"袋子"的发育提供优质的照料和服务,幼儿教育的这一使命是足够重要、伟大且不可替代的。而这一使命却是长久以来的幼儿园教育所深深遗漏或尚未发现的。

综上,在"保—教二分"视野下,幼儿教育的核心使命尚处于晦暗不明的状态。而以"educare"为核心概念而表征的幼儿教育,则使其性质和使命明确如下:幼儿教育整体上属于"保育"之范畴,而不属于狭义上的"教育"之队列,至多具有一定程度的"前教育"之性质;这种"保育"既包括身体保育,更指向"精神保育"——这一紧密服务于幼儿"精神胚胎"之自然发育,对幼儿内在心理机能以及内在精神成长予以"非干预性"的关爱、照料与支持的活动。幼儿教育并非"保育"与"教育"之叠加,"保教结合"意义上的复合定位不足以精准定位幼儿教育之使命。更为广阔意义上的对幼儿身心成长的彻底保育,才是幼儿教育应持的基本姿态。

三、educare 概念的引入对我国幼儿教育实践发展的纠偏意义

幼儿教育最根本的任务,不在身体保育,亦不在知识获得层面的"教育"。即便这两种任务确实也属于幼儿教育任务的一部分,但它们绝不是幼儿教育最核心的任务。educare 一词所彰显的"对幼儿期内在精神成长所进行的保育",才是幼儿教育最重要、最具难度的核心使命之所在。只有紧紧抓住自身的核心使命,幼儿教育才能真正实现自己对于幼儿"核心素养"发展的最大价值。依此审视我国幼儿教育实践,其方向性偏失是显见的。

(一)"知识获得"仍是我国绝大多数幼儿园不敢放弃的追求

我国幅员辽阔,教育发展极不平衡。广大的农村幼儿园、城镇幼儿园、县级

幼儿园,乃至城市中除少数"示范园"之外的广大普通幼儿园,其办园追求仍或显或隐地长期锁定在"知识学习"层面。这从幼教界对"幼儿教育小学化"问题的长期不退的研究热潮或可窥见一斑。固然,这一"知识取向"的幼儿教育之形成实有诸多不得已的原因与压力。尤其在广大经济比较落后的农村地区,这种"不得已"背后的逻辑其实是明显的——在积重难返的应试教育大环境下,尽可能提前抓紧时间"抢跑"学一些知识,是长期处于艰难环境下的家长和教师们为了孩子的将来生存所能想出的最直接的办法。在一定程度上可以说,出于生存压力,这些家长和教师们其实不是不愿而是不敢放弃这一勉为其难的教育目标。但是残酷的是,这种在幼儿期追求直接教学成果的教育对幼儿未来发展所造成的危害,却并不会因为任何"原因的不得已"而有丝毫降低。这些看似最实用的办法其实是最短视的办法,其所具有的破坏力远远超过其所可能的收益。毕竟,在人生的长跑中,起跑时有限的几步无意义超前,将无可避免地导致后续阶段的乏力乃至败北。道理很简单,一列正在建造中的火车,如果总是急于装载货物,那一定会影响火车本身的从容优质建造。"在他们的心灵还没有具备种种能力以前,不应当让他们运用他们的心灵,因为,当它还处在蒙昧的状态时,你给它一个火炬它也是看不见的。"[22]卢梭意蕴深远的教诲,其实也正是 educare 这一幼教使命的深意所指——以知识教学为取向的幼儿教育,从根本上来说是劳而无功的,它使孩子们丧失的是更可贵的可持续发展潜力。总之,"有一件事情是清楚的,幼儿园教育与学校教育存在有非常明确的界限"[23]。不管在什么样的境遇下,知识获得都不应成为幼儿教育的主要追求。

(二)"精神保育"即使在一些优质"示范园"中也相当缺乏

与广大农村幼儿园相比,我国城市幼儿园的教育理念相对先进,幼儿园教育与小学教育的区分较为明显,比如"集体性教学活动"受到明文规限,尤其在一些城市"示范园"中更是如此。但是,即便这些弱化了"小小学"教育色彩的城市"优质园",它们的教育目的定位也远未涉及 educare 之层面。其实这类幼儿园与小学的区别还只是"形式"上的,而非"宗旨"上的。"隐性的学习"仍是这类幼儿园的不二追求,所不同的只是不再通过"课堂"形式而是通过"活动"形式来完成,乃至通过"游戏活动"来完成。另外,这类幼儿园与农村幼儿园相比,在学习的内容方向上亦有所调整——逐渐从知识学习转为技能培养(包括动作技能、生活技能以及人际交往技能等)。但即便如此,这类幼儿园之教育宗旨仍与 educare 之定位大有距离。因为"精神保育"(对内发性精神成长的保育)必然地会要求把幼儿的"内在需要"和"真实兴趣"作为"保育"的基本对象。没有这一保育对象,无形的精神保育将无从谈起。而"学习"(不管知识学习还是技能学习),从根本上说均属于自外而内的信息输入过程,它与内发性精神的成长并无直接必然的关联,因而也与"精神保育"的"保育"性质要求不相吻合。准确地说,这里其实是一种隐性而不易发现的"学习本位"。但是,诚如刘晓东教授所犀利指出的:"以儿童为本位,而不是以文化为本位、以道德为本位、以民族为本位。一切以儿童为工具而不是以儿童为本位、为目的的漂亮口号,都是错误的,也是有害的。"[24]实施"精神保育"的基本路径在于给予幼儿适宜的自由活动环境,并通过幼儿最大程度的自由活动而实现幼儿的自然成长。也就是说,通过环境而进行非干预性的保护,是精神保育的基本路径。但是,综观这些"优质园"中的自由活动尤其是户外自由游戏活动的开展,不管是在时间充裕度方面还是环境适宜性方面,都是极为不足的。这种状况其实是不足为怪的,"精神保育"在理论层面的缺位必然会导致其在实践层面的全面缺位。

(三) "幼儿的兴趣和需要"在幼儿园中的真实地位仍岌岌可危

对幼儿精神的生成或"精神胚胎"的成长予以"保育"而不是"干预",是 educare 概念引入的核心要义。这一精神保育的性质要求:幼儿的兴趣和需要而不是教育者的目的和设想,才是整个教育活动的指明灯。如果继续以前文"正在形成中的袋子"来比喻"幼儿内在精神"的成长,那么幼儿"兴趣"的不断转换其实就是这个或那个"袋子"正在急速生成的有力标识。"我们能看到环绕着轮流出现的'感受点'的心理器官的形成。这些感受点具有非常强烈的活动性……这些感受能力中的每一种都有其特殊的兴趣……任何一种感受性都不能占据整个发展时期。每一种感受性所持续的时间足以建构一个心理器官。这个器官一旦形成,其感受性便自行消失,但是当它存在时就会迸发出不可思议的能量……"[25]通过这段话,我们不难发现,兴趣不是别的,恰是幼儿"内在感受点"正在形成的最直接的活动诉求。精神保育最基础性的任务其实就是去保护与抚养好幼儿的各种兴趣,并给这些兴趣的发展提供合宜的条件。"正如身体的发育并不是个体习得的那样,精神的发育至少有一部分也不是个体习得的。"[26]因此,精准提供适宜条件去为精神的发育提供保护性照料和服务,才是幼儿教育的核心要义。可是,在我们很多的幼儿教育场域:"以牺牲童年幸福换取所谓明天成功的'竞争'童年观大行其道……儿童在这个对比的世界里强健了体格、学习了知识,丰富了兴趣、懂得了法礼,却丧失了自我。"[27]精神保育的实质即是要充分保护、照料儿童本然的自我,而不是任何其他。"教育的过程就是发现人身上的禀赋,并使之能够按照本身的方式得到培养。"[28]要充分发展幼儿的内在自我,只有兴趣才是最好的老师。"鹦鹉饿着,而我们只顾装饰鸟笼。"[29]幼儿教育不应在一些无关宏旨的虚假兴趣上不休纠缠,而应尽最大可能地回归自己的本真使命。兴趣是天赋的最好标识,也是能力的最佳生长点。在一定程度上可以说,兴趣之下所蕴藏的其实是巨大的智力矿藏。在这一意义上我们可以说,发现幼儿的本真兴趣,并为幼儿兴趣的进一步发展提供优良的支持环境,而不是诱导幼儿去形成符合成人期待的虚假兴趣,实施"精神保育"而不是"精神干预",才是幼儿教育的正途。

四、对内发性精神成长的保育:幼儿教育的真正使命

语言是桥梁,它使意义传递成为可能;语言亦是"围墙",不同语言间的"意义越墙"有时甚为困难。不是所有的词汇在其它语言体系中都有自己的现成对应

词。在有些情形下,翻译者要做的不仅不是直译,甚至也不是意译,而是需要在"目的语言"中去"创生"一个词汇才能传递某个外来词汇的意义。[30]educare 与 education 意义接近,同源同祖,后者在我国广为流传,前者却长期无人问津,其实在多数英汉词典中它都未被收录,这一状况或许跟该词的翻译困境不无关系。在本研究中只能姑且根据它的核心意蕴(对内发性精神成长的关爱与照料),将其简译为"精神保育"。期待有识之士进一步指正与完善。educare 所表征的幼儿教育之根本使命——对幼儿"内在精神成长的保育",既对幼儿的当前成长具有明确意义,更对幼儿的未来发展具有潜在价值。"在人身上,有许多没有长成的胚芽。我们的职责就是要合理地发挥其自然天赋,以促进这些胚芽的成长,并保证他实现自己的命运。"[31]但是,"由于传统教育理论对教育概念的狭隘理解,在人们的教育观念中,长期以来一直存在着一个'工业隐喻',把教育过程解释为一部分人改造另一部分人的过程。譬如,把学校比喻为'人才工厂',把学生比作'教育的产品'等"。[32]对于幼儿教育而言,这种"人才工厂"式的教育歧途更不容重踏,因为"童年是人类最接近自然状态的人生阶段"[33]。总之,充分履行"精神保育"使命,既是幼儿教育的应有担当,更是幼儿教育不可推卸的庄严使命。那么,如何才能深切践履这一使命呢?它需要对当前幼儿教育做出怎样的可能改观呢?

(一)环境第一,教师第二

"精神保育"首先是一种保育,而不是教育。虽然它不同于"身体保育",但却与之具有本质上的相通——成人只能通过保障幼儿的生活所需来实施保育,而无法直接告诉或指导幼儿"如何生长"。同样,"精神保育"之达成,也只能通过"环境的间接作用"而不是"人的直接指导"来完成,这就是 educare 概念引导下的幼儿教育的第一要义。"环境第一,教师第二"这一提倡貌似过激,其实不过是对一些著名思想的进一步彰显。儿童的教育"或是受之于自然,或是受之于人,或是受之于事物……我们每一个人都是由这三种教师培养起来的"[34]。在人生的第一阶段——幼儿期,内发性的精神成长所经由的教育,首先是"受之于自然",也就是在"内部教师"亦即儿童的自然天性引导下的成长;其次则是"受之于事物",也就是通过在合宜环境中的活动来获得的直接经验;"受之于人"的教育在幼儿期其实是三种教育中相较而言最弱的一种教育成分。前两种教育所共同需要的外部条件都是"环境"——高度符合幼儿内在需要的环境。正是在这一意义上我们说,"环境"而不是"教师"才是幼儿教育的首要因素。需要指出的是,这里的"环境"并非传统意义上"环境育人"之意义上的环境。两者的区别在于,后者主要是指承担着成人潜在教育目的的环境,而前者强调的则是幼儿需要和喜欢的环境。"儿童的生活方式是一种探索,他们试图了解周围的世界,通过非常个性化的方式来尝试了解。"[35]只有幼儿真正需要和真正喜欢的环境才是与精神保育目标相一致的环境。另外,教师退后绝不意味着教师作用和地位的降低。很显然,符合幼儿需要的环境并不会现成存在,它需要具有极高专业素养的教师才能被创设出来。也就是说,在这一理念下,幼儿教师绝不是无可作为,而只是发生了作为重心的转移。创设幼儿真正需要的活动环境绝非易事。如果说"身体的保育"尚且需要"育婴师""营养师"之类的资质,那么对于"无形精神"的合宜照料——精神保育,就更需要高级的专业资质了。幼儿教师应在环境的动态创设中持续用力,幼儿教师的专业性发展亦应在此方向上不懈展开。

(二)自由自主活动靠前,教学指导活动退后

"教育的根本使命之一就是促使每个主体的生成。"[36]在适宜环境中的自由自主活动对幼儿的精神成长具有极为重要的意义,它甚至是"精神保育"所借以达成的唯一路径。"每一个人的心灵都有它自己的形式……你必须好好地了解你的学生,才能对他说第一句话,先让他的性格的种子自由自在地表现出来,不要对它有任何束缚。"[37]只有在完全自由的活动中,幼儿才能发现与显现自己在当前环境中的真实兴趣;只有通过完全自主的活动,幼儿才能真正追随自己的真实兴趣。研究表明,"儿童是自身事务的专家;儿童是有交流能力的主体;儿童应

当成为权利的持有者"[38],因而,教学性活动在幼儿阶段仅具有极其轻微的意义,而自主性的探索活动却意义重大。"科学概念并不是为儿童所掌握和记诵,也不是用记忆吸取的,而是借助他自己思维的全部积极性的最紧张工作而产生和成型的。"[39]并且"教育是人的灵魂的教育,而非理智知识和认识的堆集。通过教育使具有天资(或特定天性)的人,自己选择决定成为什么样的人以及自己把握安身立命之根"[40]。这才是最重要的教育使命。如果仍以前文的"袋子"比喻来说明:教学活动类似于往那些"袋子"中直接装入"知识";指导或引导类活动类似于在要装入的"知识"和待装入的"袋子"之间架设一个适应性过渡环节;这两者其实都并未涉及对那些"袋子"的关注!而只有幼儿个体的"兴趣"引领而非教师引领下的活动,才是那些"袋子"内在成长诉求的自然实现。无形的精神成长固然神秘,正在形成中的"袋子"固然难以把控,但它们却又会以最朴素最亲切的面貌随时示人,也就是每个幼儿都会表现出来的个人"兴趣"。这就是在适宜环境下的自由活动对于"精神保育"的真正意义之所在。当然,这里的环境不应该仅仅只是适宜的、刺激丰富的优质环境,还应该具有另一个重要特征——动态性。只有能够"动态"地追随幼儿"兴趣"的环境才是一个胜任"精神保育"的环境。与幼儿的自由自主活动对应,教师的指导乃至引导类活动,对于"袋子"本身的成长则不具有直接的意义,其贡献的实质仅在于如何往一个"当时具有特定形状或质地的袋子"中以一种最适宜的方式"装入"本来不能为那个"袋子"所容纳的"知识"。educare 的意义所指,不在于任何"知识",也不在于任何"装入",而在于那些构成未来人生格局的"袋子"的顺畅生成!其实,在这种方式下,幼儿教师也将大大地解放自己,从而更有可能专注于为幼儿创设最优质的动态环境。事实上,我国幼儿园中一个40人左右的班级仅有至多2—3位教师的师资配备,去完成那些不切实际的"知识装入"性任务,这样的情况造成了幼儿教师的极大辛苦与承重,职业倦怠几乎对每位幼儿教师构成了潜在威胁。

(三)"混龄"组班取代"同龄"组班

"同龄班级"本是为方便"集体教学"而存在。为高效地实现一次授课多人受益,同龄班级受到了教育界长期的青睐,以至于班级组织形式的"同龄化"几乎成了一个教育的铁律。但是,它不是不可变更的铁律。尤其,在学校教育中的"铁律"也绝不意味着在幼儿园教育阶段就必须奉为"铁律"。仔细考察之下,这样的"铁律"在幼儿园中存在的必要性非常之低。事实上,如果幼儿园教育的使命和性质从根本上不同于学校教育,其教育组织形态理所当然地也不必效仿学校教育的组织形态。因此,尽管同龄班级在任何其他学段都是一统天下的教学组织形式,但不以"教学"为其主要任务的幼儿园教育,却完全没必要沿用这种为高效同步教学而生的"同龄儿童组班"方式。幼儿园教育未能彻底厘清自己与小学教育的不同,在这个组班方式上,或许亦可见一斑。相反,混龄组班构成了一个幼儿成长的多层次生态环境。两三位成人教师与几十位同一年龄的幼儿所构成的人际环境,其单一性和单调性是明显的。混龄班级却能为幼儿提供不同层次的模仿、交流与参与机会。"混龄班级"将比"同龄班级"为幼儿提供更优的成长生态,也将为 educare 提供更优的环境支持。如果说混龄组班更接近于一个原生态的人际成长环境,那同龄组班则完全是一个人工化的人际环境设计,两者的区别是显见的——前者比后者更符合幼儿自然成长、自由成长的内在诉求。前者为幼儿的社会性发展提供了一种更多样化的交往平台,只有在更多样化的平台上,幼儿的内在精神成长才能受到更少的归限,才能更全面地呈现出那些因人而异的发展诉求,从而为成人向幼儿提供更精准有效的教育服务增加了判断依据。当然,混龄组班并不会自然实现 educare 所蕴示的教育目标,它只是提供了一种与 educare 更加匹配的教育环境。一句话,混龄班级乃是比同龄班级更符合 educare 之内在要求的一种可能的备选环境。

结语:educare 概念的引入对于幼儿教育学科的发展具有重要意义,它将使幼儿教育更加明确自己的深层使命——精神保育。educare 视野追踪下的幼儿教育具有自身独立的特殊使命,这一使命在根本层面上有别于学校教育使命。只有深入揭示这一使命,幼儿教育才能"精准定位"自身的学科性质。幼儿教育不是教育之林中的"小儿科",亦不是学校教育的"低幼版"。幼儿教育是对幼儿身体和精神的内发性成长的双重"保育",而不是以知识追求为主线的具有外在目的性的"教育"。任何性质的"学习"在幼儿教育中都只具有"相对重要性"。幼儿教育应勇于践履自身的真正使命,实现 educare 所赋予自身的丰厚内涵。

Educare: a Concept Deserves to be Introduced on Early Childhood Education

Miao Man

(School of Education Science, Jiangsu Normal University, Xuzhou 221116)

Abstract: The word "educare" is widely used to describe early childhood education in English-speaking countries, but it has not been known in Chinese academia for a long time. The analysis about the word "educare" through etymological method shows that it has very close relationship with the word "education". In fact, the two words only have very small difference with each other. But the small difference between "educare" and "education" means a lot—it provides a good way to find the core mission of early childhood education. The essential nature of early childhood education described under "educare" differs greatly from the nature of other stages of education such as primary school. The most important mission of early childhood education is not in any form of "learning" from outside but in the "internal spirit developing" of children. The concept "educare" is of great significance not only in developing of preschool education theory but also in improving its practice in China. It is very important for early childhood education of China to fulfill the important mission which comes from the concept of "educare".

Keywords：educare; early childhood education; essential mission

参考文献：

[1]秦金亮,朱宗顺.学前教育专业"三学"受到的挑战与未来改革路径[J]. 幼儿教育(教育科学),2011(7)(8):50.

[2][7][9]JAI S R. On educare[J]. Radiosai Journal,2004(2):1,8,3.

[3][10]J. W. M. On the word "educare"[J]. The Classical Review,1921(35):26,27.

[4][12]THOMPKIN E. F. The money and the cow[J]. Philosophy,1992,67(259):52,65.

[5]BASS, RANDALL V, GOOD J. W. Educare and educere: is a balance possible in the educational system? [J]. The Educational Forum,2004,68(2):165.

[6]娄雨. 从 $\pi\alpha\iota\delta\epsilon\alpha$ 到 education：西方"教育"概念的词源学分析[J]. 教育学报,2017(3):13.

[8] PAPASTEPHANOU, MARIANNA. To mould or to bring out? human nature, anthropology and educational utopianism [J]. Ethics and Education,2014(5):15.

[11]Education as a Mission. https://www.linkedin.com/pulse/education-missinon-e-ducare-giovanni-minchella.

[13][美]迈尔. 生物学哲学[M]. 涂长晟,等译. 沈阳：辽宁教育出版社,1992:17.

[14][15]RENTZOU, K. Greek early childhood educators' conceptualization of

education,care and educare concepts[J]. Early Years,2017(8):13,15.

[16][17][25][意]玛利亚·蒙台梭利.蒙台梭利幼儿教育科学方法[M].任代文,主译校.北京:人民教育出版社,2001:348-349,48,381-382.

[18]CATHY N, PETER C. Early childhood education:history, philosophy and experience[M]. Los Angeles;London:Sage, 2014:109.

[19][意]玛利亚·蒙台梭利.童年的秘密[M].马荣根,译;单中惠,校.北京:人民教育出版社,2005:190.

[20]HELEN P. Understanding early childhood:issues and controversies [M]. Maidenhead:Open University Press. 2008:69.

[21]刘晓东.童年何以如此丰饶:思想史视角[J].南京师范大学学报(社会科学版).2017(5):74.

[23][34][37][法]卢梭.爱弥儿(上卷)[M].李平沤,译.北京:人民教育出版社,2001:94,3-4,95.

[23]KRISTEN N, KIRSTEN S, HARRY W. The development of early childhood education in Europe and North America:historical and comparative perspectives[M]. Basingstoke:Palgrave Macmillan,2015:134.

[24]刘晓东.蒙蔽与拯救:评儿童读经[M].南京:凤凰教育出版社,2009:233.

[26]刘晓东.儿童精神哲学.[M].南京:南京师范大学出版社,1999:5.

[27]虞永平,江夏,王海英,等.现象·立场·视角[M].南京:南京师范大学出版社,2015:41.

[28]吴式颖,任钟印.外国教育思想通史(第六卷)[M].长沙:湖南教育出版社,2002:457.

[29]吴式颖,任钟印.外国教育思想通史(第十卷)[M].长沙:湖南教育出版社,2002:593.

[30]侯健.推而行之:《中庸》英译研究.[D]河南大学博士论文,2013:1.

[31]转引自 刘晓东.论教育的本质[J].学前教育研究.1998(4).

[32]项贤明.泛教育论——广义教育学的初步探索[M].太原:山西教育出版社,2001:40.

[33][美]波兹曼.童年的消失[M].吴燕莛,译.桂林:广西师范大学出版社,2004:219.

[35][美]卡洛琳·爱德华兹,莱拉·甘第尼,乔治·福尔曼.儿童的一百种语言[M].尹坚勤,沈尹婧,译.南京:南京师范大学出版社,2014:209.

[36]鲁洁.教育的原点:育人[J].华东师范大学学报(教育科学版),2008(4):20.

[38]ALISON C. Listening to young children:a guide to understanding and using the Mosaic approach[M].London:Jessica Kingsley Publishers,2017:20.

[39][苏]维果茨基.维果茨基教育论著选[M].余震球,选译.北京:人民教育出版社,2004:196.

[40][德]雅斯贝尔斯.什么是教育[M].邹进,等译.上海:上海译文出版社,1989:4.

[41]王有升.论教育的内在尺度——对"什么是真正的教育"的追问[J].南京师范大学学报(社会科学版),2016(6):76.

附录二

卢梭教育思想的实践形态：英国夏山学校[①]

苗 曼

(江苏师范大学教育科学学院,徐州 221116)

[摘要]卢梭所倡导的自然主义教育在西方教育史上具有深远的"地标性"意义,但长久以来不管在西方还是我国,它却主要仅以"思想形态"而非"实践形态"存在。英国夏山学校与卢梭思想之间虽无直接显性渊源,但细察之下实属一所隐藏态的"卢梭式学校"。夏山学校对儿童自由的坚决捍卫为卢梭自然主义教育的实施提供了必须平台;夏山学校打造丰富环境实施"事物的教育"并降低"书本的教育",此举与卢梭的主张高度相合;夏山学校的"学生民主大会"有效解决了自然主义教育下儿童的自律问题。通过夏山学校百年办学这一实践路径考察卢梭自然主义教育思想,这将不仅有助于回答一些实践关切,同时亦将深化一些理论探讨。

[关键词]卢梭;自然主义教育;实践形态;夏山学校

人类对自身生活的探索及进路,可呈现为两种不同的形态:一是思想形态;一是实践形态。这两种形态的探索,在结果上尽管常表现为殊途同归,但在进路上则完全可能存在各自分立乃至相互脱节的情形。在教育思想史的长河中,卢梭的地位无须多言——裴斯泰洛齐、福禄贝尔、蒙台梭利、杜威……这些开拓了

[①]本文刊发于《外国教育研究》2018年第12期。

现代教育之基本走向的"大家"们，几乎无不从卢梭这口"思想井"中或直接或间接地汲取过关键营养。然而，与这种"地标性教育思想家"之地位形成巨大反差的是，在教育实践的领地里，卢梭原创性的"自然主义"教育思想几乎长期被教育者"悬置"乃至"弃置"，尤其在我国。换句话说，即便在思想的圣坛上，卢梭被赋予了极高的地位，但在教育实践的领地里，他的思想其实很少被奉行。犹疑者有之，批判者有之，敬而远之者更不乏见。除却其他强大的外部社会阻抗因素，即便在教育界内部，也有一个大大的问号常常横亘在人们的脑际：自然主义教育思想的实施，会不会如洪水猛兽般把儿童导向无纪律、无教养、无知识的野蛮状态？而另一事实的存在又在一定程度上为人们的这一隐忧提供了口实——卢梭本人也从未以任何方式实践过自己的教育思想，而只是把它呈现为《爱弥尔》这一空想形态。因此在一定程度上并不奇怪，自从两百多年前卢梭将自己的思想诉诸于《爱弥尔》这一空想形态，此后对这一思想的贯彻实践似乎也就长期停留与定格在了这一状态。一种得不到实践和实验的伟大思想是足令人可惜的。它将使人类无法真切地去检验、检视、深化、推进与完善这一对人类发展具有根本价值的思想。如何在实践形态而不仅仅是思辨形态上，去考察至今仍具有一定争议的卢梭自然主义教育思想，这或许不仅仅是本人，也是许许多多卢梭教育思想的研究者们长期潜存的研究梦想。拥有百年历史的英国夏山学校，一所处于"隐藏态的卢梭式学校"，为这种研究关切提供了可能。

一、不期的共振：夏山学校百年办学与卢梭教育思想的关系判定

之所以称夏山学校为一所处于"隐藏态的卢梭式学校"，是因为夏山学校与卢梭思想之间并无显性层面的历史渊源关系。遍查夏山学校的创办历史及其创办者尼尔先生（A. S. Neill）思想的形成历程，无论如何也找不到其与卢梭思想的直接交集或关联。"我从来没有读过卢梭。"[1]尼尔的自述清晰地印证了这一点。卢梭是一位纯粹的思想家，尼尔则是一位十足的实践者。"我的住处离图书馆很

远,而且我也不喜欢借书看。"[2]"与一个自由状态的儿童相处半小时,其发现将胜过一本书的思辨。"[3]不得不说,作为一位伟大的教育实践者,尼尔办学的思路和原则更多地来自于他自己的观察和实践而不是来自任何既有的思想体系。因此,如果说夏山学校与卢梭教育思想之间存在着高强共振的话,那么尼尔也是独立而无意地走上了一条他事前并不了解的卢梭式教育之路。换句话说,如果去说夏山学校是对卢梭教育思想体系的有意贯彻实践与实验,那无疑是牵强的。笔者认为,在一定程度上正是因为这一点,才使夏山学校的存在长期以来并未引起卢梭思想研究者们的足够注意,从而在一定程度上导致卢梭自然主义教育思想在实践形态上没有得到充分研究与验证。

但是,尼尔创办夏山学校的独立过程丝毫也不影响两者之间事实上存在的高强共振。尽管尼尔与卢梭之间毫无显性关联,但还是有一些敏锐的学者在评论夏山学校时不自觉地把它与卢梭连在了一起:"夏山学校不过是一套老行头,它不是什么新东西,也不具有什么革命性,根本不必为之震撼……让雅克·卢梭才是一个隐藏在背后的真正人物……卢梭创建了一套另类的教育理论,两百年的曲折流转之后,一种衍生物产生了,这就是尼尔视之为神圣殿堂的夏山学校。"[4]美国学者马科斯·拉弗狄(Max Rafferty)是在一篇辛辣批评夏山学校的文章中鲜明提出并论证这一观点的。事实上,尼尔自己也说:"我经常被人称为卢梭的信徒。"[5]尼尔的崇拜者们也常"把尼尔与现代教育开创者们如卢梭……等相比较,他们对于教育基本问题诸如对人类天性的看法……对教育目的、教师角色等问题的看法是如此相像"[6]。总之,不管是尼尔的批评者、崇拜者,还是他自己的说法,都在一定程度上表明了夏山学校与卢梭思想之间的共振共鸣。更重要的是,夏山学校的办学实践在很多层面都高度契合了卢梭思想的内在要求。这里先从一个角度略作说明:人们在评论夏山学校时最常用的标签便是"自由学校的原创""为自由而生的学校""世界自由学校的代表"等,我们仅仅从这些标签出发便不难发现一些端倪。尼尔是这样论述他所坚决贯彻的"自由"对于儿童成长的意义的:"对儿童来说,自由是必需的,因为只有在完全自由的状态下,他才能以他自己的自然方式成长起来。"[7]因此,在一定程度上我们可以说,对夏山学校而言,巨大的儿童自由本身其实并不是其最终教育旨归,从"自由"这条路出发所通向的,以及让儿童"以自己的自然方式成长起来"才是其潜在和真正的教育追求。

  总之,应当说,从显性的意义上,夏山学校与卢梭思想之间几乎没有任何直接的学术亲缘关系,但两者之间却具有事实上的高度共鸣内核,只不过一个表现为理念形态,一个表现为实践形态。其实,人类生活探索成果的厘定与划归路径,本就不是只有"继承"这一种方式,而是常常也会有"呼应",即一种思想与另一种思想并没有经过现实的交往与碰撞,但是却具有惊人的相似性——这另一种方式。夏山办学与卢梭思想的关系,正属于后者。这一基本判断与发现,将为我们考察卢梭教育思想的实践形态,提供一个宝贵的研究平台。另外,这里想略作说明的是,本文的研究重心并非夏山学校的种种做法(这类研究已够多),而是卢梭教育思想的实践探索问题。准确地说,夏山并没有检验卢梭思想的全部层面,也并不是夏山的所有做法都能涵括在卢梭思想的范畴之内。因而,有选择地考察夏山办学中与卢梭思想相关的那部分实践活动,将是本研究的逻辑主线所在。鉴于卢梭的自然主义教育思想主要是一种观念形态的存在,虽具有极为鲜明的内核,但却没有呈现为足够具体的实践原则,更不是可逐条检核的指标体系,因而根据卢梭思想的核心理念——教育应依据和服务于儿童自然天性的发展,把研究问题分解为以下几个分问题逐一考察,或许是一种较明智的做法。第一,实施这一核心理念的基本条件是什么?夏山学校是如何创设与保障这一基本条件的?第二,这一核心理念应通过哪些具体活动而实施?夏山学校为此做了什么?第三,人们对卢梭思想实践的最大隐忧是什么?夏山学校是否回答或解决了这一隐忧?第四,卢梭教育理念实施后的结果会如何?夏山学校毕业生的生活样态大致如何?

二、创设自然主义教育的必须平台：夏山学校对儿童自由的坚决捍卫

卢梭的自然主义教育思想，小而言之是对英国思想家洛克"白板说"的反对，也就是对"白板说"过分重视外部影响而无视人的内在生命倾向的反对；大而言之则是在一种极为宏阔的坐标上对"人"这一物种身内的"自然冲动、自然禀赋、自然天性"的发现、承认、尊重与养护。因而，卢梭所提倡的自然主义教育，其实质就是要充分倾听与尊重人尤其是儿童生命的内在声音和内在吁求。显然，这些内在声音和吁求只有当儿童长期地处于无拘无束的自由状态中才能得以充分显现与展示。因此，自然主义教育与自由主义教育从来都具有密不可分的关联。"自然教育与自由教育在历史上存在着交叉式的契合关系……儿童'身'系自然，'心'向自由；儿童身心和谐发展即儿童'身'之自然与'心'之自由的和谐发展……开发儿童潜能和自然生命力即开发儿童的自由活动能力。"[8]也就是说，自然主义教育内在地要求赋予儿童最大的自由。当然必须指出，这种自由只是一种相对自由，也就是一种解除外在束缚意义上的自由，而绝不是不知天高地厚乃至无法无天的绝对自由。"人生而自由，却无往不在枷锁之中"，卢梭的这句名言无比清晰地告诉我们：自然主义教育所需要的自由主要是一种相对于"枷锁"而言的自由。"解除枷锁的自由"——我们不妨以此作为明确的逻辑主线，来逐层检视夏山学校所赋予儿童的诸多自由。

（一）撤除成人权威

夏山学校一直自豪地宣称自己是世界上最古老的"儿童民主学校"。的确，在夏山，儿童的民主自由权利达到了任何一所其他学校都很难望其项背的程度。"设想一所学校……在那里，爬树和建造城堡被认为与学习分数除法同等重要；在那里，如果你想就可以对老师大声喊叫；在那里，日常生活的全部校规是由学校大会民主决定；在那里，只要儿童喜欢他们完全可以全天玩耍……"[9]"自由，

绝不等同于被成人'许可'。尼尔认为'许可'是对别人自由的干涉,并说这对他本人来说是绝不可以接受的,不管是在个人层面,还是在职业层面。他以强烈语气指出,在被许可和自由之间,不存在任何关联。"[10]也就是说,儿童的自由绝不应建立在成人权威的许可之下。总之,夏山学校极力避免成人对儿童生活的各种有意无意、或隐或显的干涉乃至指导。尼尔主张:"儿童的本性一定要受到最大的尊重,大人的干涉与指导,不过是在制造顺从成人的机器人。"[11]在夏山,儿童的生活完全由自己主导和决定。这里的每一个儿童,不论年龄大小,都可以根据自己的喜欢与爱好来选择任何一天的活动,没有成人对其日常生活进行安排和督导,更没有强制。"儿童与成人完全以同等的权利来掌管学校的建筑及学习设施。这里没有惩罚,没有强制性规定,没有角色规定。大家只是共同生活并相互给予正面性的积极帮助。"[12]在这里,儿童与成人之间的关系,是一种"人与人"之间的自然平等关系,而不是"角色与角色"之间的社会规定关系。学生回忆中的校长是这样的:"尼尔对我意味着很多很多。我并不仅仅把他看作是一位老师,一位教育家,一个写了很多著作的人……在我看来,他只是一个会脱掉上衣动手做事,搬砖垒墙或干很多其他事情的人。他不是校长,完全不像一个校长。"[13]

(二)降低书本权威

在夏山,书本学习与上课的地位丝毫也不比游戏和其他自由活动的地位更高,至多只是与其平等而已。"抛掉那种认为教育就是学习课程、约束儿童、塑造性格的想法吧。真正的教育只是放手让一个儿童在没有任何外部恐惧和焦虑的条件下,以他自己的方式,按他自己的时间进度而成长。"[14]尼尔说:"在未来的学校里,学习将被大大地降低其长久以来的优越地位。严肃的学习只适合于童年后期,在童年早期,游戏应该是第一位的。"[15]一位夏山学生曾这样感慨:"夏山学校与其他学校完全不同。我从一所现代中学来到这里,感觉就像爬出了黑暗进入了光明。这里所有的事情都很不同。上课很不同。夏山主要不是要你去学习,学数学等……而是设法使你学习生活本身。让你通过社区而学,通过学校大会而学,通过你自己的真正管用的生活经验而学……所有的理念在于让你成为你自己,只要你不打扰到别人,你尽管成为你自己。"[16]事实上,在夏山,成功其实根本不以学习成绩而论,而是由学生们自己去定义。

(三)长幼平等分权

在夏山学校,儿童的地位和权利与任何一位成人,不管是教师还是校长,都是完全一样的。或者说,成人与儿童间的地位区分是极其微弱的。夏山学校的大小事务都有民主协商而定,每一个人都有同等的权利阐述自己的想法。而任何一位年龄幼小的儿童,在制定和决策任何一条校规时,也与任何一位年长儿童和成人一样,拥有一票的独立表决权。也就是说,一个5岁的幼儿和学校校长在学校大会上的投票权重是完全一样的。他们的意见和声音被尊重被倾听的程度是一样的。校长的提议被否决在民主大会上也是非常稀松平常之事。2017年10月笔者在夏山学校参观期间亲历的一幕更直接地证实了这种长幼无别的常态化:校长及两位助理正和来自各国的众多参观者围站成一个圆圈,在校园的一片空地上热烈交流,其间有两个10岁左右的女孩子,可能是看到并感觉这圆圈讨论挺好玩,于是极其自然地钻进这密密的圆圈,并开始在圆圈中央顾自各种玩耍……大人间的谈论依然热烈地继续着,校长对此没有任何哪怕是最轻微的反应……在一个长幼有序、长幼有别的校园中,这样的一幕或许是很难见到的。

综上,如果说儿童身内的"自然"是一座蕴藏丰富的无形宝库,"自由"则是开启这"自然"宝库之门的钥匙,甚至是唯一的钥匙。有了这把钥匙,自然主义教育的后续实施不过是水到渠成之事。没有这把钥匙,任何貌似"儿童中心"的教育方法也绝不具有实质性的自然主义教育内涵。只有在"自由"这条道路上,我们才有可能看见一个个本真的儿童。没有对这一前提条件的坚决达成与捍卫,任何教育实践的变化至多只是一种教育改良而不能算作一种根本性变革,也最终与卢梭具有划时代意义的教育理念无法对等匹配。赋予儿童全面的自由——这一被无数人指责、质疑甚至确信根本无法存在于现实社会的"乌托邦",实实在在地在夏山学校存在了一百年。一百年的时间,有多少政治风云的转换、社会经济的变迁、人文风尚的流转……然而,夏山学校的这一教育信守从未改变。

三、通过各式各样的自由活动实施"事物的教育":社区形态的夏山学校

如果说卢梭对自然主义教育理念的领悟和阐发在人类教育史上曾令人振聋发聩,那么在"如何实施"这一层面,他给予后人的指引其实是有限的。因为这一点,他的理念常让一线教育实践者感到无从下手,甚至被人诟病为"消极无为的教育"。毕竟,卢梭关于"如何实施自然主义教育"的见解仅仅立足于"爱弥儿"这一个体经验之层面,而完全没有在"学校"这种机构性层面上予以探讨。不过,他曾非常明确地指出:"我们的才能和器官的内在的发展,是自然的教育;别人教我们如何利用这种发展,是人的教育;我们对影响我们的事物获得良好的经验,是事物的教育。"[17]不仅如此,他还进一步强调,不可急急忙忙地向儿童灌输书本知识,而是要使儿童离开折磨他的书本,在游戏中、在活动中度过童年。因为这个时期最适于儿童学习的不是书本,而是其周围的事物。[18]那么,如何在保证儿童高度自由和遵循其内在自然本性的前提下,来实施"事物的教育"? 以实践见长的尼尔夏山学校,在这里给出了开拓性回答。

创设富含大自然气息的户外活动环境以及各式各样的室内活动设施,以满足儿童可能感兴趣的各种活动需要,是开展事物的教育而非书本的教育的基本要求,也正是夏山学校办学的鲜明特色所在。夏山是一所不足百人的小学校,却有着偌大的校园。"这所学校坐落于一个12英亩大的花园和树林中,有大量的空间可用于骑车、建造、攀爬、举行篝火晚会、帐篷露营以及各类想象性游戏……"[19]各种户外运动与游戏设施——沙坑、玩水池、玩泥场、游泳池、操场、足球场、跷跷板、秋千……与现实生活密切关联的各类活动室——木工房、铁工房、陶艺室、美术室、工艺室、戏剧舞蹈表演台、国际象棋室……应有尽有。毫不夸张地说,在森林中

漫步、到小溪里捉鱼、在草地上露营和野炊、摆弄机器和无线电、修自行车、造船、造玩具手枪、制图画画、各种体育比赛、缝纫、用线和布做多姿多彩的手工艺品、烹饪、自己编导戏剧和设计服装、布景、做泥水匠、运沙或洗砖……真实社会中所可能涵括的各类活动，几乎随时可出现在夏山的校园里。毫不奇怪，在这样丰富的活动环境中，很少看到或听到哪一个儿童因无事可做而无聊。当然，作为一所学校，夏山同样为学生提供了用于学习探索的各类活动室：科学实验室、音乐室、绘画室、图书室、电脑室、小型教室等。这些活动室里总有老师在那里等待与守候，以欢迎任何一个儿童随时进入。在夏山，上课是自由的，孩子们可以上课，也可以不上。如果一个孩子不喜欢，他或她完全可以一直不进入教室学习，"我们的最高纪录是由一个从教会学校出来的女孩创造的，她在这个园子里一直游荡了三年之久……"[20]"在夏山，儿童最重要的自由就是拥有游戏的权利。所有的课程都是选择性的而不是强迫性的。"[21]也就是说，夏山学校虽然也有课程表，但这些课程表主要是为教师准备的，而不是学生必须去上的。总之，夏山学校最重要的课程不在书本里，也不在教师那里，而是在儿童自己喜欢的各种自由活动里。为儿童创设全方位涵盖游戏、真实生活、学习探索等各领域的活动平台，是夏山学校课程的主要形态。这种为满足儿童各不相同的内在天性需要而创设的环境平台，其丰富与立体程度或许是卢梭难以设想的。

除上述围绕"事物的教育"所提供的丰富环境之外，夏山在"教育的组织形态"上所做的开拓性工作，对"自然主义教育"的学校实施具有更为重要的意义。夏山名为学校，实乃一生活社区也。"夏山是一个大约百人的社区。其中大约75％的人是年龄在5至17岁之间的儿童。其余的是教师、生活家长和其他员工。"[22]夏山是一所在英国合法注册的私立学校，但它与一般意义上的学校迥然有别。它没有成排的教室，没有按年龄而分的班级，没有授课的讲台，甚至没有考试。它更像是一个社区，一个真实的生活社区，只不过这个社区的居民主要是儿童。"夏山学校是一个由儿童组成、由儿童管理，并一切为了儿童的社区。"[23]但这个社区除其他生活与娱乐活动之外，还提供"课程教学服务"。事实上，儿童不仅是这个社区的成员,还是这个社区的主管者和当家人,他们有很多的生活自主决策权,也同样对这个社区的发展有所担当。"在夏山,并不是成人在那里创设好了一些东西等待儿童来做,儿童需要自己为自己创设东西。运动、游戏以及其他娱乐活动几乎都是由学生与成人一道,随时根据自己的需要而创造出来的。"[24]也就是说,在这个社区里,虽然儿童并不需要像真正社会上的成人那样,要为生计糊口而劳作,但共同维护自己的社区,创建社区生活的诸多方面,仍是夏山学生的基本生活内容。当然直到如今,也定会有很多人认为这种"社区性的学校形态"过于异想天开,但它确已在英国夏山默默存在了近百年。一所"社区"形态的学校,而不是作为"教学单位"形态的学校,这一点具有重大的意义——夏山借此为儿童提供了真实的社会环境。尽管这个社会主要是由孩子们组成因而与真实的社会尚有一定距离,但夏山让年龄各不相同的儿童立体而紧密地生活于一个社区之内,而不是仅仅让同龄儿童"同学"于某个教室之内,这就为儿童提供了真实的社会交往与建立人际关系的立体平台。学校是孩子们的生活社区,也是他们真实生活的家园,而不仅仅是接受教育的地方。真实的生活与教育在这里是互为一体的。作为一个"社区形态"而非"教学"机构形态的学校,为孤单的"爱弥儿"式教育增加了有力的社会维度,也将对现代教育的改革具有至关重要的启示意蕴。当我们一再迷茫于卢梭自然主义教育的难以实施,我们是否该由此做些深刻反思:自然主义教育理念,作为人类教育思想史上的根本性变革,当我们在构建与之对应的教育实践时,如果仅仅立足于在既有的教育模式下做局部性改变,这种改革逻辑会不会永远只是在缘木求鱼?

四、自制的力量从哪里来? 夏山对卢梭教育理念实施隐忧的解决之道

不得不说,即便在一些深切认同卢梭自然主义教育思想的人们心中,有时也难免会生出这样一种担忧和疑虑:彻底地尊重儿童,赋予儿童最大的自由,尽量减少对儿童的管束……这样的教育真的不会造就一个个放任自流乃至无法无天

的野蛮儿童？虽然卢梭在《爱弥儿》中提到了通过"自然惩罚"的办法让儿童形成生活的经验教训，但"自然惩罚"毕竟是一种"事后性"教育。现实生活的复杂性与诸多危险性，或许在很多情况下是不容许儿童仅仅在"事后"才能接受到教训的。如何让儿童在自由自然的成长中形成必要的自律意识和能力？这一卢梭式教育难题，实为推行自然主义教育之路上诸多阻抗因素中举足轻重的一个。

夏山学校以儿童自治为核心的"学校民主大会"对这一问题进行了独到的解决。"当我们创办这所学校伊始，我们就决心不设立任何自上而下的管理，而是采取儿童的自我管理……一所不实行自我管理的学校，根本算不上一所真正意义上的进步学校，它仍然还是一所妥协性的学校。除非儿童彻底地感觉到他们在完全地掌控自己的全部社会生活，我们将不可能取得真正的教育进步。如果有一个老板角色的人物在那里，就绝不会有真正的自由……一周一次的学校民主大会，在我看来，胜过整整一周的课程教学……"[25]夏山学校是一所自由的学校，但绝不是一个没有校规的学校，夏山的校规其实比任何学校都更多更具体。"事实上，孩子们喜欢规则，他们自己制定出了如此多的规则，以至于在夏山学校的历史上，任何时间段的规则都多达几百条之多。只不过这些校规全部是由儿童自己表决通过而后执行的。"[26]以为孩子们不喜欢规定其实是种错觉，他们实际上很喜欢遵守，他们只是讨厌成年人把这些规矩强加给他们。"没有一位肇事者曾经反抗或者对学校民主会的权威表现出敌意。我常常很吃惊被惩罚孩子在接受惩罚时所表现出的驯顺。"[27]夏山学校是一所私立性寄宿学校，儿童全日生活于其中，这一自治性的学生民主会在他们的日常生活管理中具有相当重要的意义。这一点不难从学校民主会的主要环节与内容中得到一定揭示：夏山学生民主会的主要环节包括议事、议规与表决。首先是议事，孩子们的牢骚、抱怨、不满或渴望得到的东西，任何具体的事情都可以提出于议事环节之中；然后是议规，就是让学生们在这里提出本周里的重要建议；表决则是指一切有关集体和生活的事情，包括对违规者的惩罚都在星期六晚上由学校民主大会投票处理。在表决环节，不论年龄长幼，每位教职员和孩子都只有一票之权。另外，夏山的民主自治会不只是制订规则,它还对团体中每位成员应有的行为加以讨论。比如对就寝时间的规定在各学期初由投票决定,时间依年龄而有所不同。每个问题在决议前,都会被仔细讨论,年龄很小的孩子们也会无所畏惧地站起来表达自己的想法。虽然通常违反规则的人都会心甘情愿地接受判决,但不服判决者可以提出申诉,然后予以重新讨论。2017年10月20日,笔者全程参加了一次夏山学校的民主大会:那完全是一场迥异于成人会议现场的儿童会议,大家以各种想不到的姿势围成一个圆圈,那些姿势自然到无以复加,站着的、坐地上的、趴玩具上的、躺在会场中央的、一边打着毛衣的、斜靠在同伴身上的、赤着脚的、穿着拖鞋的等等,一件件事情在学生主席的主持下被严肃讨论……一位年龄仅有8岁左右的女孩,有条不紊而言辞清晰地指控一位男孩抢了她的玩具,提出对该男孩进行罚款,该男孩则对自己的行为进行了一定的解释与辩护,全场静静地聆听,之后是严肃的表决,形成决议。其间校长与几位老师一直在场,参与表决但未进行任何发言。这是一场看似非常松散,但参与者其实高度投入,并对表决结果严肃遵守的儿童会议。"络绎不绝的参观者们来到夏山观看我的实验。但这不是实验,这是一种证明。通过实验人们只能设法去看什么将会发生,在证明中人们则会明确知道什么在发生。"[28]夏山学校以自己的百年实践,向世人证明了——没有了成人的严厉管束与谆谆教诲,儿童依然可以自然地成长起来并管理好自己的生活。换言之,成人权威的干涉与管束,并不是儿童良好发展的必需条件。至此看来,对卢梭自然主义教育之路的隐忧,虽不无道理,却绝非无从解决。夏山学校开拓的儿童民主自治,实为一条行之有效而又意蕴深远的解决方案。

五、从"爱弥尔"到"夏山毕业生":自然主义教育之果的基本样态

教育结果是对教育思想与教育实践的最直观检阅。"爱弥儿"绝无可能在接受卢梭的教育之后步入现实生活,"夏山毕业生们"却一直源源不断地步入社会并演绎着自己的真实人生。自然主义教育思想所可能结出的教育果实的基本样

态会是怎样?《夏山之后》这本书通过不同时期毕业于夏山学校的15位"夏山人"的详细追忆与深入反思,为我们对这一问题的考察提供了可贵的素材。

这些走上社会的曾经"夏山"人,来自不同的国家,性格与生活道路亦各自不同,但在他们身上依然呈现了某些与"夏山经历"和"自然主义教育理念"密切相关的核心素养,大致可涵括为以下几方面:(一)是其所是、面貌各异的本真自然人。夏山学校把培养"真人"作为教育的第一要义,它充分建构了学生对自己内在自然天性的捍卫与忠诚。"绘画一直都是我个人潜在天分的真切呈现。每当我画画时我就强烈感觉到自己身心的和谐。生命中最重要的事不就是与自己的本性和谐无隔吗?"[29]事实上,以自己的内在性情为指引,按照自己的本真意愿来生活,不依附不盲从权威与主流,是几乎所有夏山毕业生的共同特质。从一定意义上可以说,如果大自然规定了"人"这一物种内在地具有多少种不同的可能类型,那么从夏山学校走出的毕业生也便可能具有多少种不同的类型。夏山毕业生绝不具有"既定"的人才培养规格与类型。(二)独立自主、乐于探索的梦想追逐者。对权威存在的淡漠乃至无视,对"事物的教育"的长期亲历,使夏山学校毕业的学生充满了自信,精神独立。"夏山学校给了我去做自己想做之事的巨大力量与坚定信念。"[30]"这就是夏山学校对我所做的——发展我身上创造探索性的一面。"[31]"夏山学校所赋予我的最有益的方面在于给了自我探索的机会。使我能够从情感上、精神上而不仅仅是学业上,对自己进行探索。把自己作为一个真切的人来探索。理解自己作为一个真切的人,以及与其他人交往意味着什么。"[32](三)自律宽容、具有弹性调适力的人际交往者。"夏山学校使你具有弹性与容忍力,这便意味着,你在与人交往时会具有调适能力。"[33]自然主义教育的根本立场在于让每一个人的本真性情与爱好都得到尽可能多的尊重。夏山学校尊重每一个儿童的不同天性与爱好,接纳与认可任何一个儿童的"不合常规"之处。这也就使学生形成了一种基本的生活气度——不仅能够悦纳自己,也能够完全自然地接纳任何一个与自己不同的人。因此,容忍与宽待成为每一个夏山人所秉持的基本社会交往规范,而夏山学校的"学校民主大会"则无疑也为这种素养的获得提供了具体的历练与支撑。（四）热爱生活、不以世俗成功为导向的幸福生活者。夏山学校没有培养出学业充分优良以备将来可资获得巨大社会地位的"成功"人士，因为它从一开始就并不致力于培养"某种规格的人"，更不致力于培养某种"既定规格的人才"。"规格"是用来形容"工业产品"的，它不足以被拿来形容人性丰满的"人"。"对尼尔来说，教育的目的是去发现幸福，也就是对生活保持兴趣。"[34] "生活，是我需要使他学会的最主要之事。当他离开我时，我承认他不会是一名文官，也不会是一名军人，或者一位牧师。但重要的，他会是一个完整的人……"[35] 不难看出，卢梭对教育的这一明确定位，与尼尔的期待和夏山毕业生的样态几乎如出一辙。另外，夏山学校教育成果的呈现，不仅仅反映在夏山毕业生的述说中，也在一定程度上为英国教育标准局 OFSTED（the Office for Standards in Education）对夏山学校进行的多次检查报告所证实。比如："2017 年 8 月最新的 OFSTED 的检查报告显示，夏山学校的教学状况等级为良好，个性发展方面的等级则为优异。"[36] 总之，夏山学校在学生毕业之际，或许并没有为其装备上某种既定规格的就业技能，甚至也没有为学生装备上既定数量的知识，但它却为一个即将走上漫长人生与复杂社会的年轻人装备上了——对生活本真的热情、对自己的悦纳自信、对独立自主生活的信念、不盲从潮流与权威的习惯、宽容异己者的态度、追逐自己真正梦想的执着……而这些，比起某些有形的、依据"文凭"便可得到承认的东西来说，难道不正是一个需要应对充满复杂变数的社会与人生的年轻人更为重要的素养吗？诚然，夏山毕业生的许多特质已经超出了卢梭对爱弥儿的想象。但这一点，其实也正是卢梭自然主义教育思想在实践层面的自然延伸与拓展。真切的"实践"对于"思想"的发展具有极为重要的意义，在此亦可见一斑。

六、问题与展望：对"夏山版"卢梭教育思想实验的理性检视

卢梭思想的根本意义在于向人类指明了一种与传统主流教育迥异的、以人

的自然天性为首要依据的教育路向。这一根本路向下的实践形态,无疑会是多样的。从这一意义上说,夏山学校只是卢梭思想实践形态的多种可能之一种,甚至仅仅是卢梭教育思想在英国这一具体社会文化环境下的存在样态。但是,不是所有的办学者都有勇气去实践卢梭式的具有根本变革性的教育思想,也不是所有的社会环境都能容忍一个与主流教育背道而驰的办学类型,即便百年来它始终只是以初始的微小规模而存在。一百年来,夏山学校以自己的坚韧存在向世人雄辩地证明了(尽管这一证明纯属无意),卢梭自然主义教育思想不是无法付诸实践的乌托邦,更不是洪水猛兽,而是可以独到地培养出超越于"工具人"的更加独立而丰满的人。"夏山版"自然主义教育思想的实践形态,其存在意义至少体现为以下两方面:一、在验明性的意义上,夏山学校把人类历史上一种伟大而富有争议的教育思想,从空想形态实实在在地变为了实践形态。对儿童自由的坚定捍卫与成全、对自由游戏和自由活动的地位提升、对课业学习地位的降低,以及源源不断成功融入社会的毕业生成果……这一切向卢梭思想实践的顽固阻抗者和质疑者们,发出了足够响亮的证明声音。事实上,地处英国东部一个偏远小镇的夏山学校,长久以来一直吸引着来自世界各地的目光。二、在探索性意义上,夏山学校对卢梭思想中潜在蕴含但却无法以空想方式体现于"爱弥儿"这一孤立个体形态的教育议题,给予了创造性探索。"学校民主自治大会"对儿童自我管理下自律精神的形成,对"社区型学校"这一崭新学校形态的开创,以"混龄性小班教学"取代简单的"同龄班级集体教学"……这些都在一定意义上超越了卢梭对儿童教育的当初设想,这些对卢梭教育思想的进一步丰富,无疑具有开拓性的重要意义。这或许是仅仅从思辨形态来研究卢梭的教育思想所很难企及的收获。

但是,亦应看到,作为一所家族式私立学校,夏山学校亦有其自身的局限。夏山学校的创办者尼尔先生就曾多次强调:"夏山学校绝不是无缺点的,更不是完美的。"尤其,如前文已指出的,夏山学校并非针对卢梭思想的专门有意实验,而是有其独立的办学来路。因而,夏山学校自然没有实践卢梭思想体系中的所有应有篇章。比如,卢梭在《爱弥儿》中对教育的探讨实际上持续到了整个青年期,而夏山学校的学生年龄基本上限于 16 岁之前;卢梭对儿童教育有清晰的分段,对不同年龄段的儿童教育具有明确的区分,而夏山学校在该方面的实践则极为有限,对教育的阶段性区别重视不够。"对小孩子来说,环境确实很棒,比如爬树,在树林中遛逛。但是对适合大孩子运动的场地却不够充分。"[37]夏山学校对所有学生采取了一贯式做法,而没有对年龄阶段进行很好的辨识与区别对待。除此之外,夏山学校的办学局限的最根本之处在于,它对"课业教学"这一学校传统功能的断然漠视。"我并不知道哪种教学方法正在被使用,因为我从不亲自到访课堂,也对儿童如何学习这类事没有什么兴趣。"[38]"尼尔仍在使用一种传统模式的教学方法,因为他没有更多可选的教学理念……尼尔对他所教育的学生谈的很多,但对教师该做的却很少谈及。但是,教育之事,却一定会必然地涉及这两方面,只重视其中一个方面的教育一定是不充分的。"[39]"我们没有什么新的教学方法,因为我们觉得教学方法并不那么重要。只有对那些想学多位数除法的人来说,多位数除法才重要,所以一所学校用不用特殊的方法来教多位数除法并不重要。"[40]夏山没有任何对改进教学方法的努力。但是,高水平的课业教学,也绝不是自然主义教育的题外之意,而应是它的更深更高要求。儿童的内在自然具有两种不同的层面,一种是较浅层面的,通过自然兴趣就可以得到充分表现的那部分自然;另一种则是深层的,不管是儿童自身还是成人都不容易轻易发现的,比如儿童对于某个领域学习的深层需要。一所如此令儿童感到幸福的学校,却没能在学业上更深层次地满足儿童,在我们看来,这或许是夏山学校的一个不小缺憾吧。自然主义教育固然强调儿童的自然状态,但仅仅原初意义上的自然状态,却不是自然主义教育的终点,而只是一个起点。夏山学校没能在更高的层面上,给予儿童更高的自由发展支持,这是多少令人遗憾的。

另外,在卢梭所指的这条教育之路上,同样也有一些问题,夏山学校没能实验,卢梭本人也所涉甚微,比如在较高年龄的学段上,真正的自然主义应该是怎样的形态?仅仅基于低幼儿童的自然主义教育与针对儿童后期的自然主义教育，其教育形态是否有不同？如果仍按照已有的模式，像夏山学校所做的那样，是否存在把自然主义教育理念"矮化"的可能？自然主义，绝不意味着反知识、反文化，那只是一种最肤浅而片面的理解，它的关键在于如何把人类已充分认识到或已创造出的精华成果，应用到服务于儿童和青年人的自然发展和自由成长上去——这将是卢梭自然主义教育的更高形态和更高阶段吧。童年早期的自然主义教育，这是卢梭给我们明确开创的，但青年期乃至高等教育阶段，自然主义路向下的教育应是怎样的表现形态？不管是理论形态还是实践形态，这或许都是后人需要接力探索的。

"我们对自己所行进的方向极具信心，但这并不意味着我们知道这条路上的所有答案。"[41]夏山学校对自己百年办学实践的这一清醒认识，或许正是我们对卢梭所开辟的自然主义教育之路所应秉持的理性信念与态度。

The Practice form of Rousseau's Educational Thought: Summerhill School

Miao Man

(School of Education Science, Jiangsu Normal University, Xuzhou 221116)

Abstract: The naturalism education advocated by Rousseau has a profound "landmark" significance in the history of western education. But it has existed mainly in "theoretic form" rather than "practical form" for a very long time both in the western countries and in China. Although there is no direct and obvious relationship between Summerhill school and Rousseau's educational thought, we can still find that Summerhill school is really full of elements of Rousseau's educational thought if we survey it carefully. Firstly, Summerhill school emphasize and defend on children freedom highly which in fact provide the necessary platform for naturalism education; Secondly, Summerhill school provide rich environment and facilities for students to implement the "things education" while reducing and weakening "book education" and this is exactly what Rousseau promoted ; Thirdly, Summerhill school has launched "student democracy meeting" which solves effectively the problem of children's self-discipline. We believe that it will not only help answer some practical concerns but also deepen some theoretical discussions about Rousseau's naturalism education thought through the path of investigation and review on Summerhill school's educational practice of almost one hundred years.

Key words: Rousseau; naturalism education; practice form; Summerhill school

参考文献:

[1][2][3][5][40]NEILL, A S. Talking of Summerhill [M]. London: Victor Gollancz,1967:118,118,118,118,62.

[4]RAFFERTY, M. Summerhill: for and against [M]. New York: Hart, 1970:11.

[6]MARY, K. A. S. Neill: latter-day Dewey? [J]The Elementary School Journal,1970:70(8).

[7][20]NEILL, A S. Summerhill: a radical approach to education[M]. London:Gollancz,1962:110,5.

[8]陈云恺. 儿童身心发展中的自然与自由[J]. 南京师范大学学报（社会科学版),2003(4).

[9]VAUGHAN, M. Summerhill and A. S. Niell [M]. New York: Open University Press, 2006:1.

[10][11]https://en.wikipedia.org/wiki/Summerhill_School.

[12][41]COLLINS, P. The only interruption in my education was when I went to school[M]. Oadby: The A. S. Neill Trust,1978:17,35.

[13][16]WALMSLEY, J. Neill & Summerhill: a man and his work: a pictorial study[M]. Harmondsworth: Penguin,1969:52,4.

[14][34]BAILEY, R. A. S. Neill[M]. London: Bloomsbury, 2013: 28,122.

[15][39]DARLING, J. A. S. Neill on knowledge and learning[J]. British Journal of Educational Studies, 1984:32(2).

[17][35]ROUSSEAR, J J. Emile or on education[M]. Translated by Barbara Foxley. London: J. M. Dent,1911:3,15.

[18]卢梭.爱弥儿[M].李平沤,译.北京:人民教育出版社,1985:133-135.

[19][21][22][24][36]http://www.summerhillschool.co.uk/asneill.php.

[23]GRIBBLE,D. Real education:varieties of freedom[M]. Bristol: Libertarian Education,1998:20.

[25]NEILL, A S. That dreadful school[M]. London:Jenkins,1937:32.

[26][27]NEILL, A S. The New Summerhill[M]. London:Penguin, 1992:xi,21.

[28]HEMMINGS, R. Fifty years of freedom:a study of the development of the ideas of A. S. Neill[M]. London:Allen and Unwin,1972:71.

[29][30][31][32][33][37]LUCAS, H. After Summerhill[M]. Bristol: Herbert Adler,2011:105,129,212,213,133,205.

[38]NEILL, A S. That Dreadful School[M]. London:Herbert Jenkins, 1948:24.

附录三

"马赛克方法"与幼儿教育改革①

苗 曼

(江苏师范大学教育科学学院,徐州 221116)

[**摘要**]"马赛克方法"是近年来源起于欧洲的一种儿童研究方法。该方法主要用于多路径"聆听"幼儿未能直接用语言表达的内心感受和想法。"马赛克方法"并非一孤立的儿童研究方法,而是与当前国际先进的儿童观、教育观、民主观紧密相连。在一定程度上可以说,"马赛克方法"其实是一种极具前瞻性的儿童教育观的方法"代言人"。正是在这一意义上,"马赛克方法"与我国幼儿教育改革的系列议题密切相关。"马赛克方法"的引介与推行对我国幼教改革的方向确立、路径探索、瓶颈突破等重大议题均具有深长的启示意蕴。

[**关键词**]马赛克方法;聆听儿童;早期幼儿教育改革

"马赛克方法"(the Mosaic Approach)是近年来源起于欧洲的一种儿童研究方法。它主要用于了解儿童尤其是幼童"未能直接用语言表达"的内心感受和想法。标志该方法形成的代表性作品是挪威学者艾莉森·克拉克(Alison Clark)博士和英国学者彼得·莫斯(Peter Moss)教授 2001 年合作出版的《*Listening to Young Children:The Mosaic Approach*》一书。十多年来,不断完善中的"马赛克方法"在英国、丹麦、挪威、澳大利亚等多个国家和地区产生了广泛影响。但就

---

①本文刊发于《教育发展研究》2018 年第 22 期。

目前而言，"马赛克方法"仍算不上一种广为人知的儿童研究方法，尤其在我国。从一定意义上可以说，它现在还只是一个处于起步发展期的"小方法"。与之相反，"幼儿教育改革"这一议题，不管对于哪个国家或地区，不管对于现在抑或将来，都始终是教育研究领域的一个"大议题"。那么，这一"小方法"与这一"大议题"之间，到底具有怎样的重要关联从而值得将它们比肩并置？尤其，对于路向不明的我国幼儿教育改革而言，这一前瞻性的"小方法"将意味着什么？又可以贡献什么？本文将主视点汇聚于此。

一、"马赛克方法"及其背后的深远意蕴

多渠道聆听儿童的心声是"马赛克方法"的核心要义。"这里的聆听是一种积极意义上的听取过程，它不仅仅意味着听见，而且关涉到对所听内容的理解、意义建构与行动回应。"[1]聆听儿童的途径不应仅限于"耳朵之听"，因为"儿童有一百种语言"[2]来表达自己，要想回应他们的"一百种语言表达"就需要创建出"一百种聆听的方法"，这就是马赛克方法——也可以说是"方法的马赛克"所以形成的来由。"马赛克方法赋予儿童一种可能，使他们唤起自己的一百种语言，通过各种不同的方式来表现与表达自己。"[3]准确地说，"马赛克方法"并非指某一种具体方法（method），而是多种方法组合形成的一种综合性儿童研究技术（approach）。"马赛克"一词在这里的使用并非实指，而是一个比喻——正像由多种不同色彩的小图片所构成的斑斓的马赛克图案一样，这一儿童研究技术所内含的多种方法，实际上构成了一个"方法的马赛克拼盘"，而通过这多样方法所捕获的反映儿童内心的信息，则形成了某一片针对某个具体儿童的兴趣、需要与观点的"信息的马赛克"。

（一）"马赛克方法"的主要内容

"马赛克方法"大体由三个环节构成[4]：一、信息生成与采集；二、信息汇总与处理；三、结论反思及实践改造。第一个环节的任务是信息生成与信息采集。也就是尽量利用各种可能的渠道来生成信息、收集信息，从而获得某一幼儿在某一

方面的感受、想法、意见、经验、兴趣等。"信息生成"的具体渠道包括：观察、儿童访谈、儿童摄影及制书、游览及地图制作、游戏扮演、家长访谈、教师访谈等。这些渠道中有些信息属于直接采集，比如观察、儿童访谈、家长和教师访谈；有些信息则需要幼儿通过"参与一定的活动"才能生成，以此为基础才能完成"信息采集"。这后一种信息采集方法常被称为"参与性研究方法"。值得指出的是，"马赛克方法"中这些信息采集渠道并不是固化或封闭的，而是无限开放的，因而在"马赛克方法"中始终会留有一个空白的马赛克单元，供不同的研究者去做新的方法开创。这种期待无限多样的方法以获取"儿童信息"的研究路线，其背后的坚定假设是：幼儿这枚多数时候难以被读取的"芯片"，其内部绝不缺乏丰富的内容和想法，缺乏的只是"读取的技术"。"马赛克方法"第二个环节的任务是对所得到的各种信息进行汇总、整合与意义建构。由于第一环节中信息来源的多样性，所得到的信息的形式也是各不相同的——如观察所得的是"行为信息"，访谈所得的是"言语信息"，儿童制作的书册地图等所提供的是"作品性信息"，重要他人所提供的是"间接信息"等。要对这些形式多样的信息进行整合其实并非易事。尤其在一些原始性信息单元中，经常会有一些信息的清晰度不够完善，这就需要围绕这些主题进行更多的"信息补采"。对于清晰度欠缺的信息，"马赛克方法"还采取了三条专门策略予以应对：一是采取"互证"的方法对来源不同的信息之间的"关联度"和"重复出现次数"进行列表确认[5]，从而细致地揭示出某一条重要信息是否在其他渠道的信息中有所重复体现，然后再对这条信息做出最终的留用或舍弃；二是坚持"以儿童为第一主体的原则"对模糊性信息进行二次解释。比如，对于"儿童制书"所传递的信息进行意义提取时，并不是以研究者为提取主体，而是会听取儿童对这本书内容的进一步解释从而再确定这本书所传递的信息意义。三是当不同渠道的信息之间出现矛盾时，比如当"研究者之所见"与其他信息出现不吻合时，让"儿童之所想"作为对这种意义建构的最终裁决。总之，在这一个环节中，"马赛克方法"始终把信息的解释权和意义的建构权紧密地赋予儿童。"马赛克方法"的第三个环节是从所得出的研究结论出发，对实践予以反思和整改。"这最后一个环节聚焦于——如何根据儿童的观点来形成新的行动的基点——不管这是作为对已有区域的积极性保留，还是对其予以改变或改造。"[6]马赛克方法是一种实实在在的行动研究方法,因而是否最终落实为行动改造,不仅是关系到它的完整性的一个基本环节,在一定意义上其实也是它的旨归所在。

通过以上对"马赛克方法"的环节解析,我们不难看出:"马赛克方法"与以往儿童研究方法的"着力点"大不同——以"聆听"的姿态求解于儿童的表达,而不是以"俯视"的姿态来洞悉儿童的世界。"马赛克方法"这种研究着力点的设定不是偶然的,而是其背后依托的儿童观、教育观、民主观的深层体现。

(二) "马赛克方法"背后的儿童观

"儿童是自身事务的专家;儿童是有交流能力的主体;儿童应当成为权利的持有者;儿童本是真实意义的建构者——这就是马赛克方法所建基于其上的儿童观。"[7]展开来说就是:儿童纵然不是在社会生活事务中可以与成人一决高下的"专家",但他们却是对自己生活事务最有发言权的人;儿童纵然不是一个高超的"语言交流者",但他们却有无数潜在的非语言交流技能;儿童虽弱小,但他们作为一种"当下存在"的人,从根本上应该成为"自己如何生活"的权利持有者;儿童是自己学习和生活的积极建构者,他们可以与成人一起建构生活的真实意义,而不是仅仅从成人那里获得意义。一味地"让成人作为儿童的代言人"这一惯常做法其实缺乏足够的合理性。"研究表明,儿童有能力表达自己的想法和观点……这些表达往往和被请来'代表儿童的成人'的表述并不相同。"[8]回顾人类历史上"儿童观"的发展历程,不得不说,这样的儿童观是对以往所有儿童观的巨大超越。儿童曾长期被成人视作能力匮乏者、帮助接受者、需要管理改造者、无法自主者……可是,一种明显的趋势是近现代的儿童观正愈来愈把儿童视作一个生机勃勃的富有的主体。"我们为'另外一种儿童的诞生'提供了可能——这种儿童具有很多能力,有思想、有理论,值得我们从他的角度来倾听。"[9]不得不说,"发现儿童"与"聆听儿童"正愈来愈成为儿童观的时代强音,而"马赛克方法"就是这样一种儿童观的代言人与探路者。儿童是富有者,而不是匮乏者,这是马赛克方法对儿童持有的根本观点。诚然,作为人们看待儿童的一种基本立场和态度,儿童观并不是一个纯然的事实判断,而是带有一定的信念性。儿童显然在生活的很多方面能力不比成人,但是,这却绝不意味着他们不具有主导自己成长的内在力量。在自己的成长方面,他们比任何人都更了解自己的需要、动机和愿望。

(三)"马赛克方法"背后的教育观

如果说"马赛克方法"背后的儿童观是显而易见的(在克拉克的著作中就可找到直接的表述),那么要发现"马赛克方法"背后的教育观则要费一些周折。克拉克本人并没有直接申明过自己所持的教育观,但是她的合作者,最早与她一起创建了"马赛克方法"的彼得·莫斯教授——英国重量级的早期教育理论研究者,却极为鲜明地在多篇论文中表述过自己的幼儿教育观:"教育的目标不仅仅包括实现儿童各种丰富的潜能……它还应该用于鼓励和促进怀有各种不同想法、生活于各种不同环境中的人们,去进行各种不同的生活尝试。"[10]要"在文明社会中,建立论坛式的早期教育机构……论坛是文明社会的一个重要特征……论坛是参与对话的所在地"。[11]值得指出的是,这里"论坛"是指一个儿童与成人完全平等对话的场所。在这里,我们不难找到"聆听儿童的声音"何以如此重要以至于需要为其研制专门方法的原因。"论坛"是让每个人都说话的地方,是让每个人的声音都被听见的地方。在教育生活的场域中,"儿童的看法和想法"是尤其需要"被听见"的声音。"把儿童的观点置于优先考虑的地位,这其中的价值不容低估。"[12]千百年来,人类历史上存在过的教育观大多是把儿童视作教育的"对象",不管是需要监管或管治的对象、需要改造或塑造的对象、需要帮助或服务的对象,还是需要按照规律来发展的对象……总而言之是视儿童为"对象"而非"主体"。即使在"儿童中心"的教育提法中,根深蒂固地也还隐含着一种"对象"思维,只不过这种教育提法把儿童这一"对象"的地位提升到了一种前所未有的中心地位,使儿童从一种"被忽视的对象"变成了一种"更重要的对象"而已。在这些"对象式"教育思维的主导下,师生关系从根本上说是一种教育与被教育的关系,更具体地说是一种"教学"媒介下产生的"教与学"的关系,而不是"人与人"之间平等地建构真实生活意义的关系。"马赛克方法"背后潜藏的教育观,亦即把教育生活视作"论坛"场所的教育观,则属于"多主体参与式"的教育观,是用心聆听儿童的"发声"以期待教师"回声"的"关系型"教育观。"关系型"有别于"对象型"。在这样的关系中,教师是倾听与回应者,而非教导和评判者。教师与儿童一起建构教育生活,而不是教师安排指导教育生活。从根本上看这是一种"儿童与教师平权"的教育观。

(四) "马赛克方法"背后的民主观

"马赛克方法"背后其实还关涉着一个深远的民主命题——在教育生活的场域中,"民主"意味着什么?教育生活中的民主与更广泛地社会生活中的民主有何关联?在早教机构中,"民主的意义包含'儿童有权主动地和创造性地自我安排生活——从很早开始';在儿童早期教育机构中体验民主'将引导儿童去理解和深思现代民主'。"[13]也就是说,在教育生活中,民主的根本要求,在于让儿童能够按照自己的愿望自主生活而不是被成人"定制"生活。这种发生在教育生活层面的民主实践,将会潜在地促进社会生活中的民主进展。彼得·莫斯教授甚至称之为"童年政治"的一部分。反之,教育生活中的成人霸权只能培养听话的乃至奴性的儿童,它无助于任何意义上的"民主主体"的生成。儿童,作为社会生活中的一种必然和实然存在,虽然"未成年"是他的基本标识,但作为一种实然存在的人,他难道真的不具有对于人类社会生活的"当下"价值?而必须等到他成年之后,才能享有民主生活的基本资格?这应该是一个急需深思而不能轻易论断的问题。"超越质量,走向意义生成。"[14]——彼得·莫斯教授所力倡的这一早期教育方向,在一定程度上对这一问题进行了侧面回答:面对千差万别的儿童,教育应超越质量标准下的功利追求,而走向个体真实生活意义的达成。"我们不愿仅止于'超越质量'这一批判性话语……我们还要使用一个新术语——'意义生成'来表达我们的教育理念。"[15]换言之,一个儿童可以过任何他自己想要过的生活,只要这种生活对于他本人具有真实的意义,就是值得去过的生活。民主不仅仅意味着社会生活中的决策性民主,这只是一种宏大主题中的民主,它还应该深切地指向一种平凡生活层面的民主——让每个儿童都能按照自己内在的声音去生活。这是儿童应该享有的最基本的民主。也是任何社会民主所能够生成的初始力量。"这里的聆听被认为与教育民主讨论密切关联。"[16]"马赛克方法"为实现"儿童民主"创造了方法层面的前提条件。

综上,不难发现:"马赛克方法"并非一种孤立的儿童研究方法,而是具有深厚渊源的国际教育思潮的一部分。甚至可以说,与其说"马赛克方法"是一种独到而实用的儿童研究方法,毋宁说它更是一种具有深远意蕴的儿童观、教育观、民主观的代言人。正是在此意义上,"马赛克方法"与我国幼儿教育改革之间的某些议题紧密关联。

二、我国幼教改革进程中长期存在的几道难题

"改革"往往意味着剧变性的"大动作"正待发生。但必须清醒地认识到:我国幼儿教育改革注定会是一个漫长的进程,而不可能是一场一蹴而就的飓风式变革。作为一个年轻的学科,幼儿教育的独立性不管是在社会结构层面还是在教育体系内部,都依然十分薄弱。"学前教育是'弱势群体中的弱势群体',其发展的每一步都深深'嵌入'于社会改革中。"[17]在复杂社会因素的种种牵绊之下,我国幼儿教育改革的以下几个根本问题其实一直尚未得到实质性解决。

(一)"儿童本位"幼教改革方向的确立尚任重道远

纵观改革开放40年来关涉到幼儿教育的重大政策及改革文件,我国幼教改革的重心主要分布于办园体制改革、财政投入改革、幼儿园管理改革、教师教育改革等议题。涉及幼儿教育"办教方向"的改革如果说不全是为零,那也只是极为有限地"屈身"于本就分量不足的"幼儿园课程改革"之内。[18]这在一定程度上或可表明:在幼儿园的办教方向这一重大问题上,我国其实还没有开启或发生任何实质意义上的变革。也可以说,"儿童本位"的幼教发展方向问题,其实还尚未成为我国幼儿教育发展的"社会性"讨论议题,当然也从未在历次改革中引起充分重视。应当说,这并不是偶然的。学前教育"2010年以前的任何一次转轨都不是基于学前教育自身需要的制度设计,而是应对各种政治改革、经济转型的需要"。[19]也就是说,学前教育的历次改革,更多考虑的其实并不是自身发展的核心问题,而是如何应对乃至迎合外部需要的问题。虽然,近年来这一议题的讨论及

呼声愈来愈呈上升态势,但它的讨论范围目前为止还仅限于"学界研讨"之层面。更令人遗憾的是,即便在学术界,对这个议题的反应也还是声音各异,并不统一。"中国儿童教育界、学前教育界对于儿童中心论依然疑虑重重,甚至反对者大有人在。"[20]换言之,在学术界——这个仅仅在理论层面探讨幼儿教育的"应然发展方向"的有限领地之内,"儿童中心"的教育理念也还未得到确认与确立。至于在社会层面,"不要让孩子输在起跑线上"——这一极具煽动性的教育招牌,极为轻易地就俘获了广大幼儿家长的心。这一口号强烈刺激着家长们望子成龙、望女成凤的集体无意识,成为我国幼儿教育实践中一道极难攻破的心理挡箭牌。这就导致了本应对幼儿怀有最朴素最真挚之爱的家长,却不得不为本已严重超载的知识教育与应试教育加油助阵,乃至助纣为虐!此种情势之下,本就微弱的儿童的声音,在这样的社会潮流之下,几乎完全不可能被听见了。"儿童本位"的教育完全被"社会功利本位"以及虚幻的"未来本位"的教育所绑架。"直到今时今日,宏观到国家法律,微观到幼儿园的教育科研,认识儿童、发现儿童、让儿童成为他自己,仍然是摆在我们面前的课题。"[21]一句话,"儿童本位"的幼教方向的确立,不管在国家政策层面、理论研究层面、幼儿园实践层面,乃至家长层面,都还是一道任重道远的严峻课题。

(二)"自上而下"的改革路径使一线教师的主体性严重缺位

幼儿教育改革,归根结底乃是在"幼儿教师"与"幼儿"之间发生的关系或活动的改变与革新。如果最终在这个层面不能发生实质性的革新,那所有的改革不管其声势有多浩大其最终结果也一定是空洞的,其实效一定是大打折扣的。而在这个层面上,作为施教者一方的"幼儿教师"显然是改革的实质性主体之所在。如果这个主体不能、无法,或不愿发挥自身的主动性,那这样的改革从根本上说就属于"被改革"。在"自上而下"的改革路径中,幼儿教师正是不折不扣地处于"执行改革指令"链条的最末端。她(他)们成了历次改革的执行者、听令者,一遍遍地"被培训""被动员""被督查"。在这里,她(他)们作为改革主体的身份地位是丝毫看不见的。在这样的情势下,她(他)们的主动精神从何谈起?但是,必须看到:幼儿教育改革其实是比任何其他学段的教育改革,都更需要发挥幼儿教师自身的主动性的。没有幼儿教师的"主动改革",幼儿教育的改革几乎是寸步难行的。这不是危言耸听和夸大其词,这是由幼儿教育自身的特殊性质所决定的。幼儿教育是一种特殊的、有别于学校教育的学段——幼儿教育没有教材,没有教学大纲,有的只是一个虽明确但却非常笼统的目标——服务于幼儿的身心发展。这种教育目标的特殊性使幼儿教育比任何一个其他学段都具有更高的"灵活性"。众所周知,一名中学教师可以很容易地转岗并胜任小学教师的工作,但一名小学教师则很难直接转岗并胜任幼儿园教育工作。这其实不难理解:幼儿教育固然不深奥,但它的"灵活性"却是任何其他学段难以比拟的,因为幼儿的身心发展需要是如此不易被了解。幼儿不像其他学段的教育对象,仅仅通过语言交流就可以被成人充分理解。幼儿往往自说自话,而且另有自己的独特语言,这往往给准确地了解幼儿,造成了极大的难度。因而,一名优秀的幼儿教师,既无须成为知识上的专业人士,也无须成为教学上的专业人士,但却必须成为一名深入细致"了解幼儿"的专业人士,才可能真正胜任幼儿教育工作。要想"了解儿童",除了"走向儿童"之外别无他途。只有在"走向儿童""了解儿童"的路径上,幼儿教师才能作为一线的从业"主体"发挥出自己的工作主动性和工作热情。而在"自上而下"的改革路径中,幼儿教师的心力则更多的是在面向领导的督导、专家的培训、优秀同行的示范。在这里,她(他)们仅仅是学习者、响应者、模仿者,而不是主动工作和主动探索的人。一线教师主体性的缺位,使改革一次次地沦为必须大力"推动"才能进行的活动,这样的靠"推"才能"动"的改革,其可持续性是不堪深究的。

(三)幼儿教师"专业化问题"严重制约着幼教改革的实际步伐

作为一种探索性活动,改革不仅需要动力,它更需要从业者的专业能力。作为"基础教育的基础",幼儿教育本该是整个教育体系中最重要的一个教育阶段,遗憾的是,其师资水平尤其是"教师专业化水平"却一直处于极其薄弱的状态。甚至"幼儿教师专业化到底应'专'在何处?""幼儿教师的最核心素养到底何在?"——这些最根本的问题即便在理论层面也还没有得到充分探讨。幼儿教育所具有的巨大的灵活性和师资水平的极其薄弱之间,构成了幼儿教育改革理念与教育实践效果之间的巨大反差。那么,在教育改革之时,最一线的广大幼儿教师最需要什么?这其实是一个极其重要的改革议题。这里以我国2012年发布的幼教改革文件《3—6岁儿童学习与发展指南》(后文简称《指南》)在幼儿教育实践中的使用状态为例,对这一问题略作分析。"指南",按其本意其实只要指出"方向"就够了,但事实上,《指南》以足够详细的方式在几乎每一个幼儿学习与发展的关节点上,对"教师应如何做"给予了示例与示范。《指南》的苦心是显而易见的。据笔者了解,在许多幼儿教师的公开招聘考试中,笔试的大部分内容主要直接来自《指南》的条目——可以看出,在这里《指南》早已不仅仅是指示方向,而且还成了幼儿教师的教学规程与范本。事实上,很多幼儿教师,离开了《指南》之具体条目,几乎不知如何开展工作。《指南》成了幼儿教师日常工作的依据,成了"鹰架"教师的一把拐杖——"鹰架"的最朴素含义就是,对一个自己不会走路或不具有走路能力的孩子,别人架着胳膊使他往前走。把"指南"作为工作中直接的拐杖,这里所反映出来的幼儿教师的变通能力是极为有限的!试想,在幼儿教育这样一个学段,既无教材,亦无大纲,更无固定的课堂,而是在极为灵活变通的教育场域中,"鹰架"与"指南"果真能走得通吗?任何一种改革,在本质上说都是一种对既有状态的探索性改变,这种探索本身不应该是"学样"的,而应该是"自为"的。广大的一线幼儿教师该如何根据千变万化、不一而足的教育现场来应对自己的教育问题?这是任何一个专家或领导都无法亲临解决的。也是任何一种共性的理论所无法解决的。这是任何一种"远水"都解决不了的"近渴"。但反过来,亦应看到:缺乏能力并不可怕,只要我们知道所需要的能力到底从哪里去寻找。马赛克方法之价值,就在于它使机械的鹰架性帮助,变成了一种到儿童那里去取源头活水的方法给予。

综上,我国幼儿教育尚需重大变革,但鉴于以上根本问题尚未得到有效解决,我国幼教改革的进程不宜于以声势浩大的姿态"自上而下"地去开创局面,而更宜于以扎扎实实的功夫,在幼儿教师这一层面积累与积淀改革的动力、改革的方法、改革的可持续态势。"马赛克方法"正是一种直接"送改革到教师手中"的方法尝试。

三、"马赛克方法"对我国幼儿教育改革困境的可能突破

如前文已述,"马赛克方法"不仅仅是方法。它更是一种极具前瞻性的儿童教育观的"代言人"。作为一种方法,它在幼儿教育实践中或将燃起一种"崭新的儿童研究"的星星之火;作为一种教育观的"代言人",它最终掀起的却有可能是幼儿教育变革的燎原之力。"马赛克方法"对我国幼儿教育改革的重要意义,主要蕴含于以下层面。

(一)"马赛克方法"与我国幼儿教育改革的方向确立

如同任何其他改革一样,幼儿教育改革也会涉及千头万绪的问题,也会经历各种各样的弯曲挫折。但有一个根本的问题如果不予以确立,那所有改革物力人力的投放都终将是盲目的,其实效也终将是含糊的。这一根本的问题就是:中国的幼儿教育终将向何处去?——是坚定不移地走向儿童本位,是积重难返地退守社会利益取向,还是迟疑不决地徘徊于两者之间?在左、中、右的这三个大方向中,我们终将选择其一。"马赛克方法"从来就不是一套孤立的方法,而是与一整套具有未来生命力的儿童观、教育观、民主观紧密相连。在一定程度上也可以说,这一"方法"其实必须是与"观念"一起捆绑施行的。甚至可以说,在习得这套"方法"的过程中,其内在的"理念"也在一定程度上会自然而然地渗透进方法使用者的心中。这正是这一方法不同于任何其他一种儿童研究方法的深远价值所在。具体来说,"马赛克方法"之未来价值,在于它从一开始就与幼儿教育发展变革的国际先进方向紧密相连。彼得·莫斯教授——既是马赛克方法的直接开创者之一,也是艾莉森·克拉克博士的长期学术合作导师——曾长期关注意大利瑞吉欧教育,并在欧洲幼教界具有重要学术影响力。在一定程度上可以说,"马赛克方法"其实是在以"瑞吉欧教育"为主要代表的一系列先进幼儿教育实践中极其深刻思想背景下,"应运而生"的一个工具开发。"瑞纳第(Rinaldi)描述了聆听教育学的多重含义,这些含义与原则已成为瑞吉欧教育实践的基石。"[22]综观全球范围,每个国家所秉持的主流幼教理念和方向并不相同,而是样态纷呈。

但在这样态纷呈之中,北欧、西欧作为先进幼儿教育的发源地与领跑者而在世界范围内享有声誉,这一点或许已成学界共识,无须多言。"风物长宜放眼量",在这样的国际幼儿教育发展背景下,我国幼儿教育的发展能否高瞻远瞩,更早地融入国际先进幼教之林,从而获得更顺畅的健康发展,"马赛克方法"或许可发挥其重要的桥梁作用。其实,在我国不长的幼儿园教育史上,陈鹤琴先生在致力推行其著名的"活教育"幼教理念时就曾大声疾呼:"我们大家一起振作起来,研究儿童的切身问题,为儿童谋福利。"[23]但如何研究儿童?尤其如何研究个体的儿童?这在我国却一直极其匮乏。"几十年来学前教育事业的起落,留给我们的深刻教训之一是:除非我们将学龄前儿童视为独立的个体,除非我们将儿童事业发展视为一项独立的、不依附于其他任何政治或经济发展的社会发展指标,那么学前教育的发展将得不到根本性的保障。"[24]"幼儿园也能改变中国"[25],"以儿童为本位""以儿童为中心"的幼儿教育基本方向的确立在我国绝非易事,它至今仍是一个艰难争论中的议题。愿"马赛克方法"的推广使用为我们走向这一幼教变革之路开启一个方法上的前奏。

(二)"马赛克方法"与我国幼儿教育改革的路径创新

辨明一场改革的性质如何,最直接简便的方法是考察该改革的动力源何在。归根结底,改革不过是社会利益再分配在局部领域的或直接或间接的体现。长期以来,"自上而下"的改革发动模式总是作为我国教育改革自然也包括幼儿教育改革的通常路径。固然,这种改革路径不无合理之处,在一定程度上也是多方社会力量在进行大量论证考察之后,为改善幼儿教育所做出的一次次努力。但这种与行政力量裹挟在一起的来自"上面"的改革进程,与最亲切的幼儿教育实践之间,到底存有一定的疏离。而其"号令"式的推行进程也往往会遇到各种难以想象的隐形阻抗力量——"上有政策,下有对策"几乎成为令每一轮教育改革大打折扣的积弊。相反,"马赛克方法"背后所站立的彻底的"以儿童为本位"的教育立场,决定了其利益出发点在于"儿童利益的最大化"。那么,在整个社会体系内,哪些人才是"儿童利益"的最可能的代言人?当然,儿童自身才是自己利益的最可靠的申诉者。但幼儿教育改革毕竟属于成人世界之社会事务,幼儿无法作为"利益方"直接参与博弈。也就是说,作为一种服务于幼儿的教育事业,它的改革路径很难"自幼儿始"。那么,退而求其次,幼儿教育改革如果果真愿意把"幼儿的利益最大化",它可否自"研究幼儿的需要"始?而幼儿教师——这一与幼儿朝夕相处的最了解幼儿真实需要的成人,可否成为幼儿利益的较有力的"代言人"?"马赛克方法"因其"对儿童需要的关注"而在本质上属于"在社会中实行儿童民主"的一种技术路径。这种技术一旦为广大的幼儿教师所精通掌握,能否爆发出一种"自下而上"的改革原动力?"儿童是自己事务的专家"——马赛克方法建立于其上的这一基本命题,如果在广大教师中深入人心,能否产生一种最本真的改革热情?毕竟,广大幼儿教师群体才是任何幼教改革成败的关键所在。另外,幼儿教育不是义务教育,这使它并不具备坚实而稳固的资金供给,但这也意味着它有更大的自主发展空间。总之,"自上而下"的改革路径与"儿童本位"的改革方向并非最佳匹配,而"马赛克方法"的引入与广泛实践,或将开启我国幼儿教育改革的另类模式——"自下而上的改革"。或许,在这样的改革路径设想下,不仅仅是目前既有的"马赛克方法",还有无数与"马赛克方法"类似的儿童研究方法,将如雨后春笋般地成长起来,为一种崭新的幼教改革路径的生成而打通进路。

(三) "马赛克方法"与我国幼儿教育改革的瓶颈突破

所谓改革,总是要革除旧弊、开创新局。就幼儿教育改革而言,不管"旧弊"之克服还是"新局"之创生,归根结底总要仰赖于教育现场的执业人——幼儿教师。因为,不管改革的总体设计多周全,督导检查制度多细致,如果最终的"教育客户端"——幼儿教师不具备充分的"响应意愿"和"响应能力",那任何改革都最终难逃"水到渠不成"之遗憾。在自上而下的改革模式中,这一瓶颈表现为"末端堵塞";在自下而上的改革模式中,这一瓶颈则表现为"始端无力"。总之不管怎样的改革路径创设,如果幼儿教师这一因素不能被充分调动起来,都会在此处形成一严重的改革瓶颈。那么,如何拓宽这一瓶颈?"马赛克方法"对于这一瓶颈的突破具有怎样的可能意义?"教育学即儿童学。"[26]"儿童研究是教师的第一专业。"[27]提高幼儿教师的研究能力尤其是对个体儿童的研究能力,实为突破这一瓶颈的值得考虑的思路。毕竟,教育现场中的幼儿教师面对的是千差万别的活生生的儿童,而不是教科书理论中仅反映共性特点的抽象儿童;教育现场中的幼儿教师所要解决的是随时随地出现的极其灵活的具体问题,这也不是"专家讲座"和"优质示范课"所提供的有限策略所能发挥的用武之地。如果幼儿教师自身不掌握、不具备一种实用灵活的行动研究方法,那么在极其灵活、千变万化的幼儿教育现场,她(他)将会发现:任何理论和培训其实都是苍白的。反之,如果用一种既开放又实用的方法武装起我们的幼儿教师,她(他)们就会在千差万别的教育现场发挥出自己的执业优势,从而灵活地解决各类问题。以此反观"马赛克方法",它所提供的对儿童观点的多路径考察,使每一个幼儿均可形成一片反映自己心声和观点的独一无二的马赛克,这就为教师精准服务好每一个不同的幼儿提供了可能。更重要的,"马赛克方法"对于聆听幼儿心声之教育立场的坚持,为幼儿教师的复杂工作现场提供了一副可靠的行动指南——当你不知道怎么办时,请去更加深入地聆听幼儿的声音,这些声音里其实或直接或曲折地隐藏了很多教育问题的解决之道。"问渠哪得清如许,为有源头活水来"——幼儿的心声便是教育的源头活水。从这一意义上说,来自幼儿的指南或许确实比来自专家的讲座和示范课之策略更可靠。以"马赛克方法"为抓手来培养"研究型幼儿教师",这或许可成为我国幼儿教师专业发展的一个未来新方向。当然,这里的"研究"并不等同于学术研究意义上的研究,而是指"面向儿童个体的现场研究"。前者之旨趣在于对共性规律的探索,后者之目的则是对不同的个体分别研究。长期以来,我国幼儿教育师资质量不容乐观,幼儿教师的专业发展状况堪忧。虽然近年来推行的准入制度对幼儿教师的从业资格进行了明确规定,但这种资质仅是一种最低要求,并不足以体现对未来优秀幼儿教师核心素养的方向定位。"使未来的幼儿教师,都成为合格的儿童研究者。"[28]研究性,尤其是熟练的现场研究能力,或许应成为我国未来幼儿教师的核心素养,而"马赛克方法"对这种研究性幼儿教师之培养显然具有得天独厚之功效。

四、"小方法"促动"大变革":一种期待

我国幼儿教育尚需根本性变革。但发起这种变革的最适切的"着力点"在哪

里？没有一个"适切的着力点",幼儿教育改革——这一既深受社会外部大环境规限,又很难独立于学校教育体系改革的"局域性"教育变革,其对自身发展之根本性问题解决的针对性与实效性,是足令人担忧的。

"自上而下"的幼儿教育改革着力于"顶层设计"和"指令推行",从根本上说,它属于一种"自外围切入"的改革路径。在这样的改革之路上,潜藏于一线幼儿教师身上的巨大智慧与主动精神很难得到有效发挥。更重要的是,要对我国幼儿教育进行具有根本意义的"大变革",那就必须首先在"改革方向"这一层面上开创与以往不同的新局面。而在这一问题上,来自各方的阻碍与困扰虽然表现形式各自有别,其实质内核却是统一的:"幼儿教育的方向"一直严密受控于"成人的意志"之下,不管这意志体现为"国家意志""社会意志""机构意志",还是"教师意志"。在这里,唯独"幼儿的意志"是不见踪影的,至少是被严重边缘化的。那么,作为教育场域之活动"主角"的弱小的儿童,他们的利益与心声该如何被表达?又如何通过值得信赖的"代言人"而得以表达?面向未来,左右幼儿教育前行方向的诸多不确定因素依然存在。社会情势下的幼儿教育,其方向多少有些身不由己。寄希望于远离幼儿生活的社会力量来改变与完善幼儿教育,这样的"自外围切入"的路径或许并不足以让人乐观。"马赛克方法"的引介与推行,正是寄希望于与幼儿朝夕相处的教师们,期待从这里去慢慢"生成"对幼儿心声的聆听、了解与满足,从而在不知不觉中营造出"儿童中心""儿童本位"的幼教发展方向。这将是一种有别于"自上而下"改革路径的崭新尝试。

常理告诉我们:如果一个人极为深切细腻地感受与了解到了另一个人的内心渴望,在一般情况下,如果没有利益冲突,她或他总是会不由自主地在自己尽可能的范围内去满足这一个人,而不是对这个人随意妄为。反之,如果一个人对另一个人的心声毫不知情,她或他则很容易把自己的想法或意志强加于这个人身上。与之类似,"儿童本位"的教育观的形成,仅靠言辞性的说教与培训,或许并不能在幼儿教师中间真正形成。反之,如果幼儿教师极为真切地了解了幼儿的心声与渴望,那么一种最朴素的"为幼儿服务"的教育愿望或许会自然而然,乃至不由自主地生成。更进一步说,如果切实遵从一种"聆听幼儿"的教育之道,日久之下,就会"生发"出一种教育观,而这样的教育观因为是经过幼儿教师本人

"切己体认"而得来的,因而一定会具有"知行合一"的实践力量。其实,深切的聆听不仅会告诉我们幼儿需要什么,甚至会直接指示成人如何去达成幼儿需要的满足,这不是无根据的臆想,而是由"马赛克方法"所建基于其上的"儿童观"——儿童是自己生活事务的专家——所内在决定的。聆听幼儿的心声,本是"儿童本位"的幼儿教育改革的核心要意。"马赛克方法",将与它所秉持的儿童教育观一道,以润物无声的形态扎根于幼儿教师的心中,从而在日积月累的工作亲近中,促成我国幼儿教师的改革动力、改革热情、改革能力的生成,并最终形成一种渐进型、持续性的、静悄悄中的剧变。

当然,一种方法本身,不管它多么具有前瞻性,也不会自动地引领一场变革。变不变革取决于人的意志,并且主要是成人的意志。但是,随着一种聆听儿童的方法得到愈来愈广泛的传播,其所可能产生的效应却也不是不可以想见的。事实上,"方法引起变革"在历史上并非绝无仅有。众所周知,互联网与计算机技术对人类文明各领域所带来的飓风式的推进与变革,几乎成为任何社会文化制度都无法阻挡的洪流。当然,仅就目前的发展与传播程度而言,"马赛克方法"还只不过是一种成长中的"小方法"。但是,这一小方法,却不是没有可能为我们渐渐打开一扇新型的教育变革的大门——一扇从广大教师中推出的、以儿童为中心的幼儿教育的大门。一旦这样的大门实质性地被一线教师所推开,而不是被自上而下的指令所推开,它将会为真正的幼儿教育大变革提供无穷的力量。值得一提的是,当前,在我国学界,一种极富生机的研究热潮正在兴起,那就是正在悄然形成中的"儿童研究"热潮。这一热潮在一定程度上反映出,我国教育学界的有识之士正在深刻地意识到:教育改革推进的重心,至少从学术层面上来看,可以转向一种更务实的方向——让儿童研究成为一种潮流,首先在学术界,然后在幼儿教师中间,那就会形成一种润物无声的侧面动力。而其所推动的,便是深远的、以"儿童为中心"的现代民主教育。"马赛克方法"这一聆听儿童心声的具体、细致、开放的参与式行动研究方法,无疑会在这股"儿童研究"的增长态势中适逢其时,有所作为。

the Mosaic Approach and the Early Childhood Education Reform of China

Miao Man

(School of Education Science, Jiangsu Normal University, Xuzhou 221116)

Abstract: "The Mosaic Approach" is a set of child research methods originated in Europe in recent years. This approach is mainly used for "listening" to children of their inner feelings and perspectives which are difficult for them to express through multi-paths. "The Mosaic Approach" is not only a method of child research, but is closely related to the current international concept about children, education, and democracy. To a certain extent, "the Mosaic Approach" is actually a "prolocutor" of the forward-looking ideal of children education. It is exactly in this sense that "the Mosaic Approach" has close relationship with several important issues of China's early childhood education reform. The introduction and implementation of "the Mosaic Approach" will have profound significance for the development of China's early childhood education, especially in direction-decision, path-exploration, key point-breakthrough and so on.

Keywords: the Mosaic Approach; listen to children; early childhood education reform

参考文献:

[1][3][4][5][6][7][12][16]Alison Clark. Listening to young children: a guide to understanding and using the Mosaic approach . London: Jessica Kingsley Publishers Third edition, 2017:26,34, 31-71,61,79,20,1,154.

[2][美]卡洛琳·爱德华兹,莱拉·甘第尼,乔治·福尔曼.儿童的一百种语言:转型时期的瑞吉欧·艾米利亚经验[M].尹坚勤,王坚红,沈尹婧,译.南京:南京师范大学出版社,2014:5.

[8]Kelly Baird. Exploring a methodology with young children-Reflections on using the Mosaic and Ecocultural approaches[J]. Australasian Journal of Early Childhood,2013(38):35.

[9][11][13][14][加]冈尼拉·达尔伯格,[瑞典]彼得·莫斯,[英]艾伦·彭斯.超越早期教育保育质量:后现代视角[M].朱家雄,王峥,等译校.上海:华东师范大学出版社,2006:151,79-83,88-89,97.

[10]Peter·Moss. Power and resistance in early childhood education:from dominant discourse to democratic experimentalism[J]. Journal of pedagogy,2017(1):24.

[15]Peter·Moss. Why can't we get beyond quality?[J]. Contemporary issues in early childhood,2016(17):11.

[17][18][19][21]冯晓霞.中国教育改革大系(学前教育卷)[M]武汉:湖北教育出版社,2016:127,1-418,170,169.

[20]庞丽娟.中国教育改革30年(学前教育卷)[M].北京:北京师范大学出版社,2009:120.

[21]Alison Clark. Ways of seeing:using the Mosaic Approach to listen to young children's perspectives. Beyond quality. Children's perspectives on early childhood services. Bristol:Pilicy Press,2005:16.

[22]陈鹤琴.陈鹤琴文集[M].南京:江苏教育出版社,2008:400.

[24]冯晓霞.中国教育改革大系(学前教育卷)[M]武汉:湖北教育出版社,2016:169.

[25]刘晓东.论儿童教育的出路[J].幼儿教育(教育科学),2008(11).

[26]张华.迈向"儿童学"[J].教育发展研究,2016(22):时评.

[27]成尚荣.儿童研究是教师"第一专业"[N].中国教育报,2016-04-06.

[28]高振宇.儿童研究与教师专业发展:过去、现在与未来[J].教育学报,2015(4):47.

致 谢

感谢我的导师刘晓东教授。十年前,当我读完那本《儿童精神哲学》,我告诉自己:我定要成为您的学生。我定会成为您的学生。但我不知道:通往成为您的博士生的路,到底有多远?尤其对于这样的"我"——四年的理工科本科、八年的工厂生活、五年的教务秘书、对幼儿教育所知甚少、已近不惑之年的母亲女儿妻子……我自知,这样的经历不是每一位博导都愿接受的。永远记得2009年3月中旬的那个面试场,我穿着一身与严肃的面试场合极不合宜的白色运动服,怀着一种小学生般的雀跃心情,第一次见到了您;而后又凭着不知哪来的一股无知无畏的勇气,开始了自己的滔滔陈述……我后来知道,您给了我这个素未谋面的贸然闯入者以极大的包容与肯定。我想就是从那一天,我的人生道路彻底明朗:我终于可以走上我这一生想要走的路——专业治学之路。十年后的今天,每念及此,深深感谢老师知遇之恩,却无以回报。我就只是在这本以博士论文为基础的书的修改中,让自己注入多一点、再多一点的心力。我知道,这本书不仅承载着自己三年的研究辛苦,更包含着老师深切的学术指引。因为自己学力之限,这本书目前还是太单薄了,尤其对于它的论题而言。唯愿它没有太多地辜负老师的期望。

感谢南京师范大学那些值得敬重的老师们:虞永平教授、刘晶波教授、边霞教授、孔起英教授、许卓娅教授、金生鈜教授、张乐天教授等。感谢你们对我的开题、答辩以及其他所给予的无私帮助、支持与鼓励。

感谢我的父亲。您已远去，您从未远去。在这本书的写作过程中，在每一个艰难困苦、疲惫浮躁的时刻，在每一个我想要稍事松懈、降低要求的时候，您的音容笑貌就开始进入我的脑海……我知道，您在看着我，在不知哪里却又无处不在地看着我。然后我便重又安心宁静下来进入思考和写作。愿这本小书，配得上您对我从小的期待。我想要把这本书献给您——我亲爱的父亲。我越来越感到，我之所以成了"现在的我"，一切只因为我是一个像极了您的女儿。我会永远记住您费尽心力一字一句对我说出的最后一句话："要各有所成。"我不知道我能否真的"有所成"，但我会在这条路上，一直往前走……我拒绝所有的喧闹，也只为了能在这条路上，不停步地走……我渴望成为，您想要成为而没能成为的那种人。

感谢一直在我背后给予我默默支持的家人。

感谢所有在我人生路上给予过我帮助的人。

苗　曼

2018 年 10 月 26 日于徐州